Mein Reisebüro

Ich hatte seit einigen Jahren ein Reisebüro in Bremen. Ein sehr kleines mit einer Auszubildenden. Die Auszubildenden hatten immer zwei Jahre Schule und dann ein praktisches Jahr bei mir. Da ich das mehrere Jahre hintereinander machte, hatte ich so immer eine Mitarbeiterin, für deren Gehalt praktischerweise das Arbeitsamt aufkam. In dem Jahr brachte ich ihnen immer möglichst viel bei, so dass sie nach 4 bis 5 Monaten auch mal tageweise allein sein konnten und nach etwa einem halben Jahr konnte ich schon mal wagen, selbst kurz Urlaub zu machen. Und im jeweils letzten Vierteljahr konnte ich auch dann mal richtig Urlaub machen.

Das Problem waren die Fehler, die sie machen könnten. Und Fehler kosten Geld, mein Geld. Beim Verkauf einer Pauschalreise kann man kaum etwas falsch machen und meistens weiß der Kunde genau, was er möchte. Mein Hauptgeschäft bestand aber in individuellen Reisen und nach dem Gesetz waren wir dann nicht mehr Reisebüro, sondern Reiseveranstalter mit der vollen Haftung. Und da reichte schon ein Rechenfehler oder ein falsches Datum für den Rückflug und es kostete richtig viel Geld. Immer wenn ein Reisebüro mindestens zwei größere Leistungen verbindet, so z.B. Flug und Mietwagen oder Flug und Hotel wird das Reisebüro zum Veranstalter. Die Folge ist, dass die Haftung für alle Fehler das Reisebüro zu tragen hat. Und Fehler können schnell geschehen. So hatte eine Praktikantin in einem Nachbarbüro bei der Planung einer USA-Reise die Zeitverschiebung nicht bedacht. Der Flieger war beim Umsteigen bereits weg und die Kunden flogen etwas später zurück, allerdings mit Businessclass auf Kosten des Reisebüros, weil alles andere ausgebucht war. Eine Auszubildende bei mir hatte für einen Charterbooturlaub mit Bahnanreise die Bahnanreise nach Frankreich falsch berechnet und den Kunden einen viel zu niedrigen Gesamtpreis genannt. Als die Kunden den richtigen Preis hörten, sagten sie sofort die Reise ab. Auf den Stornokosten für das Boot blieb ich sitzen. Am schlimmsten war einmal, dass eine meiner Auszubildenden eine Krankenversicherung zwar dem Kunden berechnet hatte, gemeldet bei der Versicherung hatte sie aber nicht. So wie ich das merkte, kostete es mich sehr viel Überredung bei der Versicherung noch einen Abschluss nach Reisebeginn zu erreichen. Wäre etwas Schlimmes passiert, hätte ich zahlen müssen und müsste im Extremfall sogar Konkurs anmelden. Ach ja, ich hatte natürlich eine GmbH, um nicht unbeschränkt persönlich haften zu müssen.

Aber mit den Auszubildenden konnte ich wenigstens mal reisen, maximal drei Wochen, aber immerhin.

Die längeren Reisen führten Freunde und mich in die USA und nach Canada. Außer Florida bereisten wir die Ostküste von Alaska bis Californien und Las Vegas, New York, Toronto, Nova Scotia und die Südstaaten, aber Florida hatte es mir angetan. Mir gefielen Miami Beach, die Keys und St. Augustine, am meisten begeisterte mich aber Ft. Lauderdale. Der Strand und die Atmosphäre der Stadt waren toll. Und das Meer und die Wellen waren dort super. Der Golf hatte einige schöne Strände und Orte, aber er roch nicht mal nach Ozean und Wellen gab es auch nur mickrige.

Also kannte ich mich in den USA recht gut aus und besonders gut in Florida - und was man kennt, kann man auch gut verkaufen. Besonders gut sogar, wenn man wie ich selber davon begeistert war. Und ich kannte eine Menge Örtlichkeiten und Hotels wirklich selber und genau das wollen die Kunden, Empfehlungen aus erster Hand. Und Tipps, was sie dort machen können und nicht im Reiseführer steht. Natürlich brauchte ich dafür Flüge und da Lufthansa und KLM recht teuer waren, bot sich ab Amsterdam die Martinair an. Das war damals eine sehr gute Chartertochter der KLM, die vor allem Miami, Ft. Lauderdale, Orlando und Tampa und Karibikziele anflog. Ich buchte bereits häufig die Gesellschaft, als mir immer wieder die Reklame eines Zwischenhändlers auffiel. Auch er bot Flüge mit der Martinair an, aber zu wesentlich besseren Preisen und inserierte in Fachmedien für Reisebüros. Rajneish Flugreisen, ein wenig Vertrauen einflößender Name und zudem so günstig, dass mich das schon wieder misstrauisch machte. Da sie hauptsächlich Martinairflüge anboten, rief ich bei der Martinair an und erkundigte mich über sie. Die Auskunft war sehr gut und ich erfuhr, dass in Bremen kaum ein Reisebüro die Gesellschaft anbot. Daraus entwickelte sich eine tolle Zusammenarbeit mit Rajneish Flugreisen und ich war in Bremen und Umland eines von drei Reisebüros, das die Flüge über mehrere Jahre im Programm hatte. Kunden und insbesondere andere Reisebüros sahen ja nie, wo die Flüge eingekauft wurden. Ich inserierte mehrfach die Woche im Reiseteil der Lokalzeitung z.B.: Miami, DM 687,--, Horizont 500266 oder Weihnachten Miami, Horizont 500266. Das waren immer zwei Zeilen für DM 19,98 und immer mit Namen Horizont, damit die Leute in Bremen sich das merken. Und es funktionierte. Ich wurde mehr und mehr zum Floridaspezialisten, was zu Lasten meiner anderen Ziele ging. Nach guten Umsätzen mit Rajneish Flugreisen konnte ich sogar Flüge blocken. Blocken ist, wenn ich auf fiktive Namen z.B. 20 Flüge am 22. Dezember für 2 Wochen nach Miami reserviere. Ich blocke im Sommer und verkaufe die Flüge dann in Ruhe bis Weihnachten, wenn die Konkurrenz längst ausgebucht war. Das ging natürlich für alle Ferientermine und ich hatte zwischenzeitlich Dutzende von Flügen geblockt. Ein todsicheres Geschäft, eigentlich.

Und der Tod wurde mein Problem. Es gab Tote in Miami, die bei Raubüberfällen

Opfer wurden. Zum Problem wurde dies, als sich die Presse draufschmiss und daraus eine Panik vor allen Urlauben in Florida machte. Es waren keine 6 Toten und in der Regel konnte man sagen, sie hatten sich ausgesprochen dumm verhalten. Wem in einem Slumviertel der Fotoapparat aus dem Auto geklaut wird und wer dann aussteigt, um sich deshalb mit einer Straßengang anzulegen, ist schlicht blöd. Am meisten ärgerte mich einer, der sich mit einer Prostituierten in einer finsteren Gegend um $ 5 prügelte und dabei erschossen wurde. Welch Wunder. Und dann drehte das öffentlich-rechtliche Fernsehen den Film "Tod in Miami", der einen solchen Überfall dramatisch und saudumm schilderte. Das Neugeschäft nach Florida wurde zäher. Es begannen vereinzelte Stornos einzutrudeln und sehr viele Reisende riefen verunsichert an. Bei den Stornos zahlten die Kunden die Stornogebühr und buchten in der Regel was anderes bei mir. Da die meisten Kunden dann Pauschalreisen buchten, verdiente ich sogar häufig besser. Bei Rajneish Flugreisen wurde es unterdessen schlimm, denn immer mehr Sitzplätze konnten nicht mehr verkauft werden. Und sie fingen notgedrungen an, ganze Flüge zu streichen und den Kunden ein Umbuchungsangebot zu machen. Ich musste also die Kunden anrufen und z.B. mitteilen, der Dienstagsflug nach Miami sei gestrichen und statt dessen können sie am Mittwoch fliegen oder dienstags nach Ft.Lauderdale (gleich neben Miami). Die Kunden hörten dies und wollten vielfach insgeheim schon aus Angst gar nicht mehr fliegen. Bei einer Umbuchung konnten sie kostenfrei stornieren und das wurde die Gelegenheit, den inzwischen unbehaglich gewordenen Urlaub zu streichen und wurde entsprechend reichlich genutzt. Für mich war das schlimm, denn fast alle Kunden hatten ja außer dem Flug bei mir auch erste Hotels und Mietwagen gebucht. Und bekannterweise war ich ja der Reiseveranstalter in so einem Fall und blieb auf den Stornokosten fürs Hotel und Mietwagen sitzen. Und da kam einiges an Stornokosten zusammen und die ganze Arbeit bei der Beratung und beim Buchen war vergeblich gewesen.
In Florida blieben aber nicht nur deutsche Touristen weg, sondern auch international herrschte entsprechende Zurückhaltung, denn berichtet wurde natürlich weltweit. Und die Wirtschaft in den USA lief auch nicht, jedenfalls ging es den Hotels in Florida nicht besonders gut.

Die Idee
Mit Freunden machte ich natürlich auch in dem Winter Urlaub dort und mir fielen "For sale" Schilder in einzelnen Hotels auf. Und es gab Prospekte, in denen Makler Gewerbeobjekte inserierten und darin waren auch Hotels und Motels aller Preisklassen. Ich hatte Blut geleckt und begann mich weiter zu interessieren. Die

Idee war geboren, dort etwas billig zu kaufen und in der normalen Reisezeit wie gehabt an Amerikaner und in der Nachsaison an deutsche Urlauber zu vermieten. Ich war mit Freunden oft genug dort gewesen und uns war die Saison eigentlich egal gewesen, da wir nicht auf Ferien angewiesen waren. Am liebsten fuhr ich weg, wenn es hier kalt und das Wetter schlecht war. Das war vor allem der Herbst und das frühe Frühjahr, wenn dort keine Saison war. Natürlich war dann auch in Florida nicht nur tolles Wetter, doch dort gab es auch bei schlechtem oder kalten Wetter immer genug anzusehen oder einzukaufen und viel besser als zu Hause war das Wetter immer. Außerdem fürchteten viele Amerikaner die Hurrikanzeit September bis November und blieben weg. Deutsche kümmerte das überhaupt nicht, ich hatte sogar Gäste, die eine solche Evakuierung wegen eines Wirbelsturmes als Abenteuer ansahen und sich über die freien Zusatznächte als Entschädigung freuten. Die Idee war, insbesondere an Deutsche genau in der Zeit zu vermieten, wenn das Objekt fast leer war und das war fast ein halbes Jahr. Und dann natürlich auch zu einem günstigen Preis, den wir ja auch immer gesucht haben. Es gab noch einen anderen Vorteil, denn der lang angereiste Tourist bleibt nicht wegen schlechten Wetters zu Hause oder bricht den Urlaub ab wie Amerikaner aus der Nähe. Der Rückflug ist in drei Wochen und solange muss man bleiben. Und genau diese Touristen aus Deutschland müssten die Rendite eines dortigen Hotels/Motels steigern.

Wie viele nach solchen günstigen Übernachtungspreisen suchten, wusste ich aus der Erfahrung beim Reiseverkauf. Ich kannte das Reiseverhalten hunderter Kunden und wusste, nicht nur ich bin der Exot mit meinen Wünschen.

Dieser Urlaub änderte mit dieser Überlegung alles.

Ich begann nach Objekten zu suchen und mir fielen Sachen auf, die ich vorher nicht bemerkte. So zahlten wir ja immer mit Kreditkarte beim Einchecken in ein Hotel, aber einmal stand ein anderer Hotelname auf der Kreditkartendurchschrift. Ich fragte nach, bekam aber keine richtige Antwort. Mir war klar, hier sollte die Rendite des anderen Hotels durch Zusatzumsätze verbessert werden. Wer später das andere Hotel kauft, denkt, es hätten auch alle Gäste dort übernachtet und wundert sich, warum es plötzlich so leer ist.

In einem anderen Hotel war draußen und drinnen alles überklebt, was noch den alten Franchisenamen trug. Franchising ist, wenn eine Gesellschaft eine Lizenz zur Benutzung des Namens, des Know-hows etc vergibt und dafür bezahlt wird. Vorteil für den Franchisenehmer ist u.a. gemeinsame Werbung, gemeinsamer Einkauf, Ideen, Software, die Bekanntheit der Marke. Beispiele sind McDonald`s, Hilton Hotel, Coca Cola, Holiday Inn, Subway und viele andere. In dem Hotel war nur noch in der Telefonzelle "Holiday Inn" als Anschrift zu lesen. Da fehlte jemandem das Geld für die Franchisinggebühr.

Wir wohnten in Ft. Lauderdale passenderweise auch gerade in dem billigsten Hotel, das in deutschen Katalogen angeboten wurde, dem Bahia Cabana. Die Bilder in dem Katalog waren gut (wie fast immer), die Beschreibung auch und es lag nur über die Straße direkt am Meer. Es war wie erhofft, aber viel sauberer, hatte ein nettes Ambiente und wir machten noch zweimal später dort Urlaub, sogar in der teureren Zeit. Das Bahia Cabana suchte sich in der schwachen Jahreszeit über den Preis Gäste aus Europa. Das war im Prinzip mein Konzept.

Es stimmte alles und schien die richtige Zeit für einen Kauf zu sein. Ich fuhr mit einem klaren Ziel zurück.

Die Inforeise

Ich kannte das amerikanische Rechtssystem recht gut, da ich in meiner Zeit bei einer Bank (vor der Reisebürozeit) auch amerikanische Immobilienbeteiligungen verkaufte. Dabei musste ich mich über das Steuer- und Rechtssystem informieren und mir machte das sogar Spaß.

Die Idee für eine Immobilie in Florida war nun endgültig da und zufällig bot die Zeitschrift Wirtschaftswoche vier Reisen für Investoren an.

Eine davon ging nach Florida und das Programm sah gut aus. Eine Woche Vorträge und Gespräche mit Anwälten, Maklern, Bauträgern, Steuerberatern, Vertretern des deutschen Konsulats und Juristen, dazu Besichtigungen von verschiedenen Objektarten. Ich meldete mich sofort an.

Die Reise war hochinteressant. Neben den Gesprächen und Vorträgen waren die Besichtigungen klasse.

Ich war erstmals in einen Bauaußenfahrstuhl über 40 Etagen hochgefahren, um im Hinterland von Ft. Lauderdale einen Neubau zu besichtigen. Unvergesslich die Fahrt, auch wenn mir dabei schwindlig wurde. Der Blick von oben über die Küste bis Miami war toll.

Und wir besichtigten eine komplette Stadt, die von einer Disneytochter hinter Ft. Lauderdale errichtet wurde, bald Stadtrecht bekommen sollte, bereits eine eigene Verwaltung, Polizei, Feuerwehr etc. hatte. Dort wurden uns Luxushäuser angeboten.

Ein Beteiligungsangebot der Ramada Kette brachte mich in Versuchung. Es konnte sich zimmerweise an einem Hotel am Strand von Nordmiami beteiligt werden, wobei alle Arbeit von Ramada inkl. Vermietung, Reinigung und Renovierung für eine Ergebnisteilung gemacht wurde. Man musste nur das Zimmer zu einem realistischen Preis kaufen. Hätte ich das mal gemacht, was wäre mir erspart geblieben.

Auf der Reise waren wir auch an der Golfküste, aber auf dieser Tour gefiel diese Seite Floridas mir nicht besser, selbst wenn der Blickwinkel natürlich anders als bei den vorherigen Urlauben war. Ich wollte schließlich selber im Hotel arbeiten und leben und der Golf mit seinen kleinen Wellen erinnerte mich einfach zu sehr an einen See und roch auch nicht nach Meer.

Auf dem Rahmenprogramm lernten wir interessante Leute kennen und ich schmiss mich auf alles, was mir von Nutzen sein konnte. So fiel mir in Miami auf einer Veranstaltung der Direktor des Hilton Miami in die Hände. Er erzählte von den schlechten Zeiten der letzten Jahre, die aber bei ihm inzwischen vorbei waren. Es waren die vermögenden Russen, die jetzt im Hilton für beste Umsätze sorgen. Er erzählte, die Aeroflot hätte Flugzeuge mit vergrößerter erster und zweiter Klasse ab Moskau eingesetzt und die kämen mit Geld in Plastiktüten und geben es so leicht aus, wie sie es wohl verdient hätten. Außerdem war die Konjunktur besser und die Amerikaner gaben wieder mehr aus und auch die Touristen kamen wieder zurück. Für ihn waren die schlechten Jahre jedenfalls vorbei, er hatte bereits neues Personal eingestellt und das verbliebene Personal arbeitete wieder in voller Stundenzahl. Ich fühlte mich voll bestätigt in meiner Einschätzung, dachte aber auch daran, mich etwas mit einem Kauf beeilen zu müssen.

Einige Reiseteilnehmer waren deutsche Makler, mehr oder weniger Seriöse. Wie schlecht manche auf ihren Einsatz vorbereitet waren, war für mich unbegreiflich. Und das ging bis zu mangelhaften Sprachkenntnissen, obwohl in der Anmeldung bereits stand, dass die Vorträge größtenteils in Englisch waren. Es waren aber auch windige Verkäufer unter den eingeladenen Referenten dabei und ich verstand nicht, warum dann nicht von der Reiseleitung entsprechend eingegriffen wurde. Im Vorfeld kann die Wirtschaftswoche das natürlich nicht erkennen, sondern freut sich verständlicherweise über jeden, der uns etwas bieten möchte. Aber später war die Möglichkeit zur Klarstellung oder Warnung da.

So bot ein Makler Beteiligungen mit Höchstrenditen an. Seine Qualifikation bestand aus, wie er selber sagte: "Ich wäre fast mal Lufthansapilot geworden". Es war ein Ferienobjekt noch im Bau, bei dem mindestens 60 % Rendite pro Jahr sicher sein sollen. In seiner Rechnung gab es aber keine Vermietspesen, Strom- oder Wasserrechnungen, Reinigungs- oder Renovierungskosten, Leerstand oder Steuern, sondern nur Mieteinnahmen und den Gewinn. Und er verkaufte an deutsche Makler unserer Gruppe, denen das wohl alles egal war, denn die Zahl stimmte und es gab eine ordentliche Provision darauf. Und dumme Deutsche zum Weiterverkaufen gab es vermutlich genug.

Ein anderes Objekt, eine größere Bungalowanlage, kannte ich aus den deutschen

Reisekatalogen. Ich nahm mir die Daten mit, da mir alles zu gut vorkam und verglich später alles. Ich stellte fest, dass die Zahlen nicht stimmten. Der Preis für die Kunden in Deutschland war niedriger als der angeblich eingenommene Vermietpreis, und es gingen ja sogar noch Provisionen an das Reisebüro, die Nebenkosten und Steuern ab. Die Zahlen sollten auch nur Dumme fangen und dabei machte der Anbieter mit dem Angebot sogar einen guten Eindruck.

Nach der Reise fühlte ich mich voll bestätigt mit meiner Idee. Bei den Referaten konnte ich kaum etwas lernen, was mir aber gut gefiel, denn ich fühlte mich in meinem Wissen bestätigt und es wäre eher schlimm gewesen, wenn ich überall Lücken festgestellt hätte.

Der Kauf des Rio Beach Motels
Die Finanzierung meiner Idee
Nun begann ich, an einer Finanzierung für das Objekt zu arbeiten. Ich hatte selber vor, etwa DM 500.000,-- zu investieren. Das reichte natürlich nicht. In meiner Bankzeit hatte ich bereits mit Finanzierungen zu tun und wusste, wie schwer es ist, von einer Bank Geld zu bekommen. Und das gilt noch stärker bei nur einer Idee im Ausland.

Ich hatte mich während meines Studiums bereits mit Aktienspekulationen finanziert und es erschien mir am logischsten, diesen Weg zu gehen. Ich dachte über die Gründung einer AG nach, überlegte, wen ich für den Aufsichtsrat gewinnen könnte und fragte erstmal testhalber im Freundeskreis an, wer sich beteiligen wollte. Die Resonanz war viel besser als erwartet und das ermutigte mich. Ich hatte auch bereits drei Freunde für den Aufsichtsrat ausgewählt, denn als Mehrheitsaktionär bestimmte ich den im Prinzip allein. Zwei kamen aus Banken, wobei Harald als Aufsichtsratsvorsitzender mich bremsen sollte, wenn ich zu optimistisch war oder zu viel Geld ausgab. Er war in finanziellen Fragen sehr nüchtern und als Kreditsachbearbeiter für größere Kunden auch sehr erfahren und ein ehemaliger Kollege aus meiner Bankzeit. Ich vertraute Harald, spielte seit Jahren einmal die Woche Squash mit ihm und wir waren Teil einer Gruppe, die jeden Dienstag Lokale ausprobierte. Die beiden anderen waren loyal zu mir, aber auch beides keine Ja-Sager und alle standen hinter dem Konzept. Vernünftige Kritik wünschte ich mir.

Es fehlte noch der Gründer, der die Aktien erst mal übernimmt. Es durfte gesetzlich weder der Vorstand oder der Aufsichtsrat sein, sonst hätten wir eine besondere und vor allem teure Prüfung am Hals. Da im Freundeskreis alle entweder Schiss hatten, zunächst für DM 400.000,-- Aktien zu kaufen (musste nicht mal bezahlt werden) oder wegen ihren Arbeitsverträgen nicht durften, entschied sich meine Tante den Job zu übernehmen. Sie fragte als Staatsanwältin bei ihrer Dienststelle nach und durfte, also hatte ich alle Personen zusammen.

Das Kapital reichte auch und ich beschloss, die Gründung einzuleiten. Das war nicht einfach, weil es damals noch keine Literatur darüber gab und ich brauchte dafür einige Wochen.

Dann war im Weserkurier ein Artikel über eine Tochter der Bremer Wertpapierbörse erschienen, die Gründungshilfe anbot. Ich suchte die Telefonnummer und rief an. Der Mitarbeiter war freundlich, kannte sich in einigen Bereichen aber gar nicht aus. Enttäuscht stellte ich fest, dass ich dort keine Hilfe erwarten konnte. Ich fragte noch interessehalber nach den Gebühren und er schockierte mich. DM 300.000,-- zuzüglich Notargebühren, Gerichtskosten, Druckkosten etc. verlangte er dafür, die AG bis zur Börse zu bringen. Der Börsengang sollte noch extra kosten.

Ich machte dann alles allein und brauchte von der Gründung mit der Satzungsausarbeitung über die Erteilung einer Wertpapierkennnummer, die Notarbesuche und das Gerichtsprozedere, den Druck der Aktien und die erste Verteilung der Aktienurkunden an die Zeichner der Aktien dann vier Monate. So viel Geld hatte ich noch nie gespart. Beim Druck halfen mir dann Freunde. Ich hatte aus den USA ein spezielles Papier mitgebracht. Es war für Belobigungen oder Urkunden gedacht, hatte einen bunten Rahmen, das US-Format und sah etwas edel aus, war aber auch ausreichend fälschungssicher. Im Bürobedarfsgeschäft in Miami war es trotzdem billig, also perfekt. Es beteiligten sich mein Vater und meine Tante reichlich, viele Freude und Bekannte zogen mit. Am Ende waren es DM 400.000,--.

Am nervigsten war dabei der Amtsrichter, der zuerst die Eintragung verbot. Ich hatte im Namen die Abkürzung "AG" gebraucht. Im Gesetz stand aber seit 1897 "Aktiengesellschaft" ausgeschrieben, wie er ausgerechnet mit Hinweis auf die Gesellschaft mit beschränkter Haftung anführte, scheinbar nicht wissend, dass die auch längst mit "GmbH" abgekürzt wurde. Dieser weltfremde Herr ging wenige Wochen später in den Ruhestand, wie mein Notar mir später erzählte. Notwendig war für uns aber trotzdem eine Satzungsänderung, die Geld und Zeit kostete. Leider waren wir wohl seit Jahrzehnten die erste AG-Gründung in Bremen, woanders war längst bei der Namenswahl "AG" möglich.

So gründeten wir die "Horizont Holding Aktiengesellschaft". Die Kosten betrugen für die Eintragung und Bekanntmachung in den gesetzlich vorgeschriebenen Medien DM 2.766,95. Der Notar bekam DM 2.325,-- (ohne MWSt.) und der Gründungsprüfer DM 2.500,-- (ohne MWSt.) und ohne etwas zu tun, außer "ja" zu sagen. Ein ziemlicher Aufwand für etwas, was in den USA $ 100 gekostet hätte.

Aber wir wollten ja in Deutschland gründen, damit sich beteiligende Aktionäre mehr Vertrauen haben.

Weitere Vorbereitungen

Zu dem Zeitpunkt hatte ich eine Auszubildende gerade als Angestellte weiterbeschäftigt. Ich dachte mir, ich hätte keine Zeit für eine neue Einarbeitung und wollte Ruhe im Büro und den Rücken frei haben, auch wenn es mich ihr Gehalt kostet. Wir sprachen über das Projekt und sie und ihr Mann waren beide interessiert, in Florida das Hotel zu leiten. Er war Amerikaner und sie hatte bereits in den USA gelebt und gearbeitet. Über Details sprachen wir nicht, denn wir wussten gar nicht, was für ein Objekt das werden könnte und wann es losging. Ich war happy, denn nun war völlig unerwartet auch das Managementproblem gelöst. Sie war Reisebürokauffrau, er war viele Jahre bei der Armee und sprach sehr gut deutsch. Beide kannten die deutsche und die amerikanische Mentalität und ich hielt sie beide für ehrlich. Sie hatten einen Sohn von 8 Jahren und das war alt genug, so dass seine Mutter Zeit fürs Hotel hatte.
Und dann gingen wir auf Suche. Ich flog kurz wieder rüber und sah mich um, sammelte Anzeigenhefte und erkundigte mich überall. Und ich filmte Gegenden auf der Golfseite und Atlantikseite, die bei der Diskussion über die Lage des Objektes helfen sollten.

IAM

Zwischenzeitlich war in Düsseldorf eine Wertpapiermesse, die IAM. Ich fuhr hin und suchte Beteiligungsgesellschaften auf. Bei der zweiten, der AHAG (steht für Aktienhandelsgesellschaft AG), klappte es auch. Dem Vorstand erklärte ich unser Konzept, teilte mit, was ich bisher machte und wie das zusammenpassen sollte. Und ich informierte ihn über unsere Finanzen und den aktuellen Stand der Dinge. Er fand die Idee interessant und kaufte für DM 15.000,-- Aktien, um die dann nach einiger Zeit mit hoffentlichem Gewinn weiterzuverkaufen. Und unsere Aktie wollte er auch außerbörslich handeln. Außerbörslich heißt, dass seine Gesellschaft einen Teil unserer Aktien besitzt und auf eigene Rechnung an- und verkauft. Das machte er mit der Jahresgebühr von DM 1.150,-- für uns etwas billiger als normal, denn seine Gesellschaft war ja nun auch Aktionär bei uns. Sie inserierten damals regelmäßig im Nebenwertejournal. Ab jetzt konnte jeder Interessierte zu seiner Hausbank gehen und dort sagen, er möchte bitte 10 Horizont Holding kaufen. Dieser Messebesuch war ein voller Erfolg.
Die AHAG hatte später über 30.000 Kunden und verdiente sehr gut mit dem Han-

del von Aktien kleiner Gesellschaften. Da sie aber mit viel Geld an den Aktiengesellschaften beteiligt war, ging sie dann mit dem Niedergang des neuen Marktes in Konkurs.

Die Maklerin

In Bremen begannen wir dann, Makler aus den Anzeigenheften herauszusuchen und anzuschreiben, die interessante Angebote inseriert hatten. Es zeigte sich, dass die Antworten ganz unterschiedlich ausfielen. Viele reagierten gar nicht und manche schickten nur kurze Standardbeschreibungen.

Eine Maklerin schickte die Standardbeschreibungen, fügte aber den Angeboten auch einen Kommentar und selbst gemachte Fotos bei. Ich rief sie an und wunderte mich. Sie war in Delmenhorst nahe Bremen zur Schule gegangen und später ausgewandert. Ich erzählte ihr genau, was wir vorhaben und was wir suchen.

Einige Wochen später kam sie überraschend ins Reisebüro. Sie besuchte ihre Eltern und war neugierig auf uns. Meine Angestellte und ich waren da. Es war ein gutes freundschaftliches Gespräch und von unserer Maklerwahl war ich überzeugt. In den USA ist es wichtig, einen eigenen Makler zu haben. Nur der steht auf der eigenen Seite und hat auch die gesetzlichen Pflichten, auf Mängel des Objektes oder Probleme hinzuweisen. Der gegnerische Makler (im wörtlichen Sinn) hat nur der Verkäuferseite zu dienen und darf verschweigen und schummeln. Der gegnerische Makler wird dann in der Regel das Objekt mitbringen. Bei so großen Sachen wie Hotels und auch bei vielen Häusern gibt es eine Computerplattform, in der Angebote gelistet werden. Jeder gute Makler hat Einsicht und kann uns alle Objekte anbieten, die Provision dafür teilen dann die Makler. Man muss deshalb auch nicht wie in Deutschland üblich auf der Suche nach Objekten von Makler zu Makler fahren.

Jedenfalls war die Maklerin jetzt da und wir gingen die Angebote durch und besprachen alles. Sie war auf dem Weg zu uns in dem großen Wagen ihres Vaters von der Polizei angehalten worden und hatte erhebliche Probleme gehabt, der Polizei klarzumachen, dass sie keinen deutschen Führerschein hat. Schließlich sei sie gleich nach dem Abi ausgewandert und schon lange US-Bürgerin. Wir verabredeten uns, so bald wie möglich nach Florida zu reisen und dann vor Ort weiterzusuchen.

Die erste richtige Besichtigungstour

Es kamen dann weitere recht gute Angebote von ihr und es wurde Zeit, rüberzufliegen. Wir, das waren diesmal Harald als Aufsichtsratsvorsitzender und zugleich mein Bremser, die Reisebüroangestellte und ihr Mann. Die AG übernahm die

Kosten für die Flüge. Die Hotels, den Mietwagen und das Essen teilten Harald und ich uns, um die AG nicht zu Beginn schon so zu belasten. Wir bekamen bei besagter Martinair Sonderkonditionen und flogen in bester Stimmung Amsterdam - Miami. In Miami waren beide plötzlich verschwunden und Harald und ich suchten sie über eine Stunde. Dann kamen sie aus der Immigration. Sie hatte trotz Greencard lange nicht in den USA gearbeitet und Nichtarbeiten war auch verboten. Ich dachte bisher immer, die Greencard sei eine Arbeitserlaubnis, aber weit gefehlt. Auch eine Arbeitspflicht ist in der Greencard enthalten. Fast alles Taschengeld der beiden war weg für das Bußgeld und wir setzten unsere Reise fort.

Am nächsten Tag trafen wir die Maklerin und es war sehr nett. Wir besichtigten gemeinsam drei Tage Hotels und Motels. Sie waren entweder zu klein oder in schlechter Lage, hinter großen Hotels im Schatten oder in extrem schlechten Zustand. Nichts gefiel uns und wir bekamen den sehr begründeten Verdacht, in den letzten Monaten hätte der Immobilienmarkt kräftig angezogen. Sie bestätigte das und wir überlegten Alternativen. Eine schlechtere Lage war unmöglich, denn deutsche Touristen wollen am Meer und nicht zwei Straßen entfernt wohnen. Ein kleineres Motel ging nicht, denn wir brauchten mindestens 30 Zimmer, um auch in Deutschland etwas zum Vermarkten zu haben. Außerdem war es kein Familienbetrieb, sondern musste Angestellte ernähren. Die beste Lösung schien uns, es nördlicher und damit billiger zu versuchen.

Wir wollten aber nicht nur ein Motel betreiben, sondern längerfristig auch an steigenden Grundstückspreisen mitverdienen. Entweder, indem wir dann verkaufen oder selber bauen oder erweitern, je nach unserer finanziellen Möglichkeit. Miami Beach war bereits sehr teuer und viele große Apartmenthochhäuser verdrängten gerade die kleinen Hotels und Motels. Die großen Gewinne waren bereits gemacht worden. Danach kamen North Miami Beach und Ft. Lauderdale, beides war uns auch bereits zu teuer. Dann kamen Orte mit nur sehr wenigen kleinen Motels, die entweder irre teuer waren, weil das Motel zwar Schrott war und der Preis für den Baugrund bezahlt wurde oder billig, weil es auf einem sehr kleinen Grundstück zwischen zwei Apartmentanlagen lag und damit nicht mehr vernünftig bebaubar war. Ein zukünftiger Parkplatz vermutlich, spotteten wir. Die Orte, die mir in der Mischung von Villen und Apartmentanlagen am Meer nicht gefielen, gingen dann über Palm Beach bis nach Cocoa Beach. Danach kam Cape Canaveral mit dem Kennedy Space Center und einem großen Naturschutzgebiet.

Das kam alles nicht in Frage, denn wir wollten den Preisanstieg mitmachen, der sicher kommt, wenn aus der Motelgegend eine Apartmentgegend wird. Und Käufer für diese Apartments gibt es in Massen. Für viele Amerikaner und Kanadier ist

es nach der Pensionierung der Traum, den kalten Norden zu verlassen und nach Florida in eines der Apartments am Meer zu ziehen. Und Hunderttausende taten dies, wenn man das Bevölkerungswachstum Floridas in der Zeit ansieht.
Eine zweite große Gruppe Apartmentkäufer sind vermögende Ausländer. Es gibt die Meinung, dass die USA in Krisenzeiten immer Immobilieneigentümer ins Land gelassen hatte. In Miami sind ganze Apartmenthochhäuser in ausländischer Hand, aber nicht bewohnt. Es sind eher Einreiseversicherungen. Wenn man dort abends langfährt, sieht man in einen Turm von 30 Stockwerken in vielleicht einer einzigen Wohnung Licht und im Treppenhaus natürlich. Niemand wohnt dort, es ist aber alles verkauft. Und manche Werbetafeln vor Neubauten sind auch gar nicht in Englisch geschrieben.
Nördlicher an der Küste waren dann nur noch Daytona Beach und St. Augustine. Unsere Maklerin hatte eine befreundete Maklerin in New Smyrna Beach, die sie anrief. Schnell erhielten wir Angebote von dort, insbesondere aus Daytona Beach.

Daytona Beach
Wir fuhren ohne unsere Maklerin nach Daytona Beach hoch und waren nachmittags dort. Ich kannte den Ort kaum, denn er liegt nicht an der "1". Die "1" ist die Straße, die von Key West im äußersten Süden Floridas bis zum Norden der USA führt. An der "1" liegt nur Daytona und Daytona Beach ist ausschließlich über mehrere größere Brücken von dort zu erreichen. Nach Süden enden nach ca. 15 km der Strand und alle Straßen, denn der Intercoastal Waterway hat dort eine Verzweigung ins Meer. Der Intercoastal Waterway ist ein natürlicher Kanal, unterschiedlich weit hinter dem Meer, der mal schmal ist und manchmal breit wie ein See. Im Norden endet der Strand nach ca. 22 km genauso, allerdings geht es über eine Brücke nach St. Augustine weiter. Daytona Beach liegt direkt am Meer mit einem tollen, sehr festen Sandstrand, auf dem im Bereich Daytona Beach Autos fahren dürfen. Ich habe später aber auch Fahrräder, Motorräder, große LKWs und Reisebusse auf dem Strand fahren sehen. Die Straße parallel zum Strand ist die "A1A", an der Strandseite liegen auf etwa 15 Kilometern Hotels und Motels, außerhalb vermehrt Apartments und Strandhäuser. Auf der anderen Straßenseite sind Geschäfte, Lokale, Wohnhäuser und dahinter die reinen Wohngebiete bis zum Intercoastal Waterway. Daytona und Daytona Beach haben zusammen etwa 65.000 Einwohner.
Aber es gab bisher für mich nie einen Grund, nach Daytona Beach oder Daytona zu fahren. Autoverrückt war ich nicht, Strände gibt es viele an der Küste und historisch hat der Ort im Gegensatz zu St. Augustine auch nichts zu bieten. Und wie schön und an den Enden zudem auch fast menschenleer der Strand ist, kann man

zwar aus Reiseführern erfahren, geglaubt hatte ich es nur nicht.
Aber billigere Motels gab es hier zu kaufen und ansehen kostet nichts.
Die ersten beiden Objekte in Daytona Beach waren scheußlich, nur Parkplatz und
Zimmer, nicht auch nur ein Stück Rasen oder eine Sitzecke. Niemals! Aber der
Strand begeisterte mich.

Das Rio Beach Motel

Dann waren wir beim Rio Beach Motel und wunderten uns über das viel zu gepflegte und gut aussehende Objekt. Wir mussten falsch sein. Wir überprüften die
Anschrift und den Namen, alles war richtig. Sofort stiegen wir aus, liefen herum
und sahen alles an. Wir waren begeistert von dem Angebot zu dem Preis. Dann
kam jemand und wollte wissen, was wir denn machen. Wir erzählten und zeigten
das Fax mit dem Angebot und er begann uns weiter herumzuführen. Er zeigte uns
einzelne Zimmer und wir waren noch mehr begeistert. Natürlich äußerten wir das
nicht und insbesondere unseren zwei Begleitern hatten Harald und ich gesagt,
immer schön cool bleiben. Dann fuhren wir weiter, um noch andere Hotels ansehen. Es kam nur noch Schrott. Wir suchten was zum Übernachten und fuhren danach zum Rio Beach zurück. Wir sahen die Gegend an, waren am Strand, an dem
man damals noch uneingeschränkt mit dem Auto fahren durfte. Alles stimmte.
Die Umsatzzahlen des Rio Beach waren aber eher mäßig. Die Maklerin, die aus
Ft. Lauderdale ganz andere Zahlen gewohnt war, verwarf aber unsere Befürchtun-
gen und sagte, es sei ein Familienbetrieb und da laufe nie alles durch die Bücher.
Leider hatte sie Unrecht, wie wir erst viel später erfuhren.
Das Rio Beach Motel bestand aus drei Teilen. Ich erkläre das jetzt genauer, damit
der Leser eine Vorstellung von dem Motel erhält. Es sei aber bereits verraten, wir
kauften es. Von der Straße begann ein lang gestrecktes zweietagiges Hauptgebäude in Richtung Strand mit 8 Zimmern je Etage, das in einem parallel zum Strand
verlaufenden Gebäude endet. Also eine Art T, der T-Strich hatte auch zwei Etagen
mit jeweils vier Zimmern zum Strand mit tollem Blick und im Obergeschoss vier
Zimmer zum Hof und im Erdgeschoss drei Zimmer. Neben dem lang gestreckten
Gebäude war ein Parkplatz und auf der Rückseite auch noch mal ein Parkplatz. In
Daytona Beach muss gesetzlich für jedes Hotelzimmer mindestens ein Parkplatz
vorhanden sein, da Amerikaner mit dem Auto anreisen. Auf der Rückseite war an
der Straße noch ein großer Geräteschuppen und zum Strand hin ein Pool. Dort war
noch ein Gästezimmer und der Maidsroom, das ist das Putzfrauenzimmer mit Wäsche, Putzutensilien, Waschmaschine und Trockner. Wo das lang gestreckte
Strandgebäude mündete, waren eine Gästewaschmaschine und Trockner. Dann

erfuhren wir, dass wir noch weitere Gebäude recht preiswert dazukaufen können. Das waren ein Beachhaus mit drei Zimmern, Küche, Bad und vier weitere Apartments auf der anderen Seite des vorderen Parkplatzes und ein weiteres Haus an der Straße mit auch wieder drei Zimmern. Das gesamte Grundstück mit den Zusatzgrundstücken war 50 mal 100 Meter, also 5.000 qm. Die 50 Meter waren an der Straße und natürlich auch 50 Meter eigener Strandzugang. Unser Grundstück endete mit einer Betonwand, die ca. 2 m über dem Strandniveau lag und uns bei Sturm vor dem Meer schützte. Oberhalb der Betonwand war auf 15 m Länge eine Sonnenterrasse mit fantastischem Blick bis zur Ortsmitte, wo eine große Seebrücke zu sehen war. Auf der Strandseite waren etwa 20 mal 50 Meter nicht bebaut, die Stadt hatte das verboten. Auch die Lage in Daytona Beach war gut, denn das Zentrum mit den Lokalen und der autofreien Strandpromenade war für Europäer noch gut zu Fuß zu erreichen. Amerikanern ist die Entfernung egal, da sie eh Auto fahren.

Ich konnte mir sehr gut die Vermarktung in Deutschland vorstellen und das war schließlich meine renditeerhöhende Idee. Und ich konnte mir auch sehr gut vorstellen, dort selber zu arbeiten, denn wenn meine beiden Manager gemeinsam Urlaub haben, sollte und wollte ich dort die Geschäfte führen. Also wollten wir das Rio Beach Motel haben, und zwar komplett mit den Nebengebäuden. Die Größe war uns für spätere Entwicklungsmöglichkeiten auf dem Grundstück sehr wichtig. Alles stimmte und der Preis war noch verhandelbar.

Also hatten wir am nächsten Morgen einen Termin mit deren Makler und handelten den Preis runter auf $ 1.025.000. Dann bestand ich noch auf einige Details im Vertrag. Es musste die weitere Bebaubarkeit des Grundstückes gegeben sein und das Gebäude musste auf Termiten untersucht werden und es durfte nirgends Asbest verbaut worden sein. Vielleicht verbietet auch Daytona Beach Asbest eines Tages und dann könnte das Entfernen sehr teuer für uns werden. Und wir wollten die Möglichkeit haben, einen Teil des Kaufpreises vom Eigentümer zu leihen, denn noch fehlte einiges Geld. Wir faxten unserer bereits informierten Maklerin den Entwurf zu und sie sagte, wir können unterschreiben. Also unterschrieben wir und freuten uns.

Unglaubliche Forderungen

Dann begannen unsere zukünftigen Manager, Forderungen zu stellen. Ein hohes Gehalt für ihn, für sie ein entsprechendes Teilzeitgehalt. Und natürlich jedes zweite Wochenende gemeinsam frei und zusätzlich eine Wohnung in einem schönen Teil Daytonas. Harald und ich dachten zuerst, es würde sich um einen Scherz handeln. Natürlich arbeitet zumindest einer der beiden dann, wenn am meisten los ist, nämlich am Wochenende und es waren zwei Häuser auf dem Grundstück dabei, in einem könnten sie bequem wohnen. So dumm kann niemand sein, anderes zu erwarten. Wir würden einen weiteren Manager einstellen müssen und einen Mitarbeiter für die Nachtschicht. Dafür gibt ein so kleines Motel nicht genügend Geld her und die wichtige Deutschsprachigkeit würde dann ja auch fehlen. Wir diskutierten das sehr kurz, denn so eine Erpressung mag ich nicht und ich kündigte beiden mit Haralds Zustimmung. Jetzt fehlte mir zwar ein Manager, aber zur Not leite ich dann die Geschäfte die ersten Monate vor Ort. Und bei dem Objekt würde mir das sogar Spaß machen und suche dann in Ruhe im Oktober nach einem Manager.

Die letzten drei Tage in Florida verbrachten Harald und ich getrennt von den beiden. Wir zahlten noch ein Hotel für sie und gaben ihnen Geld zum Essen, denn beide waren pleite.

Harald und ich sahen Daytona und Daytona Beach weiter an, besorgten uns weitere Informationen im Touristenbüro und besuchten unsere Maklerin und besprachen die Gründung einer Tochtergesellschaft der Horizont Holding Aktiengesellschaft. Wir suchten als Namen Horizont Holding Daytona, Inc., aus. Diese Tochter sollte das Motel in den USA übernehmen und wäre dann auch dort steuerpflichtig. Und auch die Haftung war nur auf das eingezahlte Geld bei der Tochter beschränkt. Die Maklerin erledigte das in den nächsten Wochen für uns. Solche Gründungen sind in den USA sehr einfach. Anmeldeformulare hat jeder Büroartikelladen und es ist ohne Anwalt, Notar oder ähnliches möglich, die Gesellschaft dann bei der Behörde anzumelden. Es muss nur ein Vertreter der Gesellschaft in Florida wohnen und Ansprechpartner für die Behörden sein. Und das übernahm unsere Maklerin. Die Kosten der Gesellschaftsgründung sind lächerlich niedrig und wir bekamen nie die Rechnung von ihr. Oh war das schön im Vergleich mit den Kosten und Problemen mit dem dummen Richter in Deutschland. Noch erschien uns Florida von der Regelungsdichte her als ein Paradies im Gegensatz zu Deutschland.

Außerdem versuchten wir bei mehreren Banken in Florida einen billigeren Kredit zu bekommen. Der Exeigentümer hatte uns einen Kredit über $ 600.000,-- zu 10 % jährlich angeboten. Da wir ja über die Hälfte eigenes Geld mitbrachten, dürfte das Leihen kein Problem sein, dachten wir auch aus unserer Kenntnis deutscher Verleihpraktiken. Bei der ersten Bank waren wir noch mit Anzug erschienen. Falsches Outfit, wie wir an der Reaktion merkten. Auch in sehr gepflegter Freizeitkleidung hatten wir bei weiteren Banken keinen Erfolg. Also musste das Geld aus Deutschland kommen oder wir würden den Kredit des Exeigentümers benötigen.

Erst vor der Rückfahrt zum Flughafen trafen wir die Angestellte und ihren Mann wieder und stritten sofort. Unter diesen Verhältnissen und mit der fiesen Erpressung sah ich auch das Arbeitsverhältnis mit ihr als meiner Reisebüroangestellten als so gestört an, dass ich das auch noch fristgemäß kündigte. Ich zahlte das Gehalt noch eine Weile weiter, ohne dass sie noch arbeiten musste. Der Rückweg nach Bremen war sehr schweigsam, denn wir drohten, sie aus dem Auto zu werfen, wenn sie weiter Krach machten. Sie hätten ja das Recht, hinterher zum Anwalt zu gehen.

Die Wartezeit

In Bremen informierten wir alle über unseren Erfolg, nur für mich brach eine schwere Zeit an. Wir brauchten dringend weiteres Geld für den Kaufpreis und ich musste ganz allein im Reisebüro arbeiten. Beides war eigentlich ein Fulltimejob. Dann hatte ich Glück und eine neue Auszubildende kam. So schnell machte ich noch nie jemanden fit, was natürlich besonders viel Mühe machte. Aber sie war echt gut und lernte super. Bis zur Übernahme hatte ich noch vier Monate Zeit.
Aus dem Rio Beach kamen drei Faxe. Ich hatte auf das Durchfaxen bestanden, um sie sorgsam durchlesen zu können und um bei mir unverständlichen Sachen Rat holen zu können. Das erste Fax kam vom Verkäufermakler und teilte die Bebaubarkeit mit weiteren Apartments mit. Einzige Bedingung war, dass für jedes Apartment ein Parkplatz geschaffen wird. Das zweite Fax bestätigte die Asbestfreiheit und das dritte Fax bescheinigte, dass es auch keine Termiten mehr gab und alles ok ist. Dafür hatten sie aber noch einige Balken im Dachstuhl ausbessern müssen, um vorherige Termitenschäden zu beseitigen. Und ein Ingenieur bestätigte die korrekte Ausführung der Arbeiten.
Unsere Maklerin gab das endgültige ok für den Kauf.

Die erste richtige Hauptversammlung

Mit diesen positiven Ergebnissen berief ich eine Hauptversammlung der Horizont Holding Aktiengesellschaft ein, denn ich wollte die Aktionäre informieren und wir brauchten weiteres Geld.
Die Hauptversammlung fand in einem Bremer Hotel statt und es kamen auch Aktionäre, die ich nicht kannte. Die Aktienhandelsgesellschaft hatte wohl fleißig unsere Aktien verkauft. Ich zeigte einen Videofilm, den wir bei unserem Besuch im Sommer vom Rio Beach gemacht hatten und kommentierte ihn. Das Rio Beach begeisterte und das gefiel uns natürlich, denn Aktionäre sind auch potenzielle Gäste und überwiegend reiseerfahren. Wir erfuhren allgemeine Zustimmung. Dann beschlossen wir, das Kapital der Gesellschaft zu erhöhen. Jeder Ak-

tionär durfte weitere Aktien zeichnen (kaufen), und zwar für jede alte Aktie eine neue Aktie. Damit wurde dann das Kapital von DM 400.000,-- auf DM 800.000,-- erhöht. Doch leider war die Vorsicht dann doch recht groß. So musste ich persönlich zusätzlich zum bereits vorgesehenen Geld fast bis an meine finanziellen Möglichkeiten gehen. Alles fehlende Geld zahlte ich dann ein und übernahm alle nicht verkauften Aktien. Ich tat das verständlicherweise ungern, doch nun waren wir so weit und irgendwoher musste das Geld ja kommen. Die Kosten für die Hauptversammlung und die Kapitalerhöhung betrugen zusammen DM 11.000,--, darin enthalten waren Notar, gesetzlich vorgeschriebene Zeitungsinserate, Hotelraumkosten, das Essen und die Versandspesen für die neuen Aktien.

Ankunft im Rio Beach
Am 12. Oktober flog ich morgens von Bremen nach Miami und kam abends nach langer Autofahrt im Rio Beach an. Es war ein merkwürdiges Gefühl, es mischte sich Angst mit Vorfreude. In Daytona Beach war viel weniger Verkehr und die Hotelparkplätze fast leer. Letztes Mal waren wir in der Hauptsaison da gewesen und jetzt ist Saisonende. Für mich war es aber geplanterweise gut, denn wir wollten den späten Termin. Eine Übernahme in der Hauptsaison ist viel schwieriger als in der Nachsaison, denn ich muss das Gebäude kennen lernen, mit dem Personal klarkommen, den Behördenkram regeln, Lieferanten und Nachbarn kennen lernen und natürlich gleichzeitig das Vermietgeschäft betreiben. Und je weniger Gäste zu Beginn da sind, um so mehr Zeit habe ich für den Rest. Die Einnahmen fehlen natürlich, dafür konnten wir beim Kaufpreis aber besser verhandeln, denn die Einnahmen der Saison landeten ja noch beim Exeigentümer. Dass der Parkplatz dann aber so leer war überraschte mich doch.

Einer der Söhne war in der Lobby und begrüßte mich sehr herzlich, denn sie hatten wohl Angst, der Deal könnte platzen und ich käme nicht. Die Lobby hatte sich verändert. Alle Souvenirs der Green Bay Packers, einem bekannten Footballteam aus Wisconsin, waren entfernt und der Raum sah kahl aus. Prima, denn der Raum war viel zu dunkel, schmutzig, lange nicht gestrichen und hatte eine extrem hässliche Neonröhre an der Decke. Er musste dringend renoviert werden. Wir hatten den schäbigen Raum schon beim Besuch im Sommer bemerkt und gleich beschlossen, ihn als erstes neu zu gestalten. Schließlich war der zweite Eindruck der Gäste nach dem äußeren Anblick des Motels dieser Raum. Und der Eindruck musste positiv sein und sollte zum Bleiben animieren.
An Gäste waren leider nur drei Zimmer vermietet. Sein Vater, der Exeigentümer,

ein dicklicher Mann mit sehr kurzen Beinen in Shorts war auch da und die meisten Sachen bereits abtransportiert oder auf einen Anhänger aufgeladen. Sie zeigten mir mein Zimmer und ich war schockiert, als ich die Bettwäsche und mein Handtuch sah. Beides war sehr durchlöchert und ich hielt das zuerst für einen blöden Scherz. Dann begriff ich, dass sie nichts mehr investiert hatten wegen der Übergabe an mich. Ich schwieg dazu und beschloss, am nächsten Morgen meine Maklerin zu fragen.

Dann wurde ich von Vater/Exeigentümer und Sohn zum Essen eingeladen. Es gab frittierten Fisch, der sehr gut schmeckte. Wir sprachen über die Mieter und den Motelbetrieb. Nach dem Essen diskutierten die beiden, wie alt der Fisch war, den sie auf dem Boden der Tiefkühltruhe beim Abtauen gefunden hatten. Das Ergebnis war erschreckend, denn vor 14 Jahren hatten sie den selbst in Alaska geangelt. Ich dachte an Fischvergiftungen und horchte bis zum Schlafen in mich, ob irgendwelche Symptome kämen. Hätte ich damals schon geahnt, wie oft in Daytona der Strom für länger ausfällt, wäre ich vermutlich gleich in ein Krankenhaus zum Magenauspumpen gefahren.

Der Kauf

Am nächsten Morgen mussten wir um 10.00 Uhr bei dem Makler der Verkäufer sein. Es war besprochen worden, dass unsere Maklerin eine gute Bekannte, die auch Maklerin ist, bittet, sich um alles vor Ort zu kümmern. Von dieser Frau stammten auch die Informationen über die Motels in Daytona Beach. Die Frau sollte mich um 9.00 Uhr abholen und mit mir dann zur Bank fahren, um einen Scheck abzuholen. Ich hatte alles per Fax vorher mit der Bank geklärt und mitgeteilt, ich würde um 9.30 Uhr da sein. Alles wurde auch per Fax bestätigt. Das müsste zeitlich bequem reichen. Als wir um etwas vor 9.30 Uhr bei der Bank waren, lasen wir an der verschlossenen Tür die Information, dass ab Oktober montags erst ab 10.00 Uhr geöffnet wird. Wir hatten den 13. Oktober. Nur hatte mich natürlich niemand informiert. Die Maklerin ging an ihr Auto und holte aus dem Kofferraum ein Branchenverzeichnis und wir fuhren zur nächsten größeren Filiale. Dort bekam den bankbestätigten Scheck unerwartet problemlos und wir fuhren zum gegnerischen Makler.

Ich hatte leider von der Maklerin erfahren, dass es zwar ein ausgesprochen schlechter Stil war, wenn alles so heruntergekommen verkauft wird, aber verboten ist es nicht und Schadensersatzansprüche hätte ich nur bei Mängeln am Gebäude oder bei offenen Rechnungen, z.B. Wasser, Gas etc., für die ich rechtlich aufkommen muss. Für zerschlissene Wäsche gab es nichts und ich werde sofort für einige hundert Dollar Handtücher, Bettdecken, Kopfkissen, Tagesdecken, Duschfußabtreter, Seife und Waschpulver kaufen müssen.

Beim gegnerischen Makler waren alle versammelt, Vater und Sohn mit deren Makler und ich mit meiner Maklerin aus Daytona Beach. Wir unterzeichneten die Verträge, die mir zuvor bereits durchgefaxt wurden. Es war alles ok und ich unterschrieb. Und dann unterschrieb ich auch noch den Vertrag mit $ 600.000,-- Schulden an den Vater zu 10 % pro Jahr und einer zusätzlichen Tilgung von $ 100.000,-- jedes Jahr am 13. Oktober. Puh! In dem Vertrag waren auch die Maklerhonorare vereinbart und auch sie bekamen Schecks. Der Makler hatte auch die fälligen Steuern und Übertragungsgebühren berücksichtigt, seine Leistungen waren einfach gut und alles war perfekt geplant. Meine Maklerin nickte immer nur zustimmend und es ist verwunderlich, wie viel Vertrauen ich dieser unbekannten Frau entgegenbringen konnte.

Dann wurden Hände geschüttelt und ich hatte das Rio Beach.

Die Anmeldungen

Die Horizont Holding Daytona, Inc. war nun Eigentümer des Rio Beach. Ich aber hatte vor allem Angst, ob ich nun den nächsten Schritt ohne richtiges Visum schaffen würde. Es ging um die Anmeldungen des Rio Beach. Ich bat die Maklerin, ob sie mir helfen könnte, denn sie wusste, wo die Behörden und Firmen sind. Sie willigte glücklicherweise ein. Später erfuhr ich, dass sie sehr gut verdient hatte für ihr bischen Arbeit. Unsere Maklerin musste die Provision teilen, beide bekamen 1/4. Die Frau gefiel mir ausgesprochen gut. Sie war etwa 60 Jahre alt, recht groß und stämmig und sehr resolut, also ein durchschlagendes Argument an meiner Seite und das konnte ich brauchen. Ich besaß ja nur mein Touristenvisum im Pass und wusste gar nicht, ob ich für die ganzen Anmeldungen nicht ein reguläres Arbeitsvisum benötigen würde. Besser nicht nachfragen und schlafende Hunde wecken, dachte ich. Vor diesem Problem hatte ich Angst, aber die Maklerin dachte und sollte denken, mir sei vor den Anmeldungen unbehaglich. Aber einweihen wollte ich sie sicherheitshalber nicht.

Zuerst gings zum Wasseramt. Die wollten gar nichts außer unserer Adresse wissen und würden in ein paar Tagen jemanden schicken, der dann einen Scheck braucht. Danach beantragten wir Strom. Ich musste drei Erklärungen für die Anschlüsse (Haupthaus, Strandhaus und die Apartments) ausfüllen, drei Schecks ausstellen und sie wollten meinen Pass. Ich suchte meinen Pass glaubhaft genug und sagte dann, er läge im Hotel, bei all der Nervosität heute Morgen und war gespannt auf eine Lösung. Schon zückte die Maklerin ihren Pass und alles war geregelt. Für sie war es völlig ok und auch nicht schädlich für sie, denn Bürgschaften oder ähnliches können so einfach nicht entstehen und damit war es auch für mich in Ordnung, denn in Gefahr bringen wollte ich sie auf keinen Fall. Und sie hatte glücklicherweise übersehen, dass ich meinen Pass in der Bank noch gehabt hatte. Bei der Gasbeantragung waren es auch wieder drei Anschlüsse und Anträge. Es lief genauso.

Dann wollte ich die Behörden wegen der Lizenzen abklappern, aber sie meinte, die kommen alle von alleine. Alle? Das klang, wie sie es sagte, nach sehr vielen. Und es wurden viele. Für die Gewerbeanmeldung kamen vier Inspektoren im Verlauf der nächsten Tage, einer für die Stadt Daytona, einer für den Landkreis Volusia County, einer für den Staat Florida und eine für den Pool vom Gesundheitsamt. Nicht zu vergessen das Finanzamt.

Inzwischen hatte mich die Maklerin abgesetzt und ich sie noch gefragt, ob sie mir einen Steuerberater empfehlen könnte. Sie nannte mir Jim. Da mein Managementproblem noch ungelöst war, fragte ich sie auch noch nach einer Hotelmanagerin. Sie nannte mir Carol, eine Frau in ihrer Nachbarschaft, die gerade nach Arbeit sucht und das wohl können müsste. Ich sagte ihr, sie solle Carol mal vorbeischicken und dankte für ihre Hilfe. Mir war es lieber, jemanden vertrauenserweckenden nach Empfehlungen zu fragen, anstelle eine Anzeige in der Zeitung zu schalten. Wer weiß, an wen ich dabei geraten könnte?

Die Übergabe am zweiten Tag

Ich war zurück im Rio Beach. Der Sohn erklärte mir dann stundenlang alles, was ich wissen musste: Die verschiedenen Zimmer, die unzähligen Schlüssel, wir öffneten den Safe, sahen die Buchhaltung durch, die Lieferanten, die Reservierungen für die nächste Zeit und für Bike Week im Februar, Daytona 500 und Pepsi 400 im Juli nächsten Jahres. Dann zeigte er mir Vertragsentwürfe mit Telefonanbietern, mit Pepsi für den Automaten vor der Tür, die Verträge für die Gästewaschmaschine und den Gästetrockner und danach begannen wir, den Pool zu reinigen und er zeigte mir Filter und Chlorzufuhr. Mir rauchte der Kopf. Ich sah erstmals auch einen der Mieter eines der Apartments. Er schien ok zu sein.

Und dann wurde mir der Gärtner vorgestellt. Ein hagerer Kerl mitte 40, der in Nr. 3 wohnte. Es war eines der Apartments zwischen den Häusern, das ich noch nicht gesehen hatte und er zeigte es mir. Winzig, ein Zimmer mit 8 qm, anschließender Kochnische und von dem ein fensterloser Schlafraum mit etwa 4 qm abgeht und ein winziges Bad. Es war alles aber sehr sauber und statt Miete zu zahlen, pflegte er die Anlage. Ein großes Rätsel war gelöst, denn beide Söhne des Exeigentümers machten mir nicht den fleißigsten Eindruck. Die sehr gepflegte Außenanlage, die uns sofort aufgefallen war, passte nicht zu den Beiden. Aber fragen wollte ich das auch nicht. Ich lernte dabei auch erstmals ein System kennen, das in den USA recht verbreitet ist, das Trade-out. Man tauschte Dienstleistungen wie hier Miete gegen Gartenarbeit und das Finanzamt ließ einen in Ruhe. Gerne ließ ich den Vertrag mit dem Gärtner weiter bestehen. Ich war froh, die Anlage weiter gepflegt zu bekommen und sein Zimmer schien mir nicht besonders gut vermietbar zu sein. Probleme hatte ich mit ihm nur, wenn er im Sommer um 5 Uhr anfing den Rasen zu mähen. Für ihn war es kühler um die Zeit, für die Gäste und mich aber störend. Nachdem die Exeigentümer mich inzwischen genug strapaziert hatten, begannen sie nun, mir verbliebene Teile wie Werkzeuge zu verkaufen. Ich kaufte ein wenig, was wir brauchen konnten und schon waren Vater und Sohn weg. So schnell hatte ich mir die Übergabe eigentlich nicht vorgestellt, aber ich freute mich doch über die Ruhe, die plötzlich da war. Ich ging herum und sah mir einige Zimmer und dann den Pool mit dem Pumpenraum in Ruhe an. Noch traute ich mich nicht, den Pool zu reinigen.

Dann schloss ich die Lobby recht früh, es war Montagabend in der Nachsaison und großes Geschäft würde mir sicherlich nicht entgehen und ich war völlig geschafft.

Der 3. Tag, Dienstag

Ich war früh morgens im Office und sah Unterlagen durch. Dann rief ich die Sparkasse bei Bremen an, wo mein Freund Uwe arbeitete. Bei ihm wurden die Konten der AG und des Reisebüros geführt, mein privates Konto natürlich auch. Es gab zwar noch jeweils eine Bremer Bankverbindung, doch erfuhr ich über Uwe recht gut, was an Umsatz im Reisebüro stattfand und was sonst so los war. So konnte ich zu Zeiten, in denen es noch kein Internetbanking gab, trotzdem alle Bankangelegenheiten erledigen. Wir machten das die gesamten Jahre immer so in der Zeit, wenn ich in Florida war.

Dann kam die Putzfrau, von der bisher nur erzählt wurde. Sie war etwa 50 Jahre alt, unverkennbar Südamerikanerin und sehr klein und hatte noch zwei Zimmer zu reinigen. Sie tat das auf eine merkwürdige Art, statt mit Staubsauger fegte sie mit einem Besen den Teppichboden und auch sonst war ich nicht sehr zufrieden. An Deutsche hätte ich nach dieser Säuberung nie vermieten können und würde selber auch nicht mieten wollen. Sie tat, als ob sie mich nicht verstünde und kam die nächsten Tage immer seltener. Später erfuhr ich, sie hatte zuvor schon einen neuen Job gesucht und den begonnen. Ich brauchte eine neue Putzfrau.

In der Mittagspause besuchte ich den Steuerberater, den mir unsere hiesige Maklerin empfohlen hatte. Er gefiel mir und war Franchisenehmer einer großen Steuerberatungsgesellschaft. Er nutzte die Steuersoftware der Gesellschaft und hatte eine Hotline bei Spezialisten für Probleme. Dafür zahlte er eine Gebühr. Dass er in solch einem Franchisesystem war, gefiel mir grundsätzlich. Er war ehrgeizig und arbeitete auf eigene Rechnung. Aber wenn er schlecht oder unzuverlässig gewesen wäre, hätte die Franchisegesellschaft ihm längst gekündigt, um sich selbst und auch die anderen Franchisenehmer vor Imageschäden zu schützen.

Er wollte das Rio Beach gerne übernehmen und war bereit, auch für die Horizont Holding Daytona, Inc., der gesetzlich vorgeschriebene Vertreter zu sein. Mir gefiel gut, dass ein Externer der Vertreter war und so keine wichtige Behörden- oder Steuerpost ins Rio Beach ging (passierte hinterher aber immer). Und er machte es umsonst, da es für ihn keine Arbeit machte und kein Risiko bedeutete. Noch immer der erste Tag allein und etwas so Wichtiges war gut geregelt. Wir behielten Jim bis zum Ende und er arbeitete immer zuverlässig.

Jeden Monat erhielt ich von ihm eine Kurzbilanz mit der Aufstellung aller Kosten und Einnahmen und unseres Aktiva und Passiva mit einer Auswertung.

Abends vermietete ich ein Zimmer und war richtig stolz auf mich. Zuvor hatte ich einige Zimmer nachgeputzt und das war eines davon. Dann kam Tony, er war um die 50 und sah mit großem Handy in der Hand eher wie ein Wachmann aus. Er war unser Nachbar im Norden, italienischer Abstammung und wollte wissen, wer ich bin. Ihm war aufgefallen, dass die Eigentümer tagelang alles zusammengepackt hatten und nun weg waren. Ihm hatten sie nichts erzählt. Ich berichtete ihm, dass eine deutsche Gesellschaft das Rio Beach gekauft hatte und auch selbst betreiben will. Ich schwieg fast immer über meine persönliche Beteiligung an der Aktiengesellschaft, sondern war nur der kleine Angestellte. So konnte ich mich nach Bedarf hinter der deutschen Gesellschaft verstecken. Und dann kam die Überraschung, als er fragte, ob wir auch am Monte Carlo, seinem Motel, Interesse hätten. Im Moment nicht, antwortete ich ihm. Erfreut über einen europäischen Nachbarn lud er mich ein, mir das Monte Carlo demnächst mal anzusehen. In den nächsten Tagen war ich auch dann auf einen Besuch dort. Er, seine Frau und ein etwas zurückgebliebener Neffe zum Saubermachen betrieben das Motel gemeinsam. Seine beiden Kinder waren auf der Uni in Florida und halfen nur noch bei den großen Events und in den Sommersemesterferien mit. Personal trauten beide grundsätzlich nicht. Das Monte Carlo war viel gepflegter als unseres, sollte aber auch teurer trotz kleineren Grundstücks sein. Sein Grundstück war zwei Parzellen groß, unseres bestand aus drei Parzellen. Und er schimpfte über seinen Nachbarn, ein kleines Motel mit Sandniggern, das waren Inder, wie er mir erklärte. Die würden auch Prostitution zulassen und es sei schmutzig dort. Ich wunderte mich über so viel Rassismus, den er mir als Unbekannten gegenüber sofort mitteilte.

Ich ging dann auch zu dem kleinen Motel, um mich vorzustellen. Es waren sehr beengte Verhältnisse, die ich vom Empfang aus sehen konnte. Die Lobby war gleichzeitig auch der Schlafraum im hinteren Teil und so wohnte die ganze Familie mit zwei kleinen Kindern in einem Raum, um Geld zu sparen und um mehr Räume zum Vermieten zu haben. Das Motel war nur eine Parzelle groß. Er war auch kein Inder, sondern eher Araber und sprach nur schlecht englisch. So war mein Besuch sehr kurz, aber nicht unfreundlich. Wie haben die die Immigration geschafft? Ich war neugierig, fragte aber nicht. Vermutlich hätten sie eh nichts verstanden oder so getan.

Am 3. Tag um etwa 23.30 Uhr kam noch ein alter Chinese, der Inhaber des Royal Arms, zwei Motels hinter dem Monte Carlo. Auch er wollte verkaufen, erzählte von seiner guten Lage an der Ecke, so dass er nur einen Nachbarn und mehr freie Blicke hat und von seinem drei Parzellen großen Grundstück. Außerdem war er sehr an meinem Visum interessiert. Oh, mein wunder Punkt, denn ich hatte ja keine Arbeitserlaubnis. Ich belog ihn und sagte, das hätte alles die Firma in Deutschland für mich erledigt, ich hätte keine Ahnung darüber. Das Vorgeben des "kleinen Angestellten" hatte sich wieder bewährt und das Thema war für ihn erledigt.

Der 4. Tag, Mittwoch

Es war nun wirklich fällig, den Pool zu reinigen und davor hatte ich Angst. Wohin das Chlor und welches Ventil öffnet was. Es war alles in einem großen unterirdischem Raum zwischen Parkplatz und Pool. Von draußen sieht man nur eine Treppe runtergehen und eine Tür. Drinnen war es laut, stank nach Chlor und ein großer Elektromotor pumpte Unmengen Wasser. Ich stellte einfach den Motor ab und öffnete ein ganz wenig einen Behälter mit Glaskappe, in dem Reste großer Chlortabletten zu sehen waren. Sofort trat ein Schwall Wassers heraus und ich probierte andere der 10 Ventile aus, bis ich den Behälter öffnen konnte. Es waren zwei Zulaufventile und ein Auslassventil, also schwierig zu finden, da ja jedes offene Ventil das Wasser sprudeln ließ. Geschafft und Chlor nachgefüllt, aber nun musste ich den Pool staubsaugen. Es klingt komisch, ist aber fast dasselbe wie mit einem herkömmlichen Staubsauger. Ich musste die Zulaufventile schließen und stattdessen auf den Staubsauger umstellen. Natürlich war nichts beschriftet, es klang anders und Wasser wurde mit Luft gemischt und weiterhin gepumpt, also war es wohl noch ok. Gemerkt hatte ich mir die Warnung des Sohnes, dass die teure Pumpe nie nur mit Luft laufen darf, weil sie sonst sofort kaputtgeht. Ich ging mit dem Ding, einem langen Stiel mit einem Aufsatz wie ein Staubsauger und einem Saugschlauch daran, mit dem das Wasser abgepumpt wurde, raus zum Beckenrand und hielt den Sauger ins Wasser. Jetzt lief die Pumpe hörbar ruhig und ohne Luft einzusaugen. Ich wusste, dass man ganz langsam den Poolboden saugen musste, wie es der Sohn vorgeführt hatte. Mir fiel auf, wie tief der Pool am einen Ende war und wie viel Wasser wohl darin sein muss. Es waren noch abgesägte und verrostete Schrauben eines ehemaligen Sprungbrettes zu sehen. Am Ende nach über einer Stunde sah alles sehr gut aus und ich hatte wieder etwas Neues gelernt.

Carol, die mir von der Maklerin als Managerin empfohlen wurde, kam nachmittags und stellte sich vor. Ein recht schmutziges Auto drinnen und draußen hätte mir bereits einiges verraten können, ich hielt es aber für typische amerikanische Schlampigkeit. Und dass sie als Arbeitslose mehrere Tage verstreichen ließ, fällt mir erst jetzt auf, wo ich dies schreibe. Oh, oh. Die Frau war ca. 160 cm, dick und auffallend bleich, obwohl sie im Nachbarort am Meer wohnte. Ich zeigte ihr das Motel, in dem ich mich inzwischen schon recht gut auskannte und sie war sehr interessiert. Ich bot ihr großzügige Bezahlung an, denn ich erwartete ja auch eine gute Leistung. Außerdem war mir klar, böte ich zu wenig, holt sie sich das Geld aus der Kasse. Denn Zimmer zu vermieten ohne das eingenommene Geld abzuführen war kein Problem. Außerdem war sie mir von unserer Maklerin empfohlen. Carol fing am nächsten Tag an.

Abends fand ich in einer Kiste im Büro haufenweise Zahlen und Buchstaben. Sie waren für das große Werbeschild an der Straße. Ich sah nach, was draußen stand und machte dann einen neuen Text für beide Seiten.

Ich bot in dieser Kurzschrift, die alle Motels benutzen, Zimmer billig an. Zuvor hatte ich nördlich und südlich nachgesehen, zu welchem Preis andere Motels vermieten und beschlossen, mit einem Dollar darunter zu gehen. Ich hatte mir überlegt, unsere Räume sind verschieden genug, unterschiedlichen Kunden etwas anbieten zu können. Gefallen mir Gäste bzw. sehen sie sauber und ordentlich aus, biete ich gute Zimmer an. Missfallen mir die Leute, sollen sie sich schlechtere Zimmer ansehen und dann entscheiden. Außerdem war das ja ein "ab"-Preis, also ein Mindestpreis. Oceanfront konnte ich ja immer noch teurer anbieten. Und für mehr als zwei Leute sollte es auch teurer werden. Ich hatte 5 weitere unterschiedliche Zimmer geputzt und alles an Wäsche zusammengesucht, was noch ging.

Auf dem Schild hatte ich jetzt unseren Kampfpreis und setzte unten noch dazu: "Maid wanted" - Putzfrau gesucht. Eigentlich missfiel mir, "Maid wanted" öffentlich mitzuteilen, denn vielleicht denken ja die vorbeifahrenden Gäste, es sei dreckig bei uns. Aber das Denken scheint typisch deutsch zu sein und stand auch bei vielen anderen Motels.

Ich vermietete wieder zwei Zimmer, da ich sowieso bis spät abends im Office war und aufräumte, wo andere Motels bereits geschlossen hatten. Für die Saison war das recht gut, denn Tonys (Monte Carlo) Parkplatz blieb leer.

Der 5. Tag, Donnerstag
Carol kam morgens, als ich gerade im Office frühstückte. Ich hatte beschlossen, dorthin einen Teil meines Lebens zu verlegen. Frühstücken und Abendessen konnte ich auch dort. Ein Fernseher fehlte dort noch, denn ich wollte mein Englisch noch weiter aufbessern und das ging beim Fernsehen ja auch. Ich informierte sie über die Gäste, denn die würden ja demnächst auschecken und hatte die Idee, Schilder zu machen mit "Back in a Moment", "At the Pool cleaning", "Back at 3.00 p.m.", "Back at 4.00 p.m.". Mit der Schilderidee ging ich zur anderen Straßenseite, wo ein Bürobedarfsladen mit Kopierern und Computern mit Druckern war, der aber auch Schlüssel kopierte, Pakete annahm und alles hatte, was man so brauchte. Ich fertigte meine Schilder und ließ sie in Plastik einschweißen. Nun konnten wir vom Büro weg und trotzdem wussten auch neue Gäste, wo oder wann wir zu finden waren. Außerdem ließ ich Visitenkarten drucken und änderte meinen Namen endgültig von Jörn auf John. Und ich erfuhr noch, warum es in Daytona Beach überhaupt kaum Briefkästen gibt, die ich bereits vergeblich gesucht hatte. Der Briefträger nimmt als Service die Post mit.
Wir besprachen den weiteren Ablauf. Carol sollte morgens gegen 8.00 Uhr kommen. Wollen Gäste früher auschecken, sage ich denen, wo ich wohne und sie können bei mir klopfen. Check-out Time ist 12.00 Uhr, bis dahin müssen Gäste aus den Zimmern raus sein. Wenn die Lobby dann zwischen 13.00 Uhr und 15.00 Uhr nicht besetzt ist, ist das kein Problem. So früh suchen neue Gäste noch nicht nach Zimmern, denn vor 16.00 Uhr lassen die meisten Hotels niemanden in die Zimmer. In einem früher vermieteten Zimmer läuft die Klimaanlage, Wasser und Strom werden verbraucht, ohne dass es dafür zusätzlich Geld gibt. Die Ausrede ist natürlich immer, die Maid ist noch nicht fertig. Ab 15.00 Uhr muss das Office besetzt sein, zuerst mit ihr, später dann mit mir. Dann fuhr ich Wäsche kaufen und Carol blieb. Sie sollte sich in Ruhe umsehen.
Der Wäschegroßhändler war einen Ort weiter und nicht auf Besuche eingestellt, denn alles wurde nach Bestellung geliefert. Aber sie waren freundlich und zeigten mir, was ich brauchte. Es gab von den meisten Sachen drei Qualitäten, so auch bei Handtüchern. Die einfache Sorte Frotteehandtücher erinnerten mich an sehr alte Küchenhandtücher bei uns zu Hause, tausendmal gewaschene Nachkriegsware. Die gute Sorte war flauschig und teuer. Ich entschied mich für die mittlere Qualität und auch bei der Bettwäsche war es ähnlich. Ich entschied genauso, schließlich

waren wir kein Luxushotel. Und ich nahm einen Haufen Papiere mit, einen Katalog hatten die nicht. Aber ich konnte dort anschreiben, was mich sehr wunderte, schließlich war ich neu, hatte keinen Nachweis über das Rio Beach und hätte ebenso ein Tourist auf Durchreise sein können, der mit der Wäsche verschwindet. Mit einer großen Ladung kehrte ich zurück und begann zu waschen. Die Gäste waren ausgescheckt und Carol konnte die Putzfrau nochmal bewegen, sauber zu machen oder was die beiden dafür hielten.

Dann fuhr ich zur Bank und eröffnete ein Konto in Daytona, denn in Daytona Beach hatte ich noch keine Bank gesehen. Bisher hatten wir mein Privatkonto benutzt, das ich seit Jahren hatte und auf das ich vor der Abreise immer das restliche Urlaubsgeld einzahlte und für das ich eine kostenfreie Bargeldautomatenkarte für die USA hatte. Die Kontoeröffnung ging ganz einfach. Doch mussten Gäste auch per Kreditkarte bezahlen können. Eigentlich eine typische Bankangelegenheit, dachte ich. Unsere Bank versuchte einiges, was aber alles nicht klappte. Nach endlosen Telefonaten gab ich Tage später auf. Jim empfahl mir dann eine Inkassofirma, die den Service anbietet. Allerdings mussten wir ein Gerät bei denen mieten, denn als europäische Gesellschaft durften wir das nicht kaufen. So ein Quatsch, denn wir waren ja eine amerikanische Inc. Es half nichts, wir brauchten das Gerät und zahlten eine Mietgebühr, von der wir das Gerät alle sechs Monate kaufen könnten. Und eine anteilige Gebühr bei jeder Buchung.

Und dann hatte ich noch etwas Zeit und konnte endlich tun, worauf ich mich schon tagelang freute. Ich war seit fünf Tagen in Florida und hatte noch keine Zeit gehabt, einmal ans Meer zu gehen und ich ging schwimmen. Abends löste ich Carol im Office ab.

6. Tag, Freitag

Heute besprach ich mit Carol, wie ich mir alles vorstellte. Das Büro war schlimm und ich wollte abends mit dem Streichen beginnen, damit Gäste sehen, wir renovieren. Immer noch besser, als wenn sie denken, wir fühlten uns dort wohl. Auch mit der Zimmerreinigung waren wir uns einig und dass wir außer Wäsche auch Überdecken und auch einzelne Möbel brauchen. Ich bat sie, Hotelmöbelhersteller ausfindig zu machen, denn deren Möbel sind viel robuster als normale Möbel.

Und dann wollte ich die Miete in Nr. 2 kassieren, denn der Sohn hatte mir gesagt, die zahlen wöchentlich. In Nr. 2 wohnten drei Mieter. Die Tür wurde von dem jungen Mann geöffnet, den ich bereits einmal gesehen hatte. Die beiden anderen Mieter hatten sich vor mir verborgen gehalten. Ich sah neugierig hinein. Voller Entsetzen erblickte ich in einem der beiden Doppelbetten einen halb bekleideten Mann, der unbeschreiblich fett war. Das ganze Bett bog sich unter dessen Last.

Bei den drei jungen Mietern in dem Zimmer handelte sich um ein Ehepaar mit einem Verwandten, die zusammen das eine Zimmer bewohnten. Alle drei waren gemeinsam auf Wohnungssuche. Ich tat freundlich, dachte aber, wie ich die loswerde und fragte Carol. Die hatte auch keine Ahnung und ich beschloss, solange die nicht stören, habe ich wenigstens die Miete. Das Bett ist eh ruiniert. Drei Wochen später waren sie weg und Apartment 2 wurde als erstes renoviert. Der neue Teppichboden und nur noch ein großes Bett machten den Raum zu einem sehr schönen Zimmer mit über 20 qm und wir waren stolz darauf.

Die Renovierung machten wir zu dritt. Carols Mann Al und Sohn halfen mir dabei. Beide arbeiteten ab dem ersten Wochenende stundenweise bei uns, ihr Mann kam spätnachmittags nach seiner regulären Arbeit vorbei und der Sohn häufig gleich nach der Schule.

7. Tag, Samstag

Ich war frühmorgens bei Walmart einkaufen. In Amerika sind sie viel größer als bei uns und besser sortiert. Beim Reingehen begrüßen einen Rentner sehr freundlich und geben einem den Einkaufswagen. Wir brauchten alles, von Waschpulver über Chlor bis zu Glühbirnen und Bügeln, ich brauchte Esssachen und Geschirr. Die Einkäufe werden auch vom Personal eingepackt. Als ich an die Kasse kam und die Kassiererin meinen überquellenden Einkaufswagen sah, forderte sie sofort eine Packhilfe an. Und ich kaufte auch ein schnurloses Telefon, das ich auf dem Grundstück immer mitnehmen konnte. Damit war ich dann überall erreichbar und auch nachts in meinem Zimmer. Warum die alten Eigentümer sowas nicht hatten, verstand ich nicht, denn wenn man draussen arbeitet, war man u.a. für reservierende Gäste nicht erreichbar.

Bei meiner Rückkehr hatten wir eine Maid. Sie kam rein, stellte sich vor und Carol hatte sie sofort eingestellt. Wenn sie schlecht putzt oder sonst nicht gut ist, können wir sie sofort fristlos kündigen und zahlen nur den Lohn bis zur Kündigung. Verträge schriftlicher Art waren ungebräuchlich im Motelgewerbe, ebenso Urlaub oder Lohnfortzahlung im Krankheitsfall. Und sie arbeitete auch nur, wenn wir sie brauchten. Sie kommt morgens um 9.00 Uhr und arbeitet, solange Arbeit da ist. Und das können 10 Stunden sein oder gar nichts. Endlich mussten wir bzw. ich nicht mehr alles selber putzen, denn so hatte ich mir das Motelliersdasein auch nicht vorgestellt. Außerdem fehlte die Zeit für wichtigere Dinge.

Das Motel war nun bereits erheblich besser in Schuss. Einige Zimmer waren wirklich sauber und mit guter Wäsche versehen und warteten auf Vermietung. Carol, Al und Sohn Mark und die Putzfrau waren am Arbeiten. Carol machte die

Wäsche, die Putzfrau hatte eine lange Liste mit weiteren Zimmern und wir drei Männer begannen im Office eine Holzdecke einzuziehen. Ich war morgens nach Walmart noch in einen Baumarkt gefahren und hatte dort alles eingekauft, damit das Eintrittstor ins Rio Beach endlich ordentlich aussieht. Nachmittags waren wir fertig, hängten die neuen Lampen auf und ich war richtig stolz. Beim Aufhängen der neuen Lampen suchte ich Lüsterklemmen in unserem Werkzeug- und Materialvorrat. Al und Mark wussten aber nicht, was ich meinte und drehten die Kabelenden einfach aneinander und steckten dann eine Kappe darauf. So macht man das in den USA. Das hielt zwar auch irgendwie, kam mir aber eher wie Pfusch vor. Später brachte ich aus Bremen dann Lüsterklemmen mit, für beide was völlig neues. Ich hatte dann sogar kurz mal den Import der Lüsterklemmen in die USA erwogen.

Wir vermieteten noch einige Zimmer aus der neuen Lobby heraus, die Arbeit hatte sich gelohnt. Abends war ich dann wieder allein, aber ein etwas gefüllter Parkplatz freute mich.

8.Tag, Sonntags

Carol, Al, Mark und die Putzfrau erschienen und die Gäste checkten langsam aus. Wir Männer begannen im Beachhaus aufzuräumen. Ich dachte mir, saubere Zimmer haben wir genug für die Jahreszeit und es sei sinnvoll, das Haus am Strand mal vermietfähig zu machen. Letztes mal hatte ich es im Sommer von drinnen gesehen. Der Inhaber bewohnte es, wenn er nicht in Wisconsin nahe Kanada war. Das Haus sah von innen damals aus, als ob man in den Rocky Mountains in eine Berghütte kommt, einfach filmreif. Dass der Kamin nicht mehr geht, wurde mir immerhin noch gesagt. Nun sah es wie fluchtartig verlassen aus und wir füllten unseren Müllcontainer. Gut, dass wir genug Platz dafür hatten, denn die wenigen Gäste machten kaum Müll. Aber es wurde immer mehr und alles, was nach einigen Stunden nicht mehr in den Container ging, stellten die Beiden daneben. Das würde schon mitgenommen, und sie behielten Recht. Das Haus war abends dann halb möbliert, aber zumindest besenrein. Ich überlegte, ob ich erstmal umziehen sollte, entschloss mich aber, in Nr. 4 zu bleiben. Nr. 4 war mit dem Straßenhaus und den Apartments verbunden und lag gegenüber dem Office mit Blick darauf. Von dort konnte ich alles gut im Auge behalten. Nächste Woche sollte die Putzfrau das Beachhaus mal gründlich reinigen, wenn die anderen Zimmer gemacht sind.

Mir fiel auf, dass ich mit Carol gar nicht über die Arbeitszeiten gesprochen hatte. Wir einigten uns auf alle Wochenenden, an denen nicht jemand aus Deutschland da ist und in der Woche an vier Tagen. Und natürlich an allen besonderen Tagen oder Wochen. Außerdem versprach ich, es gäbe auch Urlaub. Sie war sehr einverstanden und hatte wohl Schlimmeres erwartet, denn die Arbeitszeiten in den USA sind heftig, insbesondere wenn man wie sie gut bezahlt wird.

Nachmittags kam dann Fritz mit seiner jungen Frau aus St. Augustin vorbei. Er betrieb eine kleine Monatszeitschrift für Senioren mit News, Veranstaltungen und viel Klatsch und Werbung. Sie waren Freunde des Alteigentümers und hatten bereits gehört, es würde an einen Deutschen verkauft. Fritz war ca. 70 Jahre alt, rüstig und vor allem neugierig. Er hatte zur Begrüßung deutsches Hefeweizen mitgebracht und sprach gerne mal wieder deutsch und erzählte über Daytona Beach. Und er bot an, wie bisher Reklame in seiner Zeitung für uns zu machen. Dafür wollte er mit seiner Frau wie bisher einmal im Monat am Wochenende frei wohnen. Ich willigte ein, aber nur für die normalen Termine und nicht bei besonderen Veranstaltungen. Als sie das übernächste Wochenende wiederkamen hatte er die Zeitung dabei und eine dicke Überschrift in der Zeitung war: "German Investor bought Rio Beach" mit einem Foto des Rio Beach und noch einer gesonderten Anzeige. Er kam dann regelmäßig und legte die Termine möglichst so, dass er auf mich traf, denn Deutsch sprach er gerne und wir klönten viel. Bier brachte er leider nie wieder mit. Das war dann nach dem Gärtner mein zweiter Trade-out, diesmal Zimmer gegen Werbung, ein merkwürdiges Land.

9. Tag, Montag

Ein Inspektor kam und war sehr unfreundlich. Zum Glück war Carol da und sie war gut. So charmant mit flötender Stimme, nie hätte ich ihr das zugetraut. Er sah, dass wir renovieren und freute sich dann etwas, weil er das Motel wegen der mangelnden Sauberkeit bereits im Visier hatte. Aber Ketten an den Türen von innen seien unbedingt notwendig und er kommt vorbei, um nachzuprüfen, ob wir die angebracht hätten. Ich hatte Zeit und fuhr zum Baumarkt, Ketten kaufen. Als ich später gerade die zweite Kette installiert hatte, kam Carol mit einem Herrn. Auch er arbeitete für die Hotelaufsicht, aber nicht für den Staat Florida wie der vor drei Stunden, sondern für den Landkreis. Er war schockiert, als er sah, was ich machte. Ketten an einer Zimmertür seien strengstens verboten, schließlich könne man die Tür ein Stück öffnen und hineinsehen. Auf den Widerspruch zu seinem Vorgänger hingewiesen sagte er, den anderen können wir vergessen, nur er sei wichtig. Also nutzte ich die kulante Rückgabepolitik der Händler in den USA und brachte alles zurück. Beide Inspektoren ließen natürlich Zahlungsaufforderungen zurück. Die zahlten wir dann und nach ein paar Tagen erhielten wir die ersten beiden Betriebserlaubnisse. Die hängten wir wie vorgeschrieben an einem Brett im Office aus. Wegen der Türen hörten wir von keinem Inspector mehr etwas.

In den USA finden die meisten Zahlungen per Scheck statt. Praktische Einzugsermächtigungen oder Überweisungen sind fast unbekannt. Da es teilweise empfindliche Strafen bei verspäteter Zahlung gab, mussten wir immer sehr aufpassen, dass alles pünktlich rausgeht. Dafür ist die Post aber unglaublich zuverlässig. Mich hat später mehrfach gewundert, dass Gäste sich Geld mit der Post schicken ließen, das sogar sichtbar war. Und auch ankam. Allerdings sollen die Strafen für Postdiebstahl auch drakonisch sein.

Auf unserem Parkplatz stand ein Pepsiautomat, der aber schon recht angerostet war. Da ich ein CocaCola Trinker bin und einen neuen Automaten wollte, rief ich bei CocaCola an und erkundigte mich. Eine Stunde später war ein Vertreter bei uns und erklärte mir das Geschäft. Wir können den Automaten selber füllen oder sie füllen für uns. Billiger ist natürlich, wenn wir füllen und unsere Einnahmen sind dann höher. Aber dann sieht die Horizont Holding Daytona, Inc., das Geld ja vielleicht nicht, denn z.B. Carol kauft eigene Dosen, wenn ich nicht da bin und kassiert. Also besser füllen lassen. Den Preis konnten wir auch festlegen, ab 50 Cent bekamen wir etwas und je teurer die Dosen waren, um so mehr bekamen wir ab. Am nächsten Tag kam ein funkelnagelneuer Automat, die Leute von Pepsi holten ihren Automaten dann später ab ohne was zu sagen. Das Beliefern hat immer gut geklappt, selbst zu Buchungshöchstzeiten war nie etwas ausverkauft. Dann kam CocaCola eben täglich zum Nachfüllen und in den Automaten passte unglaublich viel rein, wie ich beim ersten Auffüllen feststellte, wo ich natürlich neugierig zusah.

Rassismus

In den nächsten Tagen entrümpelten wir immer weiter. Wir fanden in dem großen Schuppen sechs kaputte Kühlschränke, die alle riesig und angerostet waren. Selbst heil hätten sie mich wegen des Stromverbrauchs gestört, denn Strom war teuer in Florida und diese alten Riesendinger fraßen. Wir stellten sie an die Straße und fanden im Schuppen auch noch mehrere alte Herde und ich fand, es sehe jetzt richtig peinlich aus an der Straße. Einige Zeit später hatten wir Glück, denn mehrere Schwarze luden die Kühlschränke und Herde auf einen klapprigen LKW. Es war ein Schrotthändler mit Angestellten und ich ging zum Fahrer und wollte eine Visitenkarte haben, denn wir haben mit Sicherheit noch mehrfach genug für ihn. Und dann steht wenigstens nichts Störendes am Straßenrand und Leute, die hart arbeiten wie diese Männer, habe ich immer geschätzt. Der Fahrer war über die Frage völlig irritiert und hatte natürlich keine Visitenkarte. Als ich später Carol und ihrem Sohn Mark davon erzählte, waren die nur geschockt, dass ich überhaupt mit Schwarzen gesprochen hatte. Zum zweiten Mal wunderte ich mich über den Rassismus. Rassismus war auch ganz alltäglich nicht nur für Al und Carol, die von Spearhunter Village (Speerwerferdorf) oder Brown Town sprachen, wenn sie den von Schwarzen bewohnten Teil Daytonas meinten. Auch der Steuerberater und viele andere spätere Angestellte benutzten diese Begriffe abfällig.

Daytona Beach wurde augenscheinlich fast ausschließlich von Weißen bewohnt, auch nicht von anderen sichtbaren nichtschwarzen Minderheiten. Der Stadtteil mit den Schwarzen lag in Daytona hinter der Stadtmitte auf dem Weg zu den Einkaufszentren und Supermärkten, hinter denen dann wieder gute neue Wohngebiete für Weiße begannen. Es war das ehemals gute Viertel mit vielen alten, jetzt heruntergekommenen kleinen Häuschen, fast alle waren mit hohen Zäunen versehen. Und es war schmutzig dort und auf der Straße waren überall herumlungernde Bewohner zu sehen. Die Läden und Tankstellen waren vergittert. Ich hatte diese Berührungsängste der anderen Weißen nicht und fuhr regelmäßig mitten durch dieses Viertel, weil es der schnellste Weg zu den Einkaufsmöglichkeiten war. Die meisten anderen Weißen fuhren auf einer breiten Straße, die an dem Viertel vorbeiführte und dafür aber meistens Staus hatte. Einmal hielt ich auf dem Weg an, weil bei einem Lebensmittelladen ein Sonderangebotsschild draußen an der Tür mein Interesse geweckt hatte. Im Laden war ich der einzige Weiße und ich wurde teilweise sehr feindselig angesehen und vom Personal dumm behandelt. Ich beschloss, dort nicht wieder zu halten. Es war eine andere Welt und jeder Weiße verriegelte die Türen, wenn er dort zum Einkaufen jemals durchfuhr.

Klaus

Und Klaus kam. Ich weiß gar nicht mehr, über wen er bei mir ankam. Er war Deutscher und vor Jahren ausgewandert. Damals makelte er und versuchte, über die Runden zu kommen, denn die Wirtschaft lief nicht. Er wollte mal hören, wie es lief, hatte Zeit und wir verabredeten uns zum Essen am Donnerstag. Und dabei blieb es dann, immer wenn ich in Daytona Beach war, gingen wir donnerstags essen. Er hatte ein deutsches Lokal ausfindig gemacht, in dem er fünfmal die Woche aß und ein ungarischer Wirt "typisch deutsches" Essen wie Wiener Schnitzel, Spaghetti und ungarischen Braten anbot. Das Ambiente war entsprechend gewöhnungsbedürftig und die Musik eher zum Schunkeln geeignet. Das Essen war gut und billig und jede Woche fern der Heimat gefiel es mir etwas besser. Es half immer etwas gegen Heimweh, das sich bei mir nach mehreren Wochen doch immer einstellte. Klaus wusste über die Tagespolitik von Daytona gut Bescheid und kannte auch viele andere Auswanderer, von denen er erzählte. Er holte mich immer donnerstags ab, denn normalerweise hatte ich immer nur für je eine Woche ein Auto gemietet zu Beginn und zum Ende meiner Zeiten in Daytona Beach. Ich flog ja meistens ab Miami oder Orlando, selten ab Jacksonville und ohne Auto war es schwer und teuer, den jeweiligen Flughafen zu erreichen. Und ich hatte immer Reisebüromitarbeitertarife für die Mieten. Das Essengehen mit Klaus machte jedenfalls Spaß und auch diese Routinen waren für mein Wohlfühlen vor Ort wichtig.

Und wir sprachen natürlich auch über die Unterschiede zwischen den Ländern. Enttäuscht war ich nach dem ersten Monat, als ich Steuern zahlen musste. Ich rechnete wie in Deutschland mit einer Rückerstattung der von mir bezahlten Steuern für die verbrauchten Sachen, z.B. bei Seife, Wäsche oder Möbel. In Deutschland bekomme ich als Unternehmer die Mehrwertsteuer zurück. Und ich rechnete mit einer größeren Zurückzahlung. Nicht so in den USA, es gibt keine Mehrwertsteuerrückerstattung. Und ich teilte ihm meine Verwunderung über die Strandsteuer mit, die wir als Vermieter auf der Küstenseite der Straße zusätzlich von den Gästen kassieren müssen, immerhin 5 %. Die kamen zu den 7 % regulären Steuern. Gut, dass wir die Steuern nicht einzeln aufschreiben müssen, sondern den Gästen 12 % berechnen dürfen. So wechselt niemand zur anderen billigeren Straßenseite. Auf dem Werbeschild am Haus schreiben wir wie in den USA üblich auch nur den Nettopreis hin, die Steuerhöhe erfährt der Gast erst beim Buchen. Und noch etwas erfuhr ich, denn mich wunderte, dass der Gärtner keine Steuern auf seine fiktive Miete zahlt. Wer ein halbes Jahr in einem Motel oder Hotel wohnt, bei dem wird keine Steuer mehr berechnet. Gut zu wissen.

Mit den Neueinstellungen war das in den USA anders als in Deutschland und natürlich wusste Klaus einiges darüber. Ich hatte bereits Verschiedenes gelesen, aber immer wich etwas voneinander ab. Erlaubt (Stand 1996) sind nur Fragen, die nicht diskriminieren, also darf ich nicht nach dem Alter, Familienstand, eventuellen Kindern oder der Rassenzugehörigkeit fragen. Auch einen Ausweis bekomme ich nicht zu sehen bei dem Einstellungsgespräch, da die Rasse darin vermerkt ist. Nach einem Partner darf ich aber merkwürdigerweise fragen. Die Sozialversicherungsnummer darf ich erfragen und jeder US-Bürger kann seine auswendig. Mich hat manchmal später verwundert, wie manche ausgerechnet eine so lange Zahl behalten können und sonst nichts wissen. Zeugnisse gibt es in unserer Branche wohl überhaupt nicht, sondern man sammelt Referenzen, die man dann angibt. Das können Arbeitgeber, Vermieter oder Freunde in guten, vertrauenswürdigen Positionen sein, z.B. Polizisten, Bankangestellte oder Beamte. Ich wurde später mehrfach gefragt, ob ich für Mieter oder ehemalige Angestellte bürgen kann. Mit Bürgen ist hier aber kein rechtliches Einstehen gemeint. Also tat ich das in der

Regel gerne, denn es galt auch als Ehre für den Bürgen.

Beleuchtungssteuer
Und natürlich kam auch der städtische Beamte für die Beleuchtungs- und Werbesteuer. Das war der netteste Inspector, er ging einmal an der Vorderfront des Motels entlang und sah sich die Beleuchtung an. Zwei große Strahler auf den Namen und ein kleiner Strahler auf ein anderes kleines Namensschild. Es kostete 13 Dollar und wir bekamen die Quittung für ein Jahr, die wir zu den anderen Quittungen in das Office hängten. Er kam dann einmal im Jahr wieder und immer wieder das gleiche Ritual. Über diesen Kleinkram füllt die Stadt Daytona recht gut ihre Kassen, denn es liegen sehr viele Hotels und Motels in der Stadt. Für andere Geschäfte gilt die gleiche Steuer, die aber niemandem richtig weh tut, weil sie so niedrig für den Einzelnen ist. Daytona ist auch nicht verschuldet wie die meisten deutschen Städte, denn es wird immer ein Haushalt aufgestellt und die Einnahmen müssen den Ausgaben in etwa entsprechen. Der Hauptteil des Geldes in Daytona kommt von der Grundsteuer und die wird entsprechend erhöht, wenn die Ausgaben steigen. Natürlich ist die Grundsteuer nicht beliebig erhöhbar, denn sonst wandert Gewerbe in billigere Gemeinden ab und Neubauten würde es auch weniger geben.
Es vergingen weitere Wochen und die Umsätze stiegen, obwohl die Saison schlechter wurde. Das lag daran, dass ich bis nachts im Office saß, dort arbeitete, las oder ferngesehen habe. Dadurch stoppten bei uns Gäste, die bei anderen Hotels schon alles dunkel vorfanden und es sah inzwischen gut bei uns aus. Nur störte mich das große Lobbyfenster zur Straße. Es war eine dunkle Folie wegen der Abendsonne auf die Scheibe geklebt. Das sollte Mark abkratzen.

Kosten
Es war inzwischen ein Monat rum und ich musste Schecks ausstellen. $ 5.000,-- gingen an den Exeigentümer, die Zinsen von $ 600.000,-- bei 10 %. Das hieß wieder Reserven angreifen, denn mit den Mieteinkünften der Nebensaison konnten wir gerade die Löhne und alle Nebenkosten, nicht aber die Renovierung oder Zinsen zahlen. Ich musste mir wieder aus Deutschland Geld schicken lassen.
Die Kosten für Gas, Wasser und Strom waren gering, da wir wenig verbrauchten mit unseren paar Gästen. Alles wurde monatlich abgelesen und berechnet.
Dann war noch die Kabelgebühr zu zahlen an die Gesellschaft, die auch für die Instandhaltung bis zu den Anschlüssen im Zimmer verantwortlich war. Fernsehgebühren gab es nicht, so einen Quatsch gibt es wohl nur in Deutschland, denn

alle finanzierten sich über Werbung. Und kostenpflichtige werbefreie Programme hatten wir nicht abonniert. Allerdings bekam ich auf Nachfrage von der Kabelgesellschaft einen kleinen Dekoder geschenkt, mit dem ich auf meinem Fernseher auch HBO sehen konnte. Den Tipp hatte ich von Tony, schließlich war ich wie er auch der Chef eines Motels und damit der Abonnent.

Rainchecks

Und es kamen Gäste mit komischen Rainchecks. Das waren Quittungen der Alteigentümer für Gäste, die früher als geplant abreisten. Die bekamen kein Geld zurück, sondern durften dafür beim nächsten Mal gegen Vorlage des Rainchecks umsonst übernachten. Nach dem dritten Raincheck wurde ich nervös und rief den Alteigentümer an. Er versicherte, dass es davon höchstens 10 weitere gäbe. Wir benutzten später auch in Ausnahmefällen Rainchecks.

Schlüssel

Mit den Schlüsseln hatten wir immer Probleme. Natürlich hatten wir wie viele Hotels Schlüsselpfand, der Gast hinterlegte $ 10 und bekam die zurück, wenn er auscheckte. Viele Gäste vergaßen das und ließen den Schlüssel im Zimmer liegen. Gut für uns, wir hatten wieder $ 10 verdient. Viele nahmen den Schlüssel einfach mit und dann hatten wir Arbeit. Unser Motel war vermutlich das einzige Motel, in dem dann Schlösser getauscht wurden, denn der Gast könnte ja wiederkommen und dann ins neu vermietete Zimmer gelangen. Also tauschten wir dann das Schloss und wir hatten immer auch Ersatzschlösser da. Das war ganz einfach bei den Türen und dauerte 10 Minuten. Natürlich mussten wir dann auch die Nummern an den Ersatzschlüsseln tauschen, damit die neue Zimmernummer stimmte. Aber es mussten Schlüssel nachgemacht werden und ich war überrascht, wie einfach das ging. Als ich zum ersten Mal in den Bürobedarfsladen gegenüber zum Kopieren ging, dachte ich, ich bräuchte eine Genehmigung oder ähnliches, schließlich kannte mich der Betreiber ja noch nicht. Aber es war kein Problem und billig dazu mit knapp $ 2. Jeder hätte dort mal schnell unsere Schlüssel kopieren können, ohne dass wir etwas erfahren hätten, was mich sehr wunderte. Doch das wirkliche Problem war die Schlüsselqualität. Ein kopierter Schlüssel von einem bereits mehrfach kopiertem Schlüssel passt immer schlechter.
Dann waren mehrere Schlösser so kaputt, dass wir Neue brauchten. Der ständig herangewehte Sand und das Salz ruinierten einfach alles mit der Zeit. Alle Schlösser neu mit neuem Generalschlüssel für uns war zu teuer, also nahmen wir nur 20 neue Schlösser und bauten die in die besten Zimmer ein. Viele alte Schlösser hakten und die Zimmertüren waren dadurch nur schwer zu öffnen. So was passt zu

guten Zimmern einfach nicht. Also sagte ich Carol, wir machen in Zukunft nur noch von den Originalschlüsseln Kopien und deshalb kommt von jedem Schloss ein Schlüssel zum späteren Nachmachen in den Safe. Natürlich machte sie das aus Bequemlichkeit nicht und bereits im Frühjahr hakten schon wieder einige Schlösser.

Kakerlaken

Und dann gab es noch meckernde Gäste, denen etwas nicht gefiel und die dann den State-Inspector holten. Dann konnte passieren, dass wir auf der Suche nach Kakerlaken ganze Zimmer auseinander nehmen mussten. Natürlich gab es Kakerlaken, und zwar recht Große, die German Roaches. Woher der Name kam, weiß ich nicht und wir taten alles gegen sie. Laufend änderte die Herstellerfirma der Sprays und Fressfallen die Rezeptur, denn Kakerlaken werden schnell resistent gegen einzelne Gifte. Deshalb kauften wir auch immer die neuesten Sprays und Fallen. Aber ganz verhindern kann man sie im Süden nicht.

Wir waren ein Non Refund Hotel und das hatten wir beim Staat Florida beantragt und die Bestätigung mit den Lizenzen im Büro ausgehängt. Wer bei uns eincheckte erhielt keine Rückerstattung, wenn er vorzeitig auszog. Das war keine Gehässigkeit von uns, sondern notwendig, denn wer für mehrere Tage bucht, bekommt einen besseren Preis. Reist der Gast dann früher ab, würde er auf den günstigen Wochenpreis nach zwei Tagen fünf Tage erstattet bekommen und hätte dann viel weniger gezahlt, als wenn er gleich nur zwei Tage gebucht hätte. Checkt er aber wegen Kakerlaken aus, müssen wir rückerstatten. Und deshalb erzählen manche Gäste, sie hätten Kakerlaken und holen dann zum Beweis den State-Inspector. Zum Glück wurde es besser, denn er merkte natürlich auch, dass das Rio Beach während der letzten Monate ständig sauberer wurde.

Unser schlimmster Fall mit einem Gast passierte viel später. Er wollte einen Refund und unser damaliger Manager lehnte mit Hinweis auf die No-Refund Regelung ab. Dann ging der schimpfende Mann ins Zimmer zurück, schüttete eine ganze Dose Cola in den Fernseher und kam nach wenigen Minuten ins Office zurück und meldete den Schaden. Er wollte rausgeschmissen werden und wusste, bei einem Rausschmiss erhält er sein Geld zurück. Die geholte Polizei sagte dann, das mit dem Fernseher kann ja auch ein Missgeschick gewesen sein und deshalb würde der Mann nicht strafrechtlich haften, wies uns aber auf unsere Pflicht der Rückerstattung hin, wenn wir den Mann jetzt rauswerfen würden. Und verklagen können wir den Gast nur sehr umständlich zivilrechtlich. Wir gaben dann doch lieber den Refund, denn wer weiß, was noch „aus Versehen" alles kaputtgegangen wäre.

Aber wir hatten auch Problemzimmer. Ausgerechnet die gute Oceanfront hatte oben vier Zimmer, die eine verschließbare Tür zu einer Küche hatten und von der Küche ging das Zimmer auf der Hofseite ab. Vorteil war, dass wir jeden der Räume mit kompletter Küche vermieten oder auch Familien zwei Zimmer mit der gemeinsamen Küche in der Mitte mieten konnten. Im Untergeschoss waren zum Glück nur vier der acht Räume so kombinierbar. Zum Glück, weil wir diese Räume mit den Küchen eigentlich nie ungezieferfrei bekamen. In Küchen fällt immer was hinter den riesigen Kühlschrank oder manchmal lassen Gäste aus dem Norden auch Essen stehen, weil man die Viecher ja bei Licht nicht sieht, meistens jedenfalls. Und die Oceanfront hatte Holzdecken und ein Holzdach. Da konnten überall Kakerlaken blitzschnell verschwinden und von Zimmer zu Zimmer wechseln.

Am schlimmsten war aber der Raum Nr. 11, der Roachroom (Kakerlakenraum), wie wir ihn später nannten. Er lag direkt neben dem immer warmen Maidsroom mit den Wäschetrocknern und hatte eine Küche daneben, also alles, damit sich unsere kleinen Feinde richtig wohlfühlen können. Aber nie haben sich Mieter in diesem Raum beschwert. Das zeigt aber nur, was für unmögliche Leute das waren.

Meines Vaters Tod

Dann starb völlig überraschend mein Vater und ich musste nach Deutschland zurück. Ich buchte einen Flug, informierte Jim und gab Carol notgedrungen Kontovollmacht. Dann packte ich alle meine Sachen in eine große Plastiktonne, die ich gekauft hatte, damit ich nicht immer alles mitnehmen muss und klebte die ungezieferfest zu.

Eigentlich hatte ich geplant, zunächst drei Monate dort zu bleiben und erst Mitte Januar zurückzufliegen. In der Zeit wollte ich Carol weiter kennen lernen und die Richtung des Objektes bestimmen. Nun ging es nicht anders.

Zurück in Bremen

Ich kümmerte mich in Bremen auch um das Reisebüro, das die Auszubildende ja allein führte. Es lief nicht sehr gut, was aber auch wohl an der Jahreszeit lag. Den meisten Umsatz macht man von der zweiten Januarwoche bis Mitte März, denn dann sind in den Firmen die Urlaubsplanungen fertig und es wird fürs Jahr gebucht. Den zweitbesten Umsatz macht ein Reisebüro noch einmal kurz vor und in den Sommerferien, wenn Last Minute gebucht wird.

Und außerdem war ich gut im Verkaufen, wie mir einer meiner Freunde fasziniert

erzählte. So kam nur auf die Schnelle ein Kunde vorbei, einige Kataloge holen, bevor er mit der Strassenbahn vor meinem Reisebüro weiter wollte. Er nannte das Ziel und natürlich fragte ich ihn nach dem Datum. Oh, Osterferien, dann kann ich ja mal ganz schnell nachsehen, ob es noch Flüge gibt, nicht, dass sie im ausgebuchten Katalog suchen. Wer sagt da schon nein und schon hatte ich ihn. Ich sah nach und häufig waren wirklich nicht mehr viele Flüge zum Wunschtermin frei. Also bot ich an, erstmal etwas für ihn zu blocken und er hat eine Woche Zeit zum Überlegen, ob er möchte. Keine Anzahlung, keine Unterschrift, nur seinen Namen und sehr gerne eine Telefonnummer. Und wenn ich nichts von ihm höre, ist auch alles erledigt für ihn, denn dann storniere ich auch. Also kein Risiko für ihn. Wer macht das nicht? Für mich war das anders, ich trug das Risiko des Vergessens, hatte dafür aber einen Kunden an der Angel. Denn wenn die Flüge knapp waren, hatte ich seine Plätze geblockt wie gewünscht und die waren nun bei keinem anderen Reisebüro mehr erhältlich. Außerdem war es für den Kunden natürlich bequemer, bei mir anzurufen und zu sagen, bitte alles fertig machen anstelle in ein anderes Büro zu gehen und dort von vorne zu beginnen. Der Kunde buchte auch wie erwartet bei mir und nicht in seinem Stammreisebüro.
Meine Angestellte hatte dann auch für die Tage frei, an denen ich arbeiten konnte. Sie hatte verdient, sich mal wieder ausruhen zu können.
Es gab leider eine Menge privater Dinge zu tun und zu regeln.

Erste Rückkehr nach Daytona Beach
Nach drei Wochen kam ich mit meiner Tante zurück nach Daytona Beach, die ich nach dem Tod ihres Bruders nicht allein lassen wollte. Als wir vorfuhren, dachte ich, das Motel sei geschlossen und erschrak fürchterlich. Statt der großen Scheibe mit Folie zur Straße war nun eine Holzplatte vorgenagelt. Und es war dunkel. Carol war aber da und hatte vergessen, draußen Licht anzumachen und die Scheibe war angeblich durch Steinschlag beschädigt worden und zerbrochen. Der "Steinschlag" war vermutlich ihr Sohn Mark beim Abkratzen der Folie gewesen und sie hatten Schiss, das nun zuzugeben. Und eine neue Scheibe war teuer und sie wusste nicht, was sie tun sollte. So was Dummes. Natürlich muss eine neue Scheibe gekauft werden, egal, was es kostet, an so exponierter Stelle muss sofort eine neue Scheibe her, denn der Umsatz leidet und später wird es doch nicht billiger.
Meine Tante bekam Nr. 1, das Al und Mark gerade abends fertig bekommen hatten. Es war ähnlich wie Nr. 2 ein großer Raum, aber sogar mit seitlichem Meeresblick. Am nächsten Morgen kam meine Tante mit dickem Kopf raus, denn der neue Teppichboden stank entsetzlich nach Lösungsmitteln. Einen neuen Raum

wollte sie aber nicht, um keine Mühe zu machen. Den bekam sie aber einige Tage später, als Gäste vor der Lobby standen und sie aus dem Zimmer rannte, um mich zu informieren. Dabei stolperte sie und verletzte sich am Knie. Sie bekam Nr. 36, ein sehr schönes Zimmer im Obergeschoss an der Strandseite. Von dort sah sie keine Gäste mehr einchecken und konnte sich nicht mehr verletzen.

Ich studierte dann die Umsätze und war enttäuscht. Carol hatte ihren Sohn Mark für abends und nachts eingestellt, und der schien nicht besonders erfolgreich zu sein. Er wurde auch nicht besonders gut bezahlt, aber die Menge der Stunden machten es dann doch zu einem ganz ordentlichen Gehalt.

Nur gut, dass wenigstens die Lohnnebenkosten in den USA niedrig sind. Wir zahlten einmal die Woche. Es gab dafür ein Heft, in das für jeden Angestellten die tägliche Arbeitszeit eingetragen wurde. Alles was über 40 Stunden hinausging, wurde mit 25 % Zuschlag bezahlt. Krankentage wurden nicht bezahlt, Nacht- oder Wochenendzuschläge oder Urlaub gab es auch nicht. Das Heft holte sonntags der Steuerberater Jim ab und brachte es montags zurück. Ich füllte dann die Schecks aus fürs Finanzamt, die Sozialbehörde und für alle Angestellten. Nach dem Gesetz muss ich per Scheck zahlen. Den unterschreiben die Angestellten auf der Rückseite und geben ihn mir zurück. Dann bekommen sie das Geld. Später erfuhr ich, dass die meisten Motels die Schecks nur gegen Gebühr einlösen und auch die Banken oder SevenEleven (24 Stundentankstelle mit Laden uns schräg gegenüber) nehmen gut Geld dafür. Das fand ich sehr unfair, denn dann arbeiteten die Angestellten fast eine Stunde die Woche umsonst für etwas, was mir kaum Mühe machte. Die meisten unserer Angestellten hatten auch nie ein Konto.

Stromprobleme und neue Möbel

Nervig war das mit dem Strom, der in dem Wunderland Florida immer mal wieder ausfiel, im Schnitt alle zwei Wochen. Alle Kabel hängen oberirdisch, wie wir es aus der vermeintlichen dritten Welt kennen. Also fährt irgendwo ein Auto gegen einen Pfahl oder es muss mal wieder was repariert werden, schon ist der Strom weg. Und das natürlich immer unangekündigt. Für mich hieß das durch alle Räume gehen und die Programme bei allen Fernsehern neu einstellen. Und das waren Hotelfernseher, also gegen Neueinstellen mechanisch gesichert und ich brauchte Hilfsmittel und viel Zeit. Von Zeit zu Zeit musste ich neue Fernseher kaufen und Carol stritt mit mir über die Größe der Fernseher. Sie wollte möglichst Große, ich vernünftige wegen des geringeren Preises bei der Anschaffung und beim Stromverbrauch später.

Inzwischen wussten wir nämlich von einem Inspektor, dass es verboten ist, etwas an dem Zustand im vermieteten Zimmer zu ändern. Läuft der Fernseher, müssen wir den laufen lassen. Gleiches gilt für die Klimaanlage und sogar für laufendes heißes Wasser, das wir nicht abstellen dürften. Ich ordnete an, uns um solche unsinnige Anweisungen bei der Klimaanlage und beim Wasser nicht zu kümmern. Gut war aber, dass wir ein Bett nur machen durften, wenn nichts darauf lag. Das sparte Zeit und Geld und dem Gast konnten wir immer sagen, dass wir leider sein Bett nicht machen durften, sorry. Aber das waren schon sehr merkwürdige Regeln in Florida.

Ich fuhr zu mehreren Händlern und suchte Fernseher. Bei Circuit City (wie unser Saturn) waren die Preise gut und lustig war es auch, denn der Verkäufer war zuerst ganz enttäuscht, als ich nach kleinen Fernsehern fragte und dann begeistert, als ich sagte, erstmal drei Stück und ich brauche auch noch TV-Schränke. Diese Fernsehschränke waren toll für uns, denn sie waren viel billiger als andere Schränke und hatten unten mehrere Fächer. Den Fernseher stellten wir stattdessen obendrauf. Einer der Schränke war verschrammt und es gab ihn billiger. Ich gab dem Verkäufer meine Karte und sagte ihm, er solle mich anrufen, wenn Fernseher oder Schränke wegen Schäden billiger waren. Ich würde kaufen, denn mir war es egal, ob ich einen neuen oder angekratzten Schrank ins Zimmer stelle. Wenn ich Pech habe, ist er nach dem ersten Gast bereits verschrammt. Der Verkäufer rief mich die Jahre regelmäßig an, manchmal dachte ich, er hilft bei den Schrammen nach, wenn sein Umsatz zu niedrig ist.

Der TV-Schrank war noch Ausdruck eines anderen Problems, denn fast die Hälfte der Zimmer war etwas zu klein für normale Hotelmöbel. Doch passten Nachttische und der vorhandene Einbauschrank für hängende Kleidung in fast jedem Raum. Inzwischen waren auch die ersten beiden Sets geliefert worden, 4 Nachttische, 2 halbhohe Schränke, 4 Sessel und zwei Tische, die wir in Nr. 1 und 2 taten. Überhaupt rotierten wir viel mit Möbeln, denn in fast jedem Raum war was Brauchbares. So kamen die besten Sachen in die 8 Räume Oceanfront, Nr. 1 und 2 und in gute Zimmer im ersten Stock. Das waren dann auch unsere teuersten Räume. Wir renovierten weiter.

Eines abends kam Al und hatte Matratzen organisiert. Ein paar Hotels entfernt hatte er im Vorbeifahren gesehen, dass ein großes Hotel renoviert wurde. Und es flog alles raus, egal wie gut es noch war. Es standen Matratzen vor der Tür. Wir fuhren sofort mit Al`s Pick Up hin und fragten nach dem Vorarbeiter. Er verkaufte uns die Matratzen für wenig Geld. Es passten immer 8 Stück auf die Ladefläche und Mark und ich hielten seitlich stehend die Matratzen auf der kurzen Fahrt fest. Ein Glück für uns, dass die Polizei dazu nichts sagte. Danach holten wir noch weitere Möbel, die ich bei der Gelegenheit gleich mitkaufte. Wir hatten endlich genug

Möbel und konnten vielen alten Schrott wegwerfen. Wir stellten die nächsten beiden Tage alles neben unseren Müllcontainer. Niemand nahm etwas mit, wie peinlich, denn wir hatten wohl wirklich die schlechtesten Sachen überhaupt. Aber die Müllabfuhr entsorgte alles und musste für die alten Matratzen mit Sicherheit mit einem weiteren Fahrzeug kommen bei dem Riesenvolumen. Wenn ich da an unsere Müllabfuhr denke, die schon eine Tüte neben der Mülltonne stehen lässt.

Kanadier

Weihnachten und Silvester waren enttäuschend. Meine Tante war wegen ihrer Arbeit bereits zurückgeflogen und ich war allein. Ich hatte mit Gästen gerechnet, aber kaum jemand kam. Das musste auch erst gelernt werden, wann hier Gäste kommen. Daytona Beach war für mich unerwartet wie ausgestorben. Ich beschloss auf jeden Fall im nächsten Jahr Reklame in Deutschland zu machen, denn Miami und FT. Lauderdale sind teuer und gut gebucht in der Zeit.

Im Januar kamen die Kanadier. Es schien üblich zu sein, noch Weihnachten und Silvester zu Hause zu feiern und dann loszufahren. Die ersten waren ein altes Ehepaar aus Toronto in einer goldenen Mercedes S-Klasse. Aber sie handelten wie im Basar und erzählten, sie hätten jedes Jahr den extrem günstigen Preis bekommen. Ich brachte Bewegung in die Sache und zeigte Nr. 2. Das renovierte Zimmer gefiel sofort der Frau und sie überredete ihren Mann, doch etwas mehr zu bezahlen. Sie hatten für den Aufenthalt sogar Geschirr, Handtücher und Bettwäsche mit und da wusste ich, dass sie wirklich schon oft da waren und die ehemals sehr schlechte Ausstattung kannten.

Ich bat ihn, seinen Mercedes nahe der Straße zur Fahrbahn zu parken. Der Wagen gefiel mir als Marketingwerkzeug mit kanadischen Kennzeichen und Länderplakette und sollte andere Kanadier anlocken. Es funktionierte recht gut für die Jahreszeit. Die Kanadier im Mercedes waren Auswanderer, die nach dem Krieg Deutschland verlassen hatten. Er arbeitete nur drei Monate in Deutschland, bekam aber anders als wir noch Arbeitenden die Schulzeit voll angerechnet. Seine Rente aus Deutschland reichte immer für den Sprit und die Miete im Rio Beach. Eine Superrendite für seine kurze Arbeitszeit und wie ungerecht uns gegenüber, die wir in Deutschland weiter Beiträge bezahlen müssen. Das Ehepaar hatte einige deutsche Angewohnheiten beibehalten. Alle zwei Wochen fuhren sie etwa eine Stunde, um in Toronto deutsche Wurst und deutsches Brot einzukaufen. Beide waren sehr nett und wir sprachen oft miteinander.

Als dann noch Fritz aus St. Augustin vorbeikam (Kleine Monatszeitschrift-Trade-Out) wurde das Rio Beach zum Auswanderertreffpunkt. Es war hochinteressant.

Marketingübungen
Natürlich reagierte ich ständig auf die Konkurrenz um uns herum und lief morgens und abends an der Straße lang, um die Preise in anderen Hotels nachzusehen. Das System mit den grossen Preisschildern aussen finde ich sehr gut und frage mich, warum es das nicht auch woanders in der Welt gibt. Dort muss man immer erst im Hotel nachfragen, was ein Zimmer kostet und ob es frei ist.
Es gibt viele Touristen, die noch nichts Genaues geplant haben für die nächsten Tage. So überlegte ich mir eine kleine Karte mit einem guten Angebot. $ 5 weniger für die nächste Nacht. Die Putzfrau sollte die Karte in das Zimmer legen, wenn der Gast am nächsten Tag auschecken will. Und es gilt nur am Folgetag, nicht wenn der Gast in einer Woche zurückkommt. Denn wir sparten ja immer die komplette Zimmerreinigung bei der Folgenacht und das war mindestens $ 5 wert. Aber natürlich nur bei ordentlichen Gästen. Die Karten ließ ich in Visitenkartenform drucken, das war billig und auffällig und der Text passte in der Größe. Und es funktionierte. Leider schien Carol die Karten nicht sehr intensiv zu benutzen, als ich nicht da war.

Reinigung
Seit wir eine Putzfrau hatten, bekam die morgens einen Zettel mit den Zimmern, die zu machen sind. Es gab eine Spalte mit "S" für Service, also neue Handtücher, Mülleimer leeren und Bett machen und sonst nur das Nötigste. Und eine Spalte mit "C" für Check-out, der Gast zieht aus. Das hieß dann zusätzlich zum Serviceprogramm auch immer neue Bettwäsche und einmal durchsehen, was noch zu machen ist. Und natürlich das Bad reinigen. Und es musste immer nachgesehen werden, ob der Zettel mit den Zimmerpreisen noch hängt. Machmal nehmen Gäste den mit. Und Inspektoren achten darauf, ob der Zettel hängt. Wo wir das noch nicht wussten, was der Gast machen will, warteten wir, bis der Gast uns das sagt und das war spätestens um 12.00 Uhr, wenn die Check-out Zeit rum ist und informierten dann die Putzfrau.
Manche auch große Hotels wechseln nur zweimal die Woche die Wäsche, denn es macht viel Mühe, die Putzfrauen über abreisende Gäste zu informieren. Also werden dort die Betten nur gemacht, außer sie sind außer der Reihe für die Maids sichtbar dreckig. Gäste merken das dann nie, wie mir Putzfrauen mit der Kenntnis guter Hotels verrieten. Meine Tante bekam einen Riesenschock, als ich ihr das verriet und ich fand es auch eklig.
In unserem Maidsroom waren Waschmaschine und große Trockner. Die Trockner liefen mit Gas wie der Heizkessel. Das Lager mit Handtüchern, Seife und Klopa-

pier war auch da und die Hitze besonders im Sommer extrem dort. Wir schafften auch die üblichen Maidswagen an.

Über das Handtuchwaschen hatte ich mit Carol lange diskutiert. Für sie war es undenkbar, dass man ein Handtuch doppelt benutzt. Das sei unhygienisch und so was tut man nicht. Sie wollte auch meiner Tante, die ich als Beispiel anführte, nicht glauben, dass sie so was macht. Wir einigten uns auf die Regel, dass Gästehandtücher, die ordentlich hingehängt sind für einmal weiterbenutzt werden. Schilder, wie ich sie aus anderen Hotels kenne mit dem Hinweis auf die Umwelt und nur auf dem Boden liegende Handtücher werden gewechselt wollte sie nicht. Nach den gerne geklauten Batterien in den Rauchmeldern zu sehen war der Job von uns Männern.

Lizenzen

Anfang des Jahres trudelten die Rechnungen ein. Es waren Daytona Beach, der Staat Florida und der Landkreis für den Motelbetrieb, die Gesundheitsbehörde wegen des Pools, die Gewerbeaufsicht für die Erlaubnis, Getränke aus dem Automaten verkaufen zu dürfen und eine Lizenz für Waschmaschine und Trockner. Alle wollten Geld und nannten mehrere Zahlungsmöglichkeiten, sofort mit Rabatt oder pünktlich zum normalen Preis. Kurz nach der Bezahlung kamen die Bestätigungen, die an das Brett im Büro hängten, damit jedermann und besonders die Inspectoren sehen können, ob wir alles bezahlt haben. Es war für mich keine Überraschung mehr, dass jedes Jahr die Gebühren fällig sind.

In Deutschland zahlt man nur einmal bei der Eröffnung des Geschäfts und nur sehr wenig, z.B. DM 10,-- für ein Reisebüro. Oder man zahlt gar nichts wie ich, wenn man zufällig kurz vor Ende der Öffnungszeit da ist. Ich wollte das Reisebüro anmelden und vermutlich war die Kasse bereits abgerechnet. Und ich ließ mich nicht auf den nächsten Tag vertrösten, schließlich war noch geöffnet und so viel Zeit hatte ich wirklich nicht, am nächsten Tag wiederzukommen. Also bekam ich den Stempel für die Reisebürolizenz umsonst. Hauptsache, das Büro war endlich leer und es gab Feierabend für die Beamten.

Ein weiterer Unterschied ist, dass ich in Deutschland eigentlich alles machen kann. Wir verkauften neben den Reisen auch Versicherungen, Bücher und Videos. In den USA ginge das nie ohne Erlaubnis und es wird dort laufend kontrolliert. Als das Reisebüro einmal ein neues Außenschild von einem Reiseveranstalter bekam stand auf dem Antrag, "Baugenehmigung erhalten, ja _ ". Ich rief die Agenturbetreuung an und fragte nach. Sofort sagte man mir, ich sollte „ja" ankreuzen, das machen alle anderen 5.000 Büros auch so. Es wurde auch nie kontrolliert. In den USA wäre so etwas undenkbar.

Schnelle Rückkehr

Ich musste wieder zurückfliegen und tat das auch wegen des kalten Wetters in Deutschland nicht gerne. Und ich wusste, nun gingen wieder die Kosten für die Nachtschicht ihres Sohnes los. Den Sohn Mark versuchte ich später loszuwerden, nachdem Carol mir die neuesten Zahlen durchgefaxt hatte. Die Zahlen musste sie uns jetzt jeden Monat schriftlich geben, die telefonischen Durchsagen reichten uns nicht mehr. Es sah nicht gut aus bei Vermietungen, die Personalkosten waren aber erwartungsgemäß angestiegen. Ich sagte Carol, von Sonntagnacht bis Donnerstagnacht solle ihr Sohn nur noch 18.00 Uhr bis 23.00 Uhr statt von 18.00 Uhr bis 8.00 Uhr arbeiten. Eine Woche später hatten wir ein aufgebrochenes Gästeauto und ein Zweites wenig darauf. Der Sohn arbeitete wieder nachts in Vollzeit, also musste ich so schnell wie möglich wieder nach Florida. Die Kosten für den Flug hatte ich normalerweise nach spätestens einer Woche rausgeholt. Sieben Nächte Mark sparen ($ 6 * 7 (Nächte) * 14 (Stunden) = $ 588) und zusätzlich einzelne Tagesschichten, die ich Carol abnahm oder sie nicht durch jemand anderen ersetzten musste. Da ich ja auch zwischendurch mitputzte, Wäsche machte und den Pool reinigte sparte ich durch meine Mitarbeit ca. $ 3.000 und zusätzlich noch die Lohnnebenkosten pro Monat.

Im Januar hatten wir Personalkosten von $ 6.287 bei nur $ 8.631 Umsatz und machten insgesamt einen Verlust von $ 15.768. Im Februar half ich wieder voll mit und trotz mehr Personal zur Bikeweek hatten wir nur $ 5.181 Personalkosten bei immerhin $ 28.632 Umsatz. Endlich mal ein Überschuss von $ 9.419 nach allen anderen Kosten. Diese Rückkehr war gut, denn im Gegensatz zur ersten Rückkehr war alles bis auf die geringen Umsätze in Ordnung.

Mir half jetzt beim Schreiben dieser Zahlen ein Haufen Unterlagen, die ich aus dem Rio Beach mitgenommen hatte. Es waren Umsatzzahlen, Zeitungsartikel, Steuerklärungen, Bankpapiere, Notizzettel, Kaufverträge und vieles mehr und Fotos. Erstmals nach über 7 Jahren habe ich mir die nach dem Ende des Rio Beach wieder angesehen. Etwas davon steht im Internet unter: www.vierjahreflorida.de. Besonders ergiebig waren die Unterlagen auch für die verschiedenen Verkäufe und anderen Angebote am Ende des Buches. Nur für schöne Fotos schienen wir nie Zeit gehabt zu haben, die Ausbeute ist sehr mäßig.

Fürs Baden im Meer war es mir inzwischen zu kalt geworden, denn bis Anfang Januar war ich noch täglich mit den Senioren aus Canada in der Mittagspause schwimmen, auch wenn es mit jedem Tag immer schwerer fiel.

Überhaupt wurde es im Winter in Daytona Beach merklich kühler und es gab zwischendurch sogar einzelne Nachtfröste. In den USA gibt es nicht wie in Europa die Alpen und andere Ost-West-Bergketten, die Italien und andere südliche Länder vor dem Norden schützen. Kanadische Kaltwetterfronten kommen gelegentlich bis nach Mittelflorida und in Nordflorida kann es schneien. Auch beim Pflanzenkauf muss man auf frostresistente Sorten achten.

Leider sind im Rio Beach Motel alle Zimmer auf heiße Temperaturen eingestellt. Die meisten Klimaanlagen hatten auch Heizfunktionen, doch waren die sehr gering. Und auch unsere Decken waren nicht für kaltes Wetter geeignet. Ich muss gestehen, dass ich einzelne Nächte so fror, dass ich den Elektroherd als Zusatzheizung angemacht hatte.

Neben dem Gebäude und den Zimmern brachten wir auch das Grundstück wieder in Ordnung. Der Gärtner hat zwar die Grünanlagen gepflegt, doch im Poolbereich sah es traurig aus. Ehemals dunkles Holz als Verschalung gammelte im Innenbereich vor sich hin. Ich riss es ab und strich die Wand dahinter gelb und stellte neue grosse Blumenkübel an den Pool. Es sah viel freundlicher aus. Nur fürs Gießen musste ich einen riesigen Zettel als Erinnerung in den Maidsroom kleben. Carol bekam nicht mal ihre Blumen im Office hin. Die vertrockneten während sie daneben saß, so was hatte ich noch nicht erlebt. Dann gab es verschiedene Sitzecken vor dem Strandteil des Gebäudes. Sie waren gemütlich und an der einen hatten Harald und ich damals den Kauf des Motels besprochen. Ich grub dann neben der Treppe einen Teil eines alten betonierten Spielfeldes aus, baute noch eine zusätzliche Sitzecke und reparierte eine Sitzecke am Strand, die bis zum Hurrican Floyd hielt. Die Liegen am Pool waren aus Holz und mit 5 cm breiten Plastikstreifen bespannt. Durch die starke Sonne wurde das Plastik in Laufe der Zeit brüchig und musste erneuert werden. Später kaufte ich mal moderne Plastikliegen, die leider nicht lange hielten. Also besserte ich alle paar Wochen die alten Liegen aus, zum Glück hatten wir einen Mehrjahresvorrat an grossen Rollen von den Plastikstreifen. Danach war ich mit dem Außenbereich zufrieden.

Unser Straßenhaus

Alles war mit dem Haus an der Straße in Ordnung. Es sah gemütlich aus mit Schrägdach, Markisen vor den Fenstern und fast immer blühendem Hibiskus vor den Fenstern. Die zwei Schlafräume waren zwar sehr klein und einer innen liegend ohne Fenster, dafür aber ruhig. Verkehr war immer und Amerikaner machen Lärm mit ihren Autos. Hupen, quietschendes Anfahren und extrem laute Motorräder gehören bei denen einfach dazu. Als ich zurückkam war das Haus an einen sehr netten amerikanischen Vater mit drei Kindern zwischen 8 und 12 Jahren und seine deutsche Freundin vermietet. Er hatte seltenerweise das Sorgerecht für die

Kinder vom Gericht bekommen. Problematisch war nur, dass seine Ex von Zeit zu Zeit auftauchte und dann meistens betrunken war. Es war meine Aufgabe, dann die Polizei zu holen, da ich ja als Eigentümer des Grundstückes bestimmen kann, wer bleiben darf. Wenn seine Ex wieder weg war atmeten alle auf. Wir hatten wieder eine feste Mieteinnahme und nette Bewohner mehr.

Vorbereitungen auf die Bikeweek.
Mark verlor mit meiner Rückkehr sofort seinen Job und die Vermietungen stiegen wieder etwas an. Carol schimpfte über ihn und sagte, sie hätte ihn sogar mit Streichhölzern in der Tür und gespannten Bindfäden kontrolliert. Böse auf mich schien sie deshalb jedenfalls nicht zu sein. Die Lohnkosten sanken deutlich und die Umsätze stiegen. Und wir marschierten auf die Bike Week zu, ein Motorrad-fahrertreffen mit überwiegend Harley`s. Wir hatten schiss vor den Typen. Aber es brachte das große Geld, denn Daytona Beach lebt von der Bike Week im Februar, den großen Autorennen Daytona 500 Ende Februar, Pepsi 400 und dem 4. Juli (Nationalfeiertag genau nach Pepsi 400) und der kleineren Bike Week im Oktober (3-4 Tage). Wir wussten nicht, was wir machen sollten, da es wohl Reservierun-gen gab, denn es riefen Leute an und wollten wissen, ob alles ok sei.
Zum Glück kamen der Exeigentümer und Sohn vorbei und informierten uns eini-germaßen über die Buchungen. Der Vater hatte außerdem noch als Eigentümer des Rio Beach ein Treffen alter Armeefreunde organisiert und brauchte nun Zim-mer. Er bekam sie und war verwundert über die Änderungen bei uns. Es waren alles ehemalige Flieger, die aber nur gegen Japan (erzählten sie mir jedenfalls) Angriffe geflogen hätten. Einer der Flieger war mit einer Bremerin verheiratet. Leider verstand ich kein Wort von dem, was sie sagte. Sie sprach einen fürchterli-chen Akzent und kam aus Bremen in Illinois, USA, und ihr Mann scherzte, die Ehe hielte nur, weil er auch nie was verstünde. Er redete dafür umso mehr und hatte sogar eine Visitenkarte, auf der sein Name und darunter auf Englisch stand: "Über was wollen Sie mit mir reden?"
Aber ich bekam weitere Informationen über das Rio Beach. So musste der Zaun um den Pool auf Weisung der Versicherung gebaut werden, nachdem ein Mann nachts betrunken hineingefallen war und ertrank. Das Wasser hatten sie nicht ge-wechselt danach. Das Wasser hatten sie in den ganzen Jahren überhaupt noch nie gewechselt, immer nur neues hinzugefügt und Chlor dazu getan. Ich war noch nie gerne in Pools gegangen und hielt jetzt noch weniger von denen. Und dann fiel mir ein, dass ich auch noch nie einen leeren Hotelpool gesehen hatte, obwohl ich überwiegend in der Neben- und Nachsaison Urlaub machte. Der Exeigentümer

warnte mich dann sogar noch, jemals das Wasser aus dem Pool zu lassen, da durch den hohen Druck der Erde auf die alten Poolwände Schäden entstehen könnten oder der Pool vielleicht zerdrückt werden könnte.

Bikeweek

Von der Bikeweek bekam ich nur die ersten Anreisenden mit. Carol hatte inzwischen eine weitere Putzfrau eingestellt und wollte die ganze Zeit dort bleiben. Ihr Sohn sollte auch helfen und war hierbei nützlich. Ihr Mann wollte dort mit ihr übernachten, damit ihr nachts nichts passiert. Es gab hinter dem Office einen Raum, danach noch mal einen Raum mit Außentür und Bad. Dort wollten sie wohnen. Auch die Söhne des Exeigentümers haben dort während der großen Veranstaltungen immer gewohnt, um mehr vermieten zu können. Mir hatte auch Tony aus dem Monte Carlo versichert, mit den Bikern gäbe es keine Probleme. Das seien fast alles Leute mit viel Geld, die sich eine Woche verkleiden und Party machen. Und er schien Recht zu haben, als eine Woche vorher die ersten Motorräder geliefert wurden. Eine Spedition stellte uns mehrere große Kisten auf den hinteren Parkplatz, die Eigentümer würden mit dem Flugzeug kommen. Und dann kamen weitere Motorräder auf Anhängern, die auch von einer Firma zu unserem Parkplatz geliefert wurden. Ich beschloss, noch mal zusätzliche Wäsche zu bestellen, da es sich wohl wirklich um vernünftige Gäste mit Geld handeln dürfte, wenn die so viel Aufwand betreiben. Und mir wurde erzählt, dass die Biker auch Handtücher zum Polieren der Maschinen benützen, sie also viele schlechte Handtücher benötigen. Unsere Angst schwand zusehens.
Und dann kamen die ersten Gäste mit großen Jeeps mit geschlossenen Anhängern, damit den guten Stücken nichts passiert. Schließlich kamen sie aus dem verschneiten und schmutzigen Norden. Nach einem kurzen Bedauern, dass die Alteigentümer nicht mehr da waren wurde unsere Leistung gesehen. Es war endlich sauber!! Gebucht hatten sie das Rio Beach, weil wir einen großen Parkplatz hatten und die Motorräder konnten direkt vor den Zimmern stehen. Da sahen sie über vieles hinweg. Dann kam ein Ehepaar, das unbedingt das Beachhaus haben wollte. Es war zwar aufgeräumt, aber lange nicht sauber gemacht. Die Frau störte das nicht, ließ sich Reinigungsmittel geben und das Saubermachen schien ihr Hobby zu sein. Das Haus war perfekt, als sie abreisten.
Es wurde lauter in der Stadt. Motorräder fuhren gemütlich auf und ab, nur am Strand waren sehr wenige zu sehen, vermutlich wegen des Sandes. Natürlich gab es auch die Fahrer, die mal kurz Gas gaben. Das war teilweise ohrenbetäubend, denn keine Polizei kümmerte sich um die eh sehr großzügigen Lärmgesetzte mehr. Und Helme sehen natürlich sehr uncool aus, deshalb hatte die Stadt die

Helmpflicht gleich ganz aufgehoben. Ich fand es sehr merkwürdig, wie intelligente Menschen größtenteils gerne auf Helme verzichten, wo Motorradfahren doch sehr gefährlich ist und es passierten entsprechend einzelne heftige Unfälle. Es wurde ja auch nicht immer langsam gefahren und es kam Alkohol dazu. Die meisten Motorradfahrer waren in den Stadtmitten von Daytona und Daytona Beach, wo viele Kneipen und Fachgeschäfte für Biker und sogar ein riesiges Harley Davidson Motorradfachgeschäft sind. Dort standen sie zu Tausenden und sahen den anderen Motorradfahrern zu und zeigten sich selbst. Und alle Ausflugsziele in der Umgebung wurden in großen Motorradgruppen angefahren. Insgesamt kommen jedes Jahr über 500.000 Biker zu der Veranstaltung. Es gab auch kuriose Veranstaltungen, so zum Beispiel das rituelle Zertrümmern japanischer Motorräder. Insgesamt war es jedoch eine total friedliche, nette Veranstaltung und unsere Angst unbegründet.

Unsere Umsätze waren leider nicht so hoch wie möglich, da fast alle Biker bereits im Vorjahr gebucht hatten zu den relativ niedrigen Preisen der Alteigentümer. Aber ich hatte Carol angewiesen, für alle neuen Reservierungen höhere Preise anzusetzen und notfalls auch an Einzelne, die die neuen Preise nicht akzeptieren, nicht zu vermieten. Es würden sich noch genug Gäste finden, die unsere neuen Preise akzeptieren.

Dazu passten auch die neuen Preise, die wir in die Zimmer hängten. In Florida müssen die Maximalpreise und Bedingungen im Office und zusätzlich in jedem Zimmer aushängen, um gültig zu sein. Ab 5.2.1998 war der maximale Preis für die Einzelzimmer $ 140, für die Doppelzimmer $ 140 (Two in One Bed), für die größeren Doppelzimmer $ 160 (Two in Two Beds) und für jede weitere Person kamen noch mal $ 20 dazu. Zusätzlich erlaubten wir uns, $ 25 für die Küche und je $ 20 für Oceanview oder Oceanfront berechnen zu dürfen. Und die Check-out Zeit verlegten wir auf 11.00 vor, das gab uns an manchen Tagen etwas mehr Luft. Und zu bestimmten Veranstaltungen ist ein 10 Tage Minimum erforderlich. Das hieß nicht, dass wir das machen wollten, aber bis zu den Bedingungen konnten wir gehen. Also konnten wir für vier Personen in einem Zimmer mit Küche und Oceanfront maximal $ 160+ $ 25 + $ 20+ $ 40 = $ 245 verlangen und das 10-mal. Wir nutzten in den Folgeterminen vielfach die $ 180 pro Einzelnacht für ein Doppelzimmer zu den Veranstaltungen und bekamen den Preis auch.

Mexico

Bei den Zimmerpreisen von $ 60 bis 100 schien es mir nun am vernünftigsten, selber Urlaub zu machen. Würde ich ein Zimmer blockieren, nutze ich kaum etwas, denn der Mietausfall entspricht in etwa meinem Nutzen. Also fuhr ich los in Richtung Mexico, was ich schon lange mal ansehen wollte. Auf der Fahrt tankte ich sogar mehrfach unter $ 1 pro Gallone (fast 4 Liter). Als ich Mexico erreichte, parkte ich das Auto in den USA, denn mitnehmen durfte ich es nicht nach den Mietbestimmungen. Raus ging es durch eine Schranke, in die man etwas Kleingeld werfen musste. In Mexico fand ich keinen Autovermieter, es war eher slumartig. Also nichts wie zurück nach ein paar Stunden und bald mal mit einem etwas besser geplanten Versuch nach Mexico zurückkommen. Doch die Einreise in die USA wurde zum riesigen Problem. Der Grenzer hatte sich vor mir mit Mexikanern gestritten und der nächste war ich. Mein Pass war voller Stempel, zu viel für den neidischen Beamten. Was ich in den USA wolle? Ich erzählte ihm, dass ich ein Motel in Daytona Beach überwachen müsste. Er fand stattdessen, ich solle mal wieder arbeiten und er gäbe mir 3 Tage Zeit, das Land wieder zu verlassen und nach Deutschland zurückzufliegen. Ich wollte protestieren und er sagte nur, wenn ich weiter diskutierte, würde er mich gleich nach Mexico zurückschicken. Das sei ein schön großer Wartesaal. Ich handelte trotzdem sehr vorsichtig 5 Tage raus und war entsetzt. Ich musste schnellstmöglichst zurück und sofort meinen Flug umbuchen. Vorher hatte ich noch ein Visum für weitere sechs Wochen gehabt. Nach dem Ärger mit den Inspektoren war das der zweite Schlag, erstmals bereute ich nun die Entscheidung für eine Beteiligung in den USA.

Visumprobleme

Ich reiste zügig zurück und überlegte, was ich im Rio Beach sagen soll. Den richtigen Grund, mein Visumproblem, wollte ich nicht mitteilen. Ich entschied mich zu sagen, alle arbeiten so gut im Rio Beach und ich werde in Bremen gebraucht, da überraschend meine Mitarbeiterin für länger krank geworden sei.
Mit dem Visum hatte ich ja eh ein Problem. Anfänglich sollte meine Reisebüroangestellte mit Mann als deutsches Ehepaar das Motel leiten. Als der Plan erledigt war reichte die Zeit nicht für ein Arbeitsvisum für mich. Das Beantragen des Visums hätte ungefähr 6 Monate gedauert, eventuell länger. Bekommen hätte ich es wohl, hätte aber vor Erteilung des Visums nicht einreisen dürfen. Es waren aber nur 3 Monate Zeit zwischen Kauf und Übernahme. Beantrage ich nun das Visum, darf ich auch wieder nicht für ca. 6 Monate einreisen, was natürlich nicht ging. Also nahm ich immer das Touristenvisum mit maximal jeweils 6 Monaten, die ich ja nicht ausnutzen musste. Pro Jahr darf ich 6 Monate insgesamt dort sein (Stand 1997/2000). Und bis zu diesem Grenzer hatte ja auch alles geklappt.
Nun war ich zusätzlich verunsichert und das blieb auch so. Immer wenn ein Wagen im Rio Beach vorfuhr und ein offiziell aussehender Mensch ausstieg, hatte ich

ein blödes Gefühl. Einwanderungsbehörde? Dasselbe war mit nicht von uns gerufener Polizei. Denn arbeiten durfte ich nicht im Rio Beach, tat es aber laufend. Und so entwickelte ich Strategien. Möglichst jemanden von den Angestellten vorschicken, falls so jemand auftaucht wegen der angeblichen Sprachprobleme und nie meinen Ausweis rumliegen lassen sondern gleich so verstecken, dass keiner der Angestellten einen Blick hineinwerfen kann.

Gut ist, dass man von normaler Polizei nicht kontrolliert werden kann, wenn man nichts Verbotenes macht. Polizei ist viel auf den Straßen und ich bin in den Urlauben zuvor mehrfach angehalten worden, einmal z.B. nicht blinken und sie sind da. Das sind Gelegenheiten, die sie gerne zur Kontrolle gebrauchen. Mal einen Blick ins Auto werfen und schnuppern, ob was getrunken wurde und den Führerschein ansehen. Ich hatte aber nie was zahlen müssen.

Bremen woanders

Die beste Geschichte ist mir mit einem Freund spät abends auf dem Weg von Atlanta nach New Orleans bei einem früheren Urlaub passiert. Auf dem Weg war plötzlich Bremen angezeigt. Wir fuhren als Bremer natürlich sofort ab und stoppten am Ortseingang, um das Ortseingangsschild "Bremen" zu filmen. Sofort war ein Polizeiwagen neben uns und der Polizist wollte wissen, was wir machen. Wir hatten am Mietwagen ein Floridakennzeichen und waren jung, also gefährlich und wir parkten falsch, also durfte er uns auch fragen. Wir erzählten es ihm und er war beruhigt und fuhr weiter. Im Ort gab es einen Supermarkt mit einem weiteren riesigen Fotomotiv, dem Werbeschild "Bremen Supermarket". Ich stand wieder etwas falsch und in Deutschland hätte niemand was gesagt, als ein weiterer Polizeiwagen neben uns hielt und wissen wollte, was wir machen. Ich begann zu erzählen, als er nach wenigen meiner Worte bereits sagte, sein Kollege hätte ihn schon informiert. Dann fragte ich noch, ob ich auch seinen Wagen mit "Bremen Police" darauf fotografieren dürfte. Na klar, aber erst mal richtig parken. Dann hatten wir genug von der Kleinstadt, in der die Bürger wohlbehütet schlafen können.

Noch mehr Regeln

Im Rio Beach waren alle mit dem Aufräumen beschäftigt. Im Büro hatten wir einen Tisch aufgebaut mit Kaffee und Donuts für die Bikeweekgäste. Der musste jetzt ganz schnell weg, denn wenn Gäste beim Einchecken ein Angebot vorfinden, haben sie für den ganzen Aufenthalt Anspruch darauf. Noch so ein tolles Floridagesetz. Wir gaben den alten Gästen gewissermaßen unterm Tresen Kaffee und

Donuts, damit die Neuen davon nichts merkten. Und es gab neue Gäste, denn es wurde wärmer und die Saison hatte begonnen. Und eine Woche später ging bereits das erste Rennen los. Wir waren wieder recht voll und die verbliebenen Zimmer wurden wir auch alle los. Der Februar ist ein guter Monat.

Zwei Nachbarn

Dann kamen noch zwei Besucher vorbei, ein Ehepaar aus Bremen, denen zuvor das Haus mit meinem Reisebüro gehört hatte. Damals war es noch ein Fotoladen, es war schon einige Zeit her. Sie buchten bei mir in Bremen immer ihre Flüge. Sie hatten in Menorca gerade ihre Finca verkauft und hatten in St. Augustin (1 Stunde nördlich) ein neues Haus gekauft, das sie etwas umbauen wollten. Später fuhren wir mal vorbei und sahen uns das Haus an. Es gefiel und St. Augustine kannte ich bereits. Es ist ein netter Touristenort, der von den Spaniern gegründet wurde als einer der ersten Orte im Süden der späteren USA. Das Erbe wird in ganzen restaurierten Straßenzügen konserviert und es gibt ein historisches spanisches Fort. Damals war das Ehepaar noch glücklich mit seiner Entscheidung für die USA, doch bereits ein Jahr später versuchten sie nur noch, das Haus wieder loszuwerden. Die Probleme mit den Baubehörden und ewiger Ärger bei der Einreise waren zu viel für sie. Von meinen Visumproblemen erzählte ich lieber nichts.

Werbefolder

Leider konnte ich nicht mehr wie geplant die Werbefolder mitgestalten, denn ich musste ja wieder zurück. Carol übernahm das und traf mit der Bildauswahl voll daneben, es sah fürchterlich eng in den Zimmern aus. Andere Hotels nehmen natürlich ausgesuchte Zimmer und platzieren die Möbel nur fürs Foto, Carols Fotograf nahm seine eigene Frau und Kinder und zwängte sie in eine Zimmerecke.

Mir fehlte mein Vater, der für mich eher Freund und Gesprächspartner war. Natürlich hatte ich mit ihm über die Planung gesprochen und auch er freute sich trotz aller Besorgnis auf das Rio Beach. Eigentlich sollte er mich in Florida zwischendurch vertreten, denn als Frührentner hatte er viel Zeit und bereits einen Teil der beiden Winter davor im Miami verbracht. Er hätte nun z.B. Mark in der Nachtschicht teilweise ersetzen können. Und so ein Mist wie mit dem Werbefolder wäre ihm mit Sicherheit nicht passiert.

Und sie machte noch etwas sehr Dummes, wie ich fand. Ein durchreisender Vertreter hatte hübsche Schlüsselanhänger mit dem Aufdruck der Zimmernummern und des Motelnamens verkauft. Sie kaufte für uns einen zugegebenermaßen billigen Satz. Mir missfiel aber, dass auf jedem Schlüsselanhänger die komplette Anschrift war. Jeder, der einen verlorenen Schlüssel findet, weiß also sofort, zu welchem Zimmer der Schlüssel gehört und kann das Zimmer leer räumen.

Die Polizei
Wir hatten häufig Besuch von einem Polizisten, Dale, der bereits mit den alten Eigentümern befreundet war. Dale hatte sich inzwischen mit Carol angefreundet und kam häufig zum Reden vorbei. Die Polizei fährt in den USA in der Regel allein und ist auf den Straßen präsent, hat also auch viel Zeit, irgendwo mal stehen zu bleiben, wenn nichts los ist.
Ich hatte auch einmal erlebt, dass Carol Dale den Schlüssel gab, um einem Gast ein Zimmer zu zeigen. Solch eine Serviceleistung hatte ich mit einem Freund beim Einchecken in New Orleans schon mal selber erlebt, als uns auch ein Polizist unser Zimmer zeigte. Das machte schon Sinn, schließlich gilt es als wünschenswert, wenn die Polizei sich auch auf den Motelgrundstücken für eventuelle Einsätze auskennt.
Dale trauerte auch der guten Zeit nach, als unser Office noch ein inoffizielles Wettbüro für die Polizei war. Die Exeigentümer waren ja Fans der Greenbay Packers und Dale zeigte mir ein Foto, wo der Parkplatz mit Polizeiwagen vollgeparkt war. Polizisten werden in den USA schlecht bezahlt und haben daher häufig Nebenjobs. Als ich in Deutschland war stellte Carol Dale ein. Jedes zweite Wochenende sollte er bei uns arbeiten.
Das war uns einmal sehr nützlich, als Gäste sich über einen Diebstahl beschwerten und uns bei der Polizei anzeigen wollten. Es seien mehrere Tausend $ aus ihrem Zimmer gestohlen worden und sie holten die Polizei. Die ermittelnde Polizistin wollte wissen, wer alles einen Schlüssel hat und ich sagte ihr, Carol, ich und Dale, ihr Kollege. "Ach, hier arbeitet der" - und die Sache war für sie erledigt. Die Gäste checkten sofort aus, ein Plan war misslungen. Aber auch sonst gefiel mir, dass ein Polizist an Carols freien Wochenenden tagsüber bei uns arbeitete. Dale gefiel der Job und besonders freute er sich über weiblichen Besuch im Office im Bikini. Die Nachtschicht hatte, wenn ich in Deutschland war, Carols Sohn Mark, denn wen Besseres hatte ich nicht gefunden.
Mark bewunderte Dale, denn er wollte auch zur Polizei. Er sparte für einen Lehrgang, der selbst finanziert werden muss vor der Aufnahme an der Polizeischule. Die schlechte Bezahlung störte ihn nicht, denn ihn lockte vor allem das Prestige. Polizisten werden in den USA geachtet oder es gibt Ärger und niemand würde die Polizei verächtlich wie häufig in Deutschland behandeln. Und das lockte den nagelkauenden Teenager.

Springbreak

In Amerika haben die Studenten im Frühjahr Semesterferien und das ist die Zeit, in der sie in die südlichen Staaten, insbesondere nach Florida kommen. Früher war das mal Miami Beach, dann Ft. Lauderdale und nun verstärkt Daytona Beach. Das Hauptauswahlkriterium ist der Preis, zu dem man wohnen kann und das Verhalten der Polizei. Denn die Studenten benehmen sich ziemlich daneben und konsumieren Alkohol und Drogen in großen Mengen. In Daytona Beach gibt es Schnellgerichte wie in anderen Städten auch und die Polizei geht ziemlich hart vor. Warum die nicht einfach nach Mexico weiterfahren ist mir ein Rätsel, denn aus dem Norden oder aus Kanada ist das dann auch egal, zumal die Hotels billiger sind und die Regeln viel lockerer.

Bei uns begann die Vorbereitung bereits Monate vorher, indem wir wie andere Motels alle alte Wäsche aufbewahrten. Bei den Studenten spielt es keine Rolle, ob alles heile ist. Wir vermieteten auch nur die schlechteren Zimmer und nahmen ein hohes Deponat für eventuelle Schäden. Und die hatten wir, als betrunkene Studenten die Zimmerscheibe einschlugen, da sie den Schlüssel verloren hatten und lauter solche Sachen. Und auch durch die Zuschläge für weitere Personen kam einiges zusammen. So vermieteten wir mehrfach an zwei Studenten, die auch nur zu zweit wohnen wollten, als wir aber später nachsahen, waren über 10 Leute mit Schlafsäcken im Raum. Die mussten natürlich alle nachzahlen, allerdings waren wir nicht unverschämt mit den Zuschlägen. Das Versteck für weitere Leute war immer das Badezimmer, wo wir hinter der Tür fast immer fündig wurden. Wir zahlten auch im Gegensatz zu vielen Motels die Deponate wirklich zurück, wenn nichts kaputt gemacht wurde. Manche Motels fanden immer was und wenn es alte Schäden waren, um das Deponat einzubehalten.

Unser Nachbar Tony hatte seine eigene Methode, Geld zu verdienen. Er vermietete alle Zimmer, natürlich auch mit ältester Wäsche und lief früh morgens durchs Motel und kontrollierte alle Zimmer, als alle schliefen und überraschte so die Nichtzahler.

Das nächste Jahr war schon sehr viel weniger los und die meisten Studenten hatten von Daytona Beach und den USA wohl berechtigterweise die Nase voll und waren in Mexico und an der Golfseite Floridas.

Bankwechsel

Eines Tages ging ich zur Bank und wunderte mich, denn ein neues Schild war dran. Sie wurde übernommen, für uns als Kunden würde aber alles nur besser. Sagte die Mitarbeiterin und fand unser Konto nicht mehr. Ich sollte das Geld besser wieder mitnehmen, das ich einzahlen wollte. Auch die nächsten Tage war es unauffindbar und ich begann mir Sorgen zu machen, was mit laufenden Schecks war, denn Überziehungen gab es nicht. Dann riefen sie stolz an, es sei mit einigen anderen Konten in eine falsche Filiale gebucht worden. Es gab neue Einzahlungstaschen und einen Lutscher.

Ich war ja mehrfach die Woche da, um Geld einzuzahlen und bekam jedes Mal einen Lutscher. Aber plötzlich hatten sie keine Lutscher mehr, denn die Versicherung hat die verboten wegen der unglaublichen Unfallgefahr.

Das war eine der zwei Übernahmen, die andere ein Jahr später gefiel mir besser. Unser Konto war nicht weg und es gab mehrere Tage ein Buffet mit Kaffee und Kuchen für die Kunden. Aber keine gefährlichen Lutscher mehr.

Schubkarre

Es passierten weitere unmögliche Dinge. Al hatte unsere alte Schubkarre repariert. Fast umsonst, wie Carol mir stolz erzählte. Als ich Carol vorrechnete, was mich die Schubkarre an Lohn gekostet hat und das ich dafür zwei nagelneue Schubkarren kaufen könnte, schwieg sie. Den Lohn bekam er natürlich von uns, so einen Blödsinn machte er nicht wieder. Lobend muss ich über ihn sagen, dass Al immer sein Geld wert war und wirklich hart gearbeitet hat.

Ganz im Gegensatz zu Mark, den ich einmal zusammen mit einem seiner Freunde zum Rausreißen vertrockneter Büsche in den Strandbereich des Grundstücks schickte. Nach zwei Stunden kam ich mal nachsehen und sie standen da und redeten. Gearbeitet hatten sie kaum und ich trennte die beiden. Einer machte weiter mit den Büschen, nämlich der vermeintlich Fleißigere. Mark musste mit mir dann auf der anderen Seite weiterarbeiten. Für diesen Tag hatte ich ihn unter Kontrolle.

Hehlerei

In der Winterzeit war in der Woche an der Strandseite unseres Motels nichts vermietet. Das lockte dann Diebe an, denn es ist sehr einfach, eine Klimaanlage aus der Wand herauszunehmen. Man schraubt die Verkleidung ab, das sind sechs normale Schrauben, zieht dann aus der Holzverschalung die Klimaanlage heraus und geht damit davon. Naja, bis auf dass man zwei Leute braucht, um die großen schweren Dinger zu tragen, ist das kein Problem. Ich wies Carol an, auch mal die Oceanfront billiger zu vermieten, damit dort jemand wohnt. Das würde sicher helfen und sie sollte auch für zwei Lampen eine Zeitschaltuhr kaufen und auf 20.00 Uhr bis 23.00 Uhr und 19.00 Uhr bis 0.30 Uhr stellen, damit es bewohnt aussieht zur Abschreckung. Schließlich kostet ein neue Klimaanlage über $ 550, keine Kleinigkeit und uns wurden drei Stück gestohlen. Und aus den Zimmern waren auch die Fernseher verschwunden, denn die entstandene Öffnung in der Wand verlockte ja zum Weiterklauen. Zum Glück ganz alte Fernseher, die einmal von einer Firma an das Rio Beach vermietet wurden und von damals noch unseren Motelnamen eingraviert hatten. Irgendwie landeten die dann im Royal Arms des Taiwanesen drei Motels weiter, wie uns Gäste und eine Putzfrau erzählten, die sich bei uns bewarb. Ich fragte Klaus und Jim, was wir tun können aber die winkten nur ab. Er würde sagen, er hätte die auf dem Flohmarkt gutgläubig gekauft und wäre strafrechtlich aus dem Problem raus. Eine Zivilklage lohnt bei den alten Dingern eh nicht. Und reden mit ihm sollte ich besser nicht. Ich würde mich dann nur noch mehr ärgern. Der Taiwanese hätte uns ja auf jeden Fall mal anrufen können, wenn er die Dinger entdeckt hätte und kein Hehler wäre. Ich warnte Tony, unseren anderen Nachbarn, aber den wunderte das gar nicht.

Grundsteuer
Jedes Jahr ist Grundsteuer fällig und das ist die wichtigste Einnahmequelle der Stadt. Ich war richtig erschrocken als ich die drei Umschläge für unsere drei Grundstücke aufmachte. Das Hauptgebäude war über $ 12.000, das Beachhaus über $ 1.700 und der Rest knapp $ 2.700. Das eine Gebäude war im Wert kräftig gestiegen und damit viel teurer geworden. Der Bescheid nannte mehrere Zahlungsmöglichkeiten für z.B. das Hauptgebäude, sofort mit gutem Rabatt zu $ 12.216, zum 31.1. zu $ 12.471, zum 29.2. zu $ 12.598 und zum 31.3. zu $ 12.725. Wenn man bis dahin nicht zahlt, steigt die Steuer im Monat April um 3 % und im Juni werden mit 5 % Aufschlag und Zusatzkosten alle unbezahlten Steuerforderungen verkauft.
Zuerst wollte ich Tony um Rat fragen und der erzählte mir, ich sollte bloß keinen Bescheid wegen der Höhe der Zahlung anfechten. Alle paar Jahre gehen Schätzer durch die Straßen. Vermutlich waren die dieses Jahr hier und haben sich das Objekt von außen angesehen. Dann schätzen sie den Wert, der Basis für die Steuer ist. Dabei gibt es aber immer einen recht hohen Abschlag, damit niemand hinterher dagegen klagt. Denn klagt man, wird der Wert eventuell geringer, es gibt aber den Abschlag nicht mehr, sodass man fast immer verliert. Das klang komisch und sicherheitshalber fragte ich Jim, unseren Steuerberater und Klaus. Die mussten das auch wissen und beide gaben Tony Recht.
Ich beschloss, so schnell wie möglich zu zahlen. Wir hatten das Geld für einen der Bescheide auf dem Konto, bekamen den Rabatt und zahlten die anderen möglichst bald. Hätten wir nicht gezahlt, würden unsere Steuerschulden von der Stadt im Juni verkauft. Sie bekommt immer ihr Geld. Nach - ich glaube dreimal - nicht bezahlter Schuld verliert man sein Haus an den, der bezahlt hat oder man kauft

dem die Steuerbescheide wieder ab, natürlich mit viel Aufgeld.

Auf dem Steuerbescheid steht auch genau drauf, wofür die Steuern verbraucht werden. Von unseren $ 12.725 gehen $ 4.376 an Schulen, $ 3.106 ans Land, $ 3.063 an die Stadt, $ 119 an die Moskitobekämpfung, $ 84 an soziale Projekte, $ 1.077 an die Krankenhäuser der Stadt, $ 45 an die Hafenbehörde, $ 241 an die Wasserstraßenverwaltung, $ 22 an Verkehrsüberwachung und $ 589 an Schulprojekte.

Black College Reunion

Einmal im Jahr ist in Daytona Beach Black College Reunion, das Treffen der ehemaligen schwarzen Studenten für ein langes Wochenende. Ich habe das nur einmal selber mitbekommen und die weiteren Erzählungen darüber klangen ziemlich mies. Die meisten ehemaligen Studenten sollen auch noch nie eine Uni von innen gesehen haben, außer zum Putzen, wie manche böse Zungen behaupteten. Ich kann mir auch nicht vorstellen, dass es jemals so viele schwarze Studenten gegeben haben soll. Denn die meisten Teilnehmer waren jung und die meisten KFZ-Kennzeichen aus Florida.

Für das erste Jahr wollten wir besonders vorsichtig sein und Carol engagierte einen Wachmann aus Orlando. Als der von unterwegs anrief, um zu fragen, wo wir genau in Daytona Beach sind und dabei erfuhr, dass er für Black Collage Reunion gebucht war, drehte der Angsthase gleich um. Er war zum Glück auch nicht gebraucht worden.

Daytona Beach hatte sich völlig verändert. Vor unserer Tür war die fünfspurige A1A mit je zwei Spuren in jede Richtung und einer Mittelspur zum Abbiegen. Die Nebenstraßen ins Wohngebiet waren nun gesperrt und auf der Mittelspur standen mindestens alle 50 Meter Polizeiwagen aus dem ganzen Süden der USA. Und das über mehrere Kilometer und die Schwarzen fuhren nun den ganzen Tag nur diese eine Straße ca. 15 km auf und ab. Viele Autos waren total aufgemotzt, auf Pickups standen laute Musikanlagen und lagen und saßen Leute auf der Ladefläche und gleich dahinter und daneben fuhren andere Autos mit offenen Scheiben und lauter Musik. Und die Musik, oder besser in dieser Mischung; der Lärm war ohrenbetäubend und unsere große Officescheibe vibrierte ständig. Und wenn man ein auffälliges Auto verpasst hatte, kein Problem, nach einiger Zeit taucht es auf der anderen Seite wieder auf.

Für die Zimmer waren wir vorgewarnt und hatten wieder alte Wäsche rausgesucht. Nur kontrolliert hatten wir nicht in den Zimmern und auch Tony hat anders als bei Springbreak kein Zimmer kontrolliert, auch er hatte Angst vor denen.

Gegessen haben die hauptsächlich Hühnerkeulen und es gab viele Stände mit Hühnchen an der Straße. Auch wir vermieteten einen kleinen Platz auf unserem Grundstück an einen Standbetreiber und bekamen $ 500 für zwei Tage Standmiete. Im nächsten Jahr rechnete sich das nicht mehr, denn die Stadt Daytona Beach verlangte von uns $ 500 pro Stand als Genehmigungsgebühr.

Die ganze Zeit versteckten sich unsere Dauermieter in ihren Zimmern und einige Tage davor und danach kamen auch keine weißen Gäste nach Daytona Beach. Für uns als Motelbetreiber war das aber kein gutes Geschäft. Die Nacht von Samstag auf Sonntag waren wir natürlich zu recht hohen Preisen ausgebucht, dafür fehlte das Geschäft an den anderen Tagen. Es dauerte aber nicht lange, bis alles wieder sauber war. Die Schwarzen sind nur auf wenigen Straßen gefahren und waren überhaupt nicht am Strand.

Rassismus?

Mit den Schwarzen kommt auch was sehr Gefährliches, die Schwarzenbewegung mit ihren Anwälten. So hatten randalierende Schwarze im Vorjahr in einem Tophotel in Daytona Beach große Blumentöpfe vom Dach auf die Glasvorbauten des Hotels geworfen und dabei nicht nur großen Schaden angerichtet, sondern auch Gäste und Personal verletzt. Dieses Jahr hatte das Hotel Sicherheitskräfte für das Wochenende angeheuert und wurde daraufhin verklagt. Es sei Rassendiskriminierung, wenn wegen Schwarzer Gäste Sicherheitskräfte eingestellt werden. Es endete in einem sehr teuren Vergleich, der zum Konkurs des Hotels führte. Das war auch der Grund, warum Daytona Beach sich nicht traute, etwas gegen die Veranstaltung zu unternehmen: Die Angst verklagt zu werden.

Meine Einstellung zu Schwarzen oder treffender zu us-amerikanischen Schwarzen veränderte sich auch ganz massiv. Bekannterweise wollte ich sogar einen Schwarzen Amerikaner unser Motel managen lassen, bis der und seine Frau so blödsinnige Forderungen aufstellten. Vorurteile hatte ich keine. Wenn ich jetzt nachlese, fällt mir sogar auf, gar nicht geschrieben zu haben, dass er schwarz war, weil ich es für unbedeutend hielt. Inzwischen kannte ich aber die Zimmer, die Schwarze hinterlassen, natürlich nicht alle Schwarzen, aber ich hatte nie schlimmere Zimmer als bei denen gesehen. Betten, in denen die Kruste der Pizza im Kreis um die Schlafstelle verteilt war, die geliebten Hühnerreste und Knochen im Bett oder im Bad Farbreste auf den Fußbodenkacheln vom Besprühen der Schuhe mit schwarzer Farbe, Kondome über der Lampe hängend, die Liste ist lang.

Auch eincheckende Schwarze haben ein merkwürdiges Verhalten, denn als einmal unser Schild auf "NO" gestellt war, weil wir nichts frei hatten und sie uns trotzdem nach freien Zimmern fragten und ich wahrheitsgemäß mit Verweis aufs

Schild verneinte wurde ich nach einer Toilette gefragt. Ich sagte denen, wir hätten keine öffentlichen Toiletten, woraufhin sofort alle wegen Rassendiskriminierung losschrien. Zum Glück kam ein schwarzer Mieter wegen des Lärms aus seinem Zimmer und fragte, was los sei. Sofort waren sie ruhig, es hatte nicht geklappt bei uns. Wenn wir an Schwarze vermieten, wie sie gerade gesehen hatten, hätte vor Gericht eine Klage gegen uns keine Chance mehr.

Diesen Mieter hatten wir glücklicherweise eine ganze Zeit und wir beschlossen, immer mindestens einen Schwarzen bei uns wohnen zu haben. Als Rückversicherung gewissermaßen.

Der selbe Mieter half uns, als zum Wochenende zwei Zimmer an je zwei Personen vermietet waren. Es waren Schwarze, die mit drei Bussen kamen. In den Bussen saßen Kinder, die wir aber zunächst nicht bemerkten. Als die Erwachsenen die Zimmerschlüssel hatten, kamen die Kinder aus dem Bus. Wie viele es waren, weiß ich nicht, aber es wimmelte plötzlich überall. Ich rannte sofort raus in eines der Zimmer und wurde fast von einer Horde Kinder auf dem Weg zum Pool überrannt. Es waren vier Erzieher, die mit 17 Kindern ein Wochenende verbringen wollten, in zwei Zimmern. Der Rest würde auf dem Fußboden schlafen und ich sah nur das Chaos und fühlte mich vor allem reingelegt. Ich sagte ihnen, dass sie pro Person nachzahlen müssten und wusste, das wäre zu viel für sie, denn pro Zimmer würden wir nur vier Personen erlauben. Gesetzlich konnten wir das und sie würden vier weitere Zimmer benötigen mit den Zusatzpersonen. Und sofort begann das Geschreie wegen Rassismus, als ob ich mich von Weißen oder Indern so hätte reinlegen lassen.

Auch hier erschien unser schwarzer Mieter zur rechten Zeit, einer der Erzieher deutete auf ihn und sie riefen die Kinder vom Pool zurück. Die Miete erstattete ich zurück, ein Rainscheck hieß ja, sie irgendwann wieder da zu haben und es sollte schnell gehen. Zurück blieben zwei Zimmer ohne Handtücher, vom denen wir bis auf eines alle am Pool fanden und viele leere Coladosen, zum Glück aus unseren Automaten, wie ich vorher bereits gesehen hatte.

Unser Mieter war Wachmann und arbeitete immer nachts und fuhr einen dieser alten Amischlitten, der aber total gepflegt war und blieb zum Glück lange bei uns wohnen. Vertrieben hatte ihn fast ein Jahr später die mehrfach übergelaufene Kanalisation in seinem und den beiden Nachbarzimmern. Er wohnte in einem dieser neuen Problemzimmer nahe dem Office im Erdgeschoss, Nr. 7. Er wusste zum Glück auch nicht, dass nach sechs Monaten die Steuerpflicht entfiel. Wir kassierten ja immer Bruttomieten bei ihm und den anderen, mussten aber 12 % Steuern abführen die ersten sechs Monate.

Es ist schon merkwürdig, wie weiße US-Bürger sich einreden lassen, sie seien verantwortlich für die Sklaverei ihrer Vorfahren. Zumal ja viele am Slavenhandel mitmachten und verdienten, nicht zuletzt bekannterweise sogar afrikanische Stämme, die ihre Nachbarn einfingen und an Slavenhändler verkauften.
Später war lange Zeit ein Schwarzer aus Trinidad und Tobago, einem Karibikstaat unser Alibischwarzer. Er war total nett und im Gegensatz zu dem Wachmann, der immer allein bleiben wollte, freundete er sich schnell mit Dave und Tim an. Er war "Chef" in einem größeren Lokal und ich wunderte mich, dass der dann bei uns wohnen muss. Bei etwas Nachdenken kam ich darauf, denn "Chef" bedeutete Koch in den USA. Er verstand die US-Schwarzen überhaupt nicht und meinte, man sollte eher froh sein, aus Afrika verschleppt worden zu sein.

Die Feuer
Es kam der Sommer und der wurde heiß, sehr heiß und trocken. Zuerst erzählte mir Carol am Telefon von Problemen mit ausbleibenden Gästen, dann kam es auch hier in den Nachrichten mit schockierenden Bildern. Es brannte an verschiedensten Stellen im Hinterland. Ich hatte eh noch einen Flug vor Pepsi 400, dem großen Autorennen, geplant und flog rüber.
Grund für meinen Besuch waren die Umsätze, denn Carol hatte erzählt, es liefe alles prima und die gemeldeten Zahlen sahen dann ganz anders aus. Im März war ein Verlust von $ 3.500, im April von $ 3.000 und im Mai sogar von $ 5.500 angefallen. Und die schlechten Maizahlen reichten uns endgültig. Uns, das ist der Aufsichtsrat und ich. Im Aufsichtsrat hatte zwischenzeitlich ein Wechsel stattgefunden, denn ein Freund von mir war ausgeschieden, ihm wurde das alles zu groß. Für ihn kam Karin, die Inhaberin eines Reisebüros gleich um die Ecke von meinem Reisebüro in Bremen. Sie kannte das Reisegeschäft und die USA sehr gut, war seit sehr vielen Jahren selbstständig und brachte ihre Sachkenntnis mit. Und sie war wie Harald auch in der Zeit mit den späteren Problemen eine verlässliche Stütze. Natürlich kannten alle drei Aufsichtsräte die Zahlen von Carol und immer wenn der Termin näher rückte, an dem ihre neuen Zahlen erwartet wurden, waren wir alle gespannt. Und dann enttäuscht. Ich berichtete meinen Aufsichtsräten auch von den Telefonaten mit Klaus und Jim. Beide bestätigten Carols schlechtes Wetter und anderen Ausreden nicht und Klaus berichtete von recht vollen Parkplätzen bei anderen Motels. Ich sollte schnell rüberfliegen und nachsehen, was los ist.
Als ich ankam waren die Brände viel schlimmer als erwartet und der Himmel über Daytona auch tagsüber bei Sonnenschein verdunkelt. Und es fiel Asche vom Himmel und der Strand war grau davon.
In gut zwei Wochen begann Pepsi 400, danach war der Nationalfeiertag und die

Schulferien. Wir waren ausgebucht und hatten für das Rennen und den Nationalfeiertag einen Mindestaufenthalt von 7 bzw. 5 Tagen festgelegt mit Preisen um
die $ 70 bis $ 100 pro Zimmer und Tag. Insgesamt hatten wir mit mindestens $
50.000 Einnahmen in der Zeit gerechnet. Mindestaufenthalt war zu solchen Ter-
minen üblich, damit die Gäste nicht nach 4 Tagen abreisen können. Kassiert wurde immer bei der Ankunft und wem das nicht passte, der konnte sein Glück woanders versuchen. Aber alle Motels machten das so oder hatten noch höhere Preise, also war das durchsetzbar.
Und nach den Veranstaltungen waren immer noch Schulferien, unsere beste Zeit
ging weiter. In den Nachrichten wurde weiter über die Feuer berichtet. Immer
wenn die Feuerwehr eine Stelle gelöscht hatte, begann es woanders zu brennen.
Der größte Teil des Hinterlandes bis Orlando war Sumpfgebiet, das bei dem Wetter trocken geworden war.
Wir konnten nichts tun und es kamen mehr Stornos. Dann musste ich zurückfliegen, denn ich wollte wie immer vor den Events das Zimmer geräumt haben. Es
kamen keine Stornos mehr die letzten beiden Tage, das lag aber an der Telefon-
sendeanlage vor Daytona, die verbrannt war. Ich plante für den Rückweg nach
Orlando statt eineinhalb Stunden 6 Stunden ein und tat gut daran, Staus, lange
Umleitungen und Rauch störten. Vor meiner Abreise hatten wir gerade ein einziges Zimmer vermietet für $ 25 statt $ 70 bis $ 100. Das Rennen wurde abgesagt.
Ich war tieftraurig und dann wurden auch die meisten Feiern zum Nationalfeiertag
abgesagt und die Gäste blieben weg. Erst nach den Ferien waren alle Feuer gelöscht, aber die Saison war verloren.
Wie gesagt, wir rechneten mit mindestens $ 50.000 in der Zeit, erhalten haben wir
lediglich $ 16.764 im gesamten Juli.

Aktionärsinformation
Am 18.7.1998 verschickte ich dann mal wieder eine Aktionärsinformation. Das
erste Halbjahr brachte $ 103.692 Vermietumsatz, kostete $ 30.000 Zinsen an den
Alteigentümer und $ 82.822 andere Ausgaben incl. Personal. Ich gab die Renovie-
rungsausgaben mit $ 7.000 an und berichtete von dem erheblich gebesserten Ge-
samtzustand des Gebäudes durch die Renovierungen und die bessere Reinigung.
Dann erklärte ich die niedrigen Umsätze mit dem Feuer im Juni und den alten
Preisen der Vorgänger zu den Veranstaltungen, an die wir uns leider halten mussten und versprach bessere Ergebnisse für das nächste Jahr.
Ich kündigte auch die nächste Hauptversammlung an, auf der eine weitere Kapitalerhöhung über DM 200.000,-- beschlossen werden sollte. Die brauchten wir zur

Sicherheit, denn die $ 100.000 für die Tilgung der jährlichen Rate an den Alteigentümer waren fällig. Und das gesamte Geld konnte kaum noch aus unseren Erträgen kommen. Eine Bautätigkeit auf dem Grundstück stellte ich auch in Aussicht, wenn mit einem geplanten Börsengang ausreichend Geld hereinkommen sollte. Wenn ich den Brief heute beim Schreiben dieses Buches lese, klingt er mir zu negativ für die Situation, in der wir uns damals befunden haben.

Personalprobleme

Wir hatten häufiger wechselndes Personal und ich erinnere mich gut an eine junge Frau, die sich bewarb und auch gleich anfangen sollte. Ich holte mit ihr Reinigungssachen und schloss ihr das Zimmer auf. Sie fing an und kam einige Zeit später ins Büro. Ich dachte, sie sei fertig, aber sie wollte nur den Generalschlüssel für alle Zimmer. Erstens hatten wir nur zwei für Carol und mich und auf keinen Fall gleich für jemand ganz neues. Das Zimmer war noch nicht fertig und sie ging zurück. Als ich wirklich zufällig auf dem Weg zum Pool an dem Zimmer vorbeikam, saß sie auf dem Bett und sah fern. Das war unsere kürzeste Beschäftigung.
Überhaupt war es schwer, gutes Personal zu bekommen. Wir zahlten recht gut und brauchten trotzdem mal wieder neues Personal. Also beobachtete ich das Nebenhotel, einen Kasten mit 100 Zimmern, 50 davon mit Balkonen zu unserer Seite. Wie lange braucht eine Putzfrau, um sich von Zimmer zu Zimmer voranzuarbeiten. Ich sah sie von Zeit zu Zeit auf den Balkonen und eine fiel mir als fleißig auf. Ich rief zu ihr hoch und machte ihr ein Angebot, das sie leider nicht annahm.
Mit dem großen Nebenhotel hatten wir eigentlich nicht viel zu tun. Doch eines Tages rief mich der Eigentümer an und bat mich, dort mal nachzusehen. Wir hatten noch nie zuvor miteinander gesprochen und ich hielt das zuerst für einen Scherz. Er machte sich Sorgen, da er seit mehreren Stunden niemanden dort erreichen konnte und dachte an einen Überfall. Ich sah nach und sah statt gefesselter Angestellter nur eine große Party der etwa 10 Angestellten in der Lobby. Er war sauer und wollte gleich zurückkommen. Später erzählte er, das Hotel gehörte seinem Bruder, seinem Vater und ihm und ausnahmsweise waren alle drei nicht dort. Personelle Maßnahmen gab es natürlich nicht. Wofür auch, neue Leute muss man erst anlernen und dann verhalten die sich genauso.

Börsengang

Eigentlich hatten wir für den Herbst den Börsengang der Horizont Holding AG vorgehabt und das auch bereits mit unserer Sparkasse angesprochen. Dort setzte sich mein Freund Uwe als Filialleiter sehr für uns ein. Mit dem erwarteten Sommerergebnis hätten wir gut dagestanden und ausreichend Perspektiven für Anleger geboten, da ja in den nächsten Jahren die höheren Einnahmen durch unsere neuen höheren Zimmerpreise sicher gewesen wären. Wir hätten mit dem neuen Geld den Exeigentümer ausgezahlt und allein die gesparten Zinsen hätten für eine nette Dividende gesorgt. Nach den Feuern in den Sommermonaten war der Plan gestorben, denn ob wir noch schwarze Zahlen fürs Jahr hinbekommen wusste ich nicht. Aber Käufer für eine neue Aktie, die vielleicht sogar Verluste machen könnte hätten wir vermutlich nicht bekommen. So verschoben wir den Börsengang auf unbestimmte Zeit.

Schuldentilgung und Bilanzen
Es war fast der 13. Oktober gekommen und wir mussten $ 100.000,-- an den Alteigentümer tilgen. Auf der Bank war nicht genug, also musste das Geld aus Deutschland kommen. Wir schafften es gerade noch. Gut war, dass nun unsere monatliche Rate um $ 833,33 sank auf $ 4166,66.
Noch etwas anderes war extrem auffällig. Die Bilanz der Horizont Holding Daytona, Inc., erhielt ich von Jim Anfang des Jahres für weniger als $ 500. Die Gesellschaft machte die vielen Umsätze und zu buchenden Positionen und die Bilanzerstellung war trotzdem so billig. Die deutsche Bilanz kostete über DM 5.000,--, die Erstellung dauerte und dabei war kaum etwas zu buchen. Ich glaube, schneller hatte unser deutscher Steuerberater sein Geld nie verdient.
Und eine Besonderheit war noch darin. Kauften wir als Horizont Holding Daytona, Inc., in Daytona eine Klimaanlage war das eine Ausgabe in unserer US-Bilanz und wurde im gleichen Jahr abgeschrieben, tauchte also in der Bilanz gar nicht mehr auf. Kauften wir die gleiche Klimaanlage mit meiner Kreditkarte und ich zahlte mir von der deutschen AG das Geld zurück, tauchte die Klimaanlage in der US-Bilanz gar nicht auf. In der deutschen Bilanz war das aber eine Anlageinvestition erhöhte den Wert der US-Tochter Horizont Holding Daytona, Inc., entsprechend. Einmal blieb das Geld gewissermaßen in den Bilanzen und einmal nicht.

Jahresabschluss und Hauptversammlung
Die Bilanz der Horizont Holding Daytona, Inc., war für die ersten Monate nach all den Problemen noch ok. Wir hatten mehr Einnahmen als Ausgaben gemacht, es hatte auch zum Kreditzinsen bezahlen gereicht, aber nicht für die jährliche Tilgung von $ 100.000,--. Die Hauptversammlung verlief recht gut für das sehr magere Ergebnis, das ich vorstellte. Am neuen Markt der Börse wurden mit fast allen Aktien täglich neue Gewinne erzielt und unsere Aktionäre hatten eine Aktie mit Gewinnproblemen gekauft. Ich berichtete absolut ehrlich über unsere Probleme,

zeigte Fotos von den Bränden im Sommer, die erschreckend nach Weltuntergang aussahen. Die Sommersonne kämpfte sich durch dunkle Rauchschwaden und der ganze Strand lag voll grauer Asche und glänzte silbern. Kein Auto oder Mensch war am Strand zu sehen und es war erkennbar Sommer und natürlich tagsüber. Mir fiel ein, als ich in Bremen meinen Koffer öffnete, war ich über den Brandgeruch selbst erschrocken und alles musste mehrfach gewaschen werden.

Und natürlich hatten es alle Aktionäre auch aus der Presse erfahren, was dort im Sommer los war. Und ich versprach ein besseres Jahr, an das ich auch fest glaubte. Die Abstimmung konnte mir als Hauptaktionär nie gefährlich werden, doch freute mich die Zustimmung der anderen Aktionäre sehr.

Es half mir dabei sicherlich auch, dass ich zu Beginn des Vorhabens versprach, dass ich und der Aufsichtsrat unentgeltlich arbeiten würden, solange die AG keine Dividende ausschüttet. Ich fühlte mich daran gebunden, hatte aber bei der Abgabe des Versprechens an vielleicht ein Jahr ohne Bezahlung gedacht. Ich hatte nie vor, dort so viel Zeit zu verbringen und so viel mitzuarbeiten. Aber mir gehörten mehr als 75 % der Aktien und so müsste ich eh 75 % meines Gehaltes gewissermaßen an mich selbst bezahlen. Also sprach ich das Thema zwar an, hielt mich aber an meine Zusage.

Dass daraus dann die gesamte Zeit ohne Gehalt wurde, weil es uns nie wirklich gut ging, daran dachte ich damals natürlich noch nicht. Immerhin wurden die Flüge und der Mietwagen von der AG bezahlt, also auch zu 75 % von mir selbst.

Die Hauptversammlung hatte wieder wie im Vorjahr im Hoteltagungsraum stattgefunden und es gab ein etwas bescheideneres Essen als im Vorjahr. Teilnehmen konnte jeder Aktionär, der sich mit der Aktie selber oder mit einer Hinterlegungsurkunde einer Bank auswies. Wir hatten verschiedene Aktienurkunden gedruckt, viele Stücke waren über DM 50,-- und DM 500,--, es gab aber auch welche über DM 5.000,-- oder über DM 25.000,-- Nennwert. Meine Tante hatte eine solche Aktienurkunde über DM 25.000,-- und ihr Tischnachbar war sehr verwundert darüber, zumal die Aktienurkunde auch noch die Nr. 1 war. Sie besaß damit 500 Aktien in einer Urkunde verkörpert und hatte damit auch 500 Stimmen und war stolz auf die Nummer 1.

Im Vorfeld war es damals noch richtig aufwendig, eine Hauptversammlung einzuberufen. Es musste im Bundesanzeiger noch für über DM 100,-- inseriert werden und die uns bekannten Aktionäre sicherheitshalber angeschrieben werden. Heute geht das viel billiger per elektronischem Bundesanzeiger und E-Mails. Und es gab kleine Betrügerklubs, die Rechnungen schickten. Aus dem Bundesanzeiger suchten sie die Hauptversammlungen raus und schrieben dann die Gesellschaften an, sie brauchen z.B. 10 Einladungen und 10-mal Porto und Spesen dafür. Bei

BASF oder Daimler mag das klappen, nicht bei mir. Ich wusste, dass wir niemals in z.B. Husum 10 Aktionäre hatten und überwies natürlich denen nichts. Als ich einmal angemahnt wurde, drohte ich mit der Polizei und bekam nie wieder Post von denen. Die Banken musste ich natürlich bezahlen und es war interessant, dass manche recht billig waren und manche durchaus DM 5,-- Spesen pro Aktionär verlangten. Aber diese Spesen waren nicht rechtlich geregelt und so konnte in Deutschland jeder fast machen, was er will.

Überhaupt waren viele Aktionäre immer sehr gut informiert. Auch später stand nach Hurricans mein Telefon nicht mehr still, weil Leute wissen wollten, ob noch alles ok war. Aber eigentlich war das zweitrangig, denn das Motel war immer gut gegen hohe Sturmschäden versichert. Nicht abgeschlossen hatten wir eine Versicherung gegen Stornos wegen schlechten Wetters, weil die viel zu teuer war. Leider blieben die Amerikaner am Wochenende bei jeder Sturmwarnung weg. Und das hieß ein leeres Motel bei teilweise bestem Wetter, weil die Wetterfrösche sich wieder mal geirrt hatten.

Aeroplan Köln

Endlich wurden wir bei einem Reiseveranstalter im Katalog angeboten. Ich hatte verschiedene USA-Anbieter angeschrieben, zuerst die größeren, die aber nicht interessiert waren. Dann mehrere kleine Veranstalter und wunderte mich nun, dass wir so einfach aufgenommen wurden ohne jegliche Rückfrage. Ich hätte zumindest eine Nachricht erwartet. Aber unsere Freude war riesengroß, denn das war der Weg zu den erhofften Zusatzbuchungen aus Deutschland und die Basis für unser Renditemodell. Leider kam keine einzige Buchung von denen, obwohl wir das billigste Motel an der ganzen Küste im Katalog waren.

Etwas anderes funktionierte aber recht gut. Es gab Zeitschriften für Reisebüros, in denen auch Reiseangebote verbilligt zum Kennenlernen für Reisebüromitarbeiter standen. Was man kennt, verkauft man wie gesagt gut. Und wir waren regelmäßig dabei, denn Reisebüromitarbeiter benehmen sich in der Regel gut, kommen immer mit einem neuen Mietwagen (sehe ich gerne auf dem Parkplatz) und Carol und die anderen wussten nie, ob sie kontrolliert wurden. Denn so volles Vertrauen hatte ich nicht mehr. Ob weitere Buchungen durch die Reisebüromitarbeiter kamen war mir egal, wir hatten ja bereits verdient und profitiert.

Und etwas anderes war gut daran. Die Gäste ließ ich an die deutsche AG zahlen. Damit sparten wir die US-Steuern in Höhe von 12 % und deutsche Steuern gab es nicht, weil es eine Auslandsleistung war. Ob wir damit gegen US-Recht verstießen war mir ziemlich egal. Aber unser Bremer Steuerberater fand es ok und das reichte mir.

Ein Jahr später hatte ich noch eine andere Idee. Deutsche Fahnen sieht man häufig und die Aussage ist mäßig. Wo aber sieht man einen großen Neckermannaufkleber? Beim nächsten Aufenthalt in Deutschland besorgte ich den größten Aufkleber, den ich kriegen konnte für das Officefenster. Schließlich waren wir in Deutschland ja Neckermannagentur. Der Aufkleber war über einen Meter breit und über sechzig Zentimeter hoch und nicht zu übersehen. Den Amerikanern sagte er nichts, für Deutsche steht er für Qualität und dass wir ja bestimmt im Katalog sind. Das sollte Vertrauen schaffen und Kunden locken, ohne die Patrioten zu stören. Es gab einige Motels, die draußen auf dem Schild "american owned" oder "american operated" stehen hatten. Das stand dann aber immer für von Weißen geleitet, wie mir Klaus versicherte. Mal wieder ein Beispiel für den verbreiteten Rassismus in den USA.

Aber es gab auch Probleme mit europäischen Gästen. Für uns ist es unproblematisch, wenn eine Frau oben ohne am Pool liegt oder leicht bekleidet rumläuft. Und das tat einmal ein Gast bei uns am Pool auf unserem Grundstück. Sofort erhielten wir von nebenan, dem großen Hotel einen Anruf, es hätten sich Gäste beschwert und wir sollten besser ganz schnell was dagegen tun. So was könne unsere Lizenz kosten. Ich rannte sofort zum Pool und warf der überraschten Frau ein Handtuch über und erklärte das Problem. Als ich ihr sagte, auch sie kann dafür im Gefängnis landen oder sofort ausgewiesen werden verstand sie die Welt nicht mehr.

Ich kannte das Problem aus dem Reisebüro in Bremen, wo viele Frauen mich nochmal fragten, ob in Florida wirklich oben ohne verboten sei. Natürlich wussten sie es, aber der Partner sollte es aus kompetentem Mund hören. Ich freute mich damals immer, denn es kam fast jedes Mal eine Karibikbuchung in die Dominikanische Republik, Cuba oder Jamaika dabei heraus, bei der ich viel besser verdiente. Ja, damals freute es mich noch. In Miami Beach gibt es inzwischen einen abgelegenen Strand, an dem Nacktbaden erlaubt ist.

In Florida tragen auch ganz kleine Mädchen Badeanzüge. Ich weiß noch, wie eine Mutter ganz aufgeregt ankam und sich entschuldigte, dass bei ihrer vierjährigen Tochter beim Springen ins Wasser das Oberteil verrutschte. Da hatte sich vermutlich jemand am Pool beschwert und sie hatte wohl Angst, bei uns herauszufliegen. Total verrückt, diese Amerikaner.

Wir waren damals auch noch in dem Reiseführer "Let`s Go" für die USA und Canada 1997. So schön es ist, als eines von zwei Motels dort genannt zu werden, missfiel mir die Beschreibung doch. Denn wir hatten weder dunkle Farben in den Räumen und vor allem die Preise waren falsch. Ich schrieb an den Verlag und teilte auch die neuen Preise mit, denn die Nebensaison hatten sie viel zu teuer und die Hauptsaison mit den Veranstaltungen zu billig angegeben. Obwohl ich sechs Monate vor der neuen Auflage dort sehr freundlich hinschrieb, war der Fehler auch in der neuen Ausgabe. Wie schlampig.

Carols kleine Schwester
Ich war gespannt, als Carol erzählte, ihre Schwester und Mutter wollten auch nach Daytona aus dem kalten Norden ziehen.
Die Mutter Eleonore hatte eine Stimme wie ein Reibeisen, rauchte wie ein Schlot und war pensioniert und nach zwei Ehen, die sie als Witwe beendete, ging es ihr relativ gut. Carols Schwester Peggy wollte als Putzfrau bei uns anfangen. Im Gegensatz zu Carol hatten beide normales Gewicht, aber auch diese typische amerikanische Dauerwelle. Dass wir ihr nicht viele Stunden geben konnten, störte sie nicht, denn Mutter und Tochter wohnten sehr billig in einem kleinen Apartment auf der anderen Seite. Peggy putzte sehr gut und machte auch die Nachtschichten, so dass Mark endlich völlig überflüssig war.
Einmal kam sie ins Büro, in dem ich mit Carol und ihrer Mutter redete und hatte einen Raum fertig. Wir sollten mal mitkommen und ich würde bestimmt keinen Schmutz mehr finden, alles sei perfekt. Zuvor hatten wir mit einem Inspektor wieder Ärger gehabt, weil es hinter einem Schrank nicht sauber war. Auf dem Weg ins Zimmer überlegte ich mir, was ich machen soll. Gut würde es bei Peggy immer sein, insbesondere nach dieser Ankündigung. Aber was zu Finden wäre viel lustiger und mir fiel die Glühbirne ein, die aus meiner Erfahrung fast immer vergessen wird. Carol und Eleonore verriet ich meinen Plan. Ich betrat das Zimmer, sagte nichts und ging zur Nachttischlampe und fasste mit dem Finger auf die Glühbirne. Es war etwas Schmutz vorhanden und Peggy war zunächst sauer, bis wir uns nicht mehr beherrschen konnten und lachten. Dann verstand sie auch, dass das als Witz gemeint war und ich lobte sie. Die Geschichte bekam ich noch oft zu hören. Ich verstand mich mit beiden sehr gut. Nur mit dem Staubsauger stand auch Peggy auf Kriegsfuß. Entweder passte der nicht mehr auf ihren Wagen oder er stand irgendwo, sie wusste nur nicht mehr wo. Und dabei hatte ich gerade einen neuen Staubsauger gekauft, denn der alte war wieder kaputt. Saubermachen fand wieder nur mit dem Besen statt und ich hatte mich damit abzufinden.
Peggy konnte auch sehr gut mit den Gästen umgehen. Denn noch was nervte mich bei Carol. Sie mochte manche Gäste und andere nicht und ich bin sicher, viele bemerkten das auch bei ihr. In ihrem Job gehörte es sich aber, sich nichts anmerken zu lassen. Und einmal war ich im Office hinten am arbeiten, als eine junge Frau hereinkam und ein Zimmer mieten wollte. Carol fragte, ob es ein Einzel-

zimmer sein soll. Als die Frau bestätigte, begann Carol der Frau zu erzählen, wie traurig es doch sei, allein reisen zu müssen und das alles mit einer schrecklich mitleidigen Stimme. Ich dachte, ich höre nicht richtig und wollte eingreifen, als die Frau auch schon weg war. Carol sah ihren Fehler natürlich nicht ein.

Zu Hause bei Harndons
Eine Einladung bei Carol und Al hatte ich nicht erwartet, aber wir konnten Peggy im Motel allein lassen und so geschah es. Also fuhr ich am ersten Abend mit dem Mietwagen, den ich für eine Woche wegen des Rückweges zum Flughafen in einer Woche gemietet hatte, zu den beiden nach Hause. Sie wohnten etwa eine halbe Stunde südlich im Hinterland in einer typisch amerikanischen Mittelstandssiedlung. Hübsche Häuser mit gepflegten Vorgärten ohne Zäune und mit Garagen am Haus. Hinterm Haus war ein Pool mit Sichtschutz zu den Nachbarn, den sie aber nie benützten. Aber natürlich ist die Umwälzpumpe in Betrieb und Chlor kommt auch täglich hinein. Das Haus selber war wie im Spielfilm eingerichtet, voller kitschiger Staubfänger und natürlich sehr kalt drinnen. Ich hatte mir schon gedacht, dass sie die Klimaanlage runterdrehen, um Wohlstand zu zeigen und einen Pullover angezogen. Im Wohnzimmer war ein großer Vogelkäfig mit einem Papagei. Carol hatte den für über $ 1000 gekauft, weil sie den so toll findet, wie sie beide stolz erzählten. Und dann gab es recht teures Essen und Al stopfte Shrimps in sich hinein, die sie jeden Tag essen, wie er mir mehrfach versicherte. Deshalb aß er sie auch so gierig. Ich war froh, als der Abend vorbei war. Besonders Al tat mir leid, denn er hatte mir auf einer unserer gemeinsamen Einkaufsfahrten mal erzählt, dass auf seinem uralten Pick-up noch ein Kredit lastet, den er mühsam tilgt.

Zu Hause bei Klaus
Vor meinem Rückflug nach Deutschland war ich auch noch zu Klaus eingeladen. Ich hatte bereits den Mietwagen für den Rückweg und deshalb passte das gut. Er wohnte in einem der guten Wohnviertel, in dem es bis auf einige Weiße aus anderen Ländern nur weiße US-Bürger gab, z.B. ein Franzose oder Chilene wäre nicht als störend empfunden worden. Es lag etwas außerhalb der Stadt und war etwa 30 Jahre alt. Das gesamte Gelände war zur selben Zeit erschlossen und bebaut worden. Der Eingang war von der Hauptstraße recht klein und sah gewollt eher nach einer Sackgasse kurz darauf aus. Es hätte auch ein Pförtnerhäuschen gut dazu gepasst, vielleicht war dort auch mal eines. Dann wurde nach wenigen Metern die Straße wieder größer und verzweigte sich. Durchgangsverkehr gab es keinen, denn es war der einzige Ein- und Ausgang. Alle Häuser sahen recht ähnlich aus,

denn die möglichen Farben waren vorgeschrieben. Ein sattes Gelb oder Weiß wäre verboten gewesen. Nur sanfte getönte Farben waren erlaubt. Alle Häuser hatten das gleiche Satteldach und waren gleich hoch. Und jedes Haus musste zwei Garagen haben, nicht eine und niemals drei. Und natürlich war kein Gartenzaun vor dem Haus erlaubt und Autos durften über Nacht nicht draußen bleiben. Lärm durfte auch nicht gemacht werden und jegliches Gewerbe, auch Maklerei, war verboten. Klaus musste die Bedingungen mit dem Kauf akzeptieren oder es hätte nicht an ihn verkauft werden dürfen. Er nahm die Einschränkungen aber gerne hin, dafür nervte ihn dann auch kein lauter Nachbar und er hatte sich das Gebiet danach ausgesucht.

Wir hatten auch mehrfach Gebiete gesehen, in denen der Zutritt erst ab 55 Jahren erlaubt ist. In diesen Rentnerwohngebieten dürfen nicht mal die Kinder und Enkel zu Besuch rein, alle anderen Bewohner könnten durch Lärm gestört sein.

Zurück zu Klaus. Das Haus war schön mit kleinem Garten, das Wohnzimmer recht groß und die Küche sehr modern eingerichtet mit allem technischen Krams. Doch angeboten hat er nichts, was mir sehr seltsam vorkam. Warum lädt er ein, wenn man sofort wieder raus soll? Oder hätte ich was sagen sollen? Oder merkte er mir an, dass ich seinen Stolz auf das Haus nicht ganz so verstand? Jedenfalls verließ ich das Anwesen recht schnell wieder. Diese Baugebiete altern recht schnell. Denn es wird alles zur gleichen Zeit bebaut und US-Bauten sind nicht für die Ewigkeit. Etwas abzureißen und neu zu bauen passiert fast nie. Ich sah dort kein einziges neueres Haus. Deshalb werden die Viertel schnell älter und wer ein neues Haus möchte, zieht in ein neues Wohngebiet und das alte Gebiet kommt langsam runter. Das ist nur in Großstädten mit knapperem Platz etwas anders.

Gefängnis

Nicht für uns, sei zu Beginn verraten. Bei uns übernachtete eine Frau, die regulär auch in Daytona wohnte. Der Scheck, mit dem sie uns bezahlte, war nicht gedeckt. Sie hatte aber auf den Scheck noch ihre Ausweisnummer geschrieben und dann wird das zum richtigen Delikt in Florida. Deshalb können auch Amerikaner in Supermärkten mit Scheck bezahlen, wie mich zuvor schon immer wunderte. Wir informierten die Polizei und die besuchten die Frau. Sie hatte kein Geld und wurde sofort mitgenommen ins Gefängnis. Dort blieb sie dann bis zum nächsten Morgen. Ihr Mann zahlte bei uns den Scheckbetrag zuzüglich der Kosten für das Platzen des Schecks, wir riefen dann die Polizei an und sagten, sie kann freigelassen werden. Wir erwarteten, dass sie böse ankommen würde oder ähnliches, aber nichts passierte. Später erfuhren wir, würde sie uns deshalb Probleme gemacht haben, würde sie sofort wieder ins Gefängnis kommen. Nur diesmal etwas länger mit einer richtigen Anklage. Schließlich waren wir im Recht.

Wir hatten noch ein anderes Mal Probleme mit einem Scheck, diesmal ohne Ausweisnummer darauf. Jemand bei uns hatte beim Kassieren geschlafen. Also konnten wir die Polizei nicht rufen und Jim, unser Steuerberater gab mir den Tipp, zur Bank des Gastes zu fahren. Dort war ich völlig überrascht, denn von Daten- oder Kundenschutz keine Spur. Ich legte den geplatzten Scheck vor und war sofort im Recht und mir wurde freundlich geholfen. Sie sagten mir, wann normalerweise Geld auf dem Konto war und boten an, sofort, nachdem Geld auf dem Konto ist, bei uns anzurufen. Ich müsste dann nur schnell vorbeikommen und würde das Geld sofort ausgezahlt bekommen. So machte ich das dann auch und langsam lernte ich immer mehr Spielregeln in diesem komischen Land.

Wo wir gerade bei Banken sind, Kontoüberziehungen sind scheinbar unbekannt. Die Banken lassen Schecks platzen und verdienen sehr gut daran, denn ein geplatzter Scheck kostet viele $. Wollen normale Amerikaner Geld ausgeben, das sie nicht haben, nehmen sie dafür eine Kreditkarte mit heftigen Zinsen. In Florida waren damals 19,99 % pro Jahr erlaubt.

So verdiente auch Klaus noch etwas hinzu, wie er mir einmal verriet. Er arbeitete mit einem Autohändler zusammen. Wenn der Händler billige Gebrauchtwagen verkauft, nimmt er eine Anzahlung, die seine Kosten für Ankauf und Reparatur des Autos decken. Seinen eigenen Gewinn - ohne ihn so zu nennen - bietet er zur Finanzierung an, natürlich zu 19,99 %. Der Kunde ahnt natürlich nicht, wie wertlos der Wagen eigentlich war. Der Händler kann so nie Verlust machen und Klaus macht Profit, wenn die Mehrzahl der Kunden zahlt. Mitmachen wollte ich dabei aber nicht, zu so einem Wucher hatte ich keine Lust.

Inspektionen

Natürlich hatten wir nach einigen Inspektionen auch eine gewisse Routine erworben. Carol und ich begrüßten immer ganz freundlich den Inspektor, dann ging ich normal raus, um Carol weitermachen zu lassen. Außer Sicht rannte ich zum Pool, ob die Tür zu ist. Dann in den Maidsroom, ob etwas verboten da liegt, z.B. ein sauberes Handtuch runtergefallen ist und Batterien holen. Dann sofort zum Pool, um den Chlorwert zu messen. Notfalls müsste ich ganz schnell etwas Chlor oben in die Überflussrinne schütten, die Pumpe verteilt das dann sofort im Wasser. Dann eilte ich in die Zimmer, in denen zuvor Gäste gewohnt hatten und gerade ausgecheckt sind. Immer wieder stehlen Gäste die Batterien in den Rauchmeldern und das gibt richtig Ärger für uns, wenn keine Batterien darin sind.

Es gibt auch Rauchmelder, die ans Zimmerstromnetz angeschlossen sind. Das kostet aber richtig viel Geld beim Einbau und kann uns beim häufigen Fehlen von Batterien zusätzlich zu einer Strafe auferlegt werden. Teuer ist das, weil jegliche Kabel verkleidet werden müssen. Wir hatten in einem Zimmer mal eine Lampe etwa einen Meter vom früheren Platz an der Decke angebracht und das Kabel hing dekorativ dazwischen. Als der Inspektor das entdeckte, bekamen wir sofort Ärger. Schließlich kann das jemanden zum Selbstmord durch Aufhängen animieren. Das war wirklich seine Begründung für das Verbot jeglicher offener Kabel.

In der Zwischenzeit kontrolliert der Inspektor unser Brett mit den verschiedenen Erlaubnissen und den angemeldeten Zimmerpreisen und Carol zeigt ihm unsere Papiere und wichtige Dinge wie einen Rauchmelder mit grellem Signallicht, falls einmal ein Tauber bei uns mietet. So was ist Vorschrift und muss ein Hotel in Florida haben. Dann kam der Inspektor mit Carol und mich freute nur dann der gemütliche Gang von Carol, der mir Zeit verschaffte.

Normalerweise störte mich diese Art zu gehen immer und ein Gang mit Carol zur Oceanfrontseite war schon ein mittlerer Ausflug. Allein ging sie nie so weit.

Die Ergebnisse einer mißlungenen Inspektion können vom Tadel, der Kontrolle beim nächsten Besuch in wenigen Tagen über Bußgelder bis zur Schließung des Motels sein. Geschlossen wurden wir nie, aber geputzt haben wir teilweise bis zum Umfallen. Es war auch immer gut, Verpackungen von Pestiziden noch sichtbar stehen zu haben, damit der Inspektor merkte, wir kämpfen und sind fleissig. Und es gab noch einen anderen Trick. In schlimme Zimmer ließen wir ihn nicht hinein, denn wir sagten, der Raum sei vermietet. In vermietete Räume durfte er nicht hinein, da das Hausrecht des Gastes stärker als sein Kontrollrecht wiegt.

Warum so stark kontrolliert wurde, hatte ich nie verstanden. Wenn Zimmer zu dreckig sind, müssen Gäste ja nicht dort wohnen und können auschecken. Dann hätten wir abgerechnet nach bei uns gewohnten Tagen und Rabatte bei dem früheren Auszug herausgerechnet. Aber es gab in diesem angeblich freien Land für alles Regelungen.

Poolprobleme

Unser Pool wurde zweimal von Inspektoren ganz geschlossen, verwarnt wurden wir häufiger. Einmal klappte die Chlorzufuhr mal wieder nicht und es war eine grünliche Farbe zu erkennen, die natürlich durch die Tiefe des Pools besonders auffällig war. Dann kam ein extrem peinliches Schild mit einem Totenkopf an das Pooltor, Baden wurde ab sofort unmissverständlich verboten. Wir mussten eine Reparaturfirma beauftragen, die Pumpe zu überholen. Als das erledigt war und der Pool wieder eine klare Farbe hatte, konnten wir für die neue Poolinspektion beim Gesundheitsamt anrufen. Es dauerte mehrere Tage, bis jemand kam, den Pool ansah und das Schild abnahm. Die Inspektion kostete, am schlimmsten war aber, dass wir 10 Tage lang bei jeder Vermietung mitteilen mussten, dass der Pool geschlossen war. Auch die Wasserkosten betrugen über $ 150.

Obwohl wir direkt am Strand lagen, badeten Amerikaner aber lieber im Pool als im Meer und unser Liegebereich am Pool wurde von amerikanischen Gästen mehr genutzt als der Strand. Warum die meisten bei uns buchten statt billiger im Hinterland war mir ein Rätsel, aber zum Glück taten sie es.

Die zweite Schließung war ein Jahr später und noch ärgerlicher.

Auf dem Poolboden trennte ein etwa fünf Zentimeter breiter Farbstreifen den Nichtschwimmer- vom Schwimmerbereich. Da unser Poolboden altersbedingt bröckelte, lösten sich immer kleine Estrichstücke mit der Farbe darauf und wurden beim "Staubsaugen" entfernt. Von dem Strich fehlten höchstens 10 %, einem Inspektor war das zu viel. Und Diskussionen mit Inspektoren können gefährlich sein. Also mussten wir im Sommer das Wasser ablassen und den Pool bis etwas unter die Linie leeren. Da der Pool an den tiefsten Stellen über vier Meter tief war, konnte zumindest ein ziemlicher Wasseranteil darin bleiben. Dann ließ ich gleich den gesamten erreichbaren Estrich ausbessern, da einer unserer Mieter so was auch beruflich machte. Das war billiger für uns und der Mieter sollte auch sofort anfangen, als der Pool weit genug geleert war. Ich musste auf keine Firma warten. Dann pinselte ich die Linie wieder auf den neuen Estrich und wir füllten den Pool. Nach zwei Tagen konnten wir den Inspektor rufen, der auch am nächsten Tag bereits kam und danach den Pool öffnen.

Unsere Gäste sind bei unseren Poolproblemen häufig zum Baden ins grosse Nebenhotel gegangen. Mit über 100 Zimmern fehlte denen der Überblick, wer wirklich in deren Hotel wohnt. Manche unserer Gäste benahmen sich leider aber völlig daneben, denn mit einem Schlauchboot im fremden Hotelpool fällt man natürlich auf und wird auch auf die Zimmernummer angesprochen. So kam auch der Manager des Hotels zu mir und forderte mich auf, unsere Gäste mitzunehmen. Polizei wollte er netterweise nicht holen. Ausgerechnet diese Schlauchbootnutzer hatten sich bei mir auf die Jobs als Putzfrau und Hausmeister beworben. Wie kann man sich gerade dann so danebenbenehmen? Tony vom Monte Carlo und ich mit unseren kleineren Motels wussten natürlich genau, wer im jeweiligen Hotel wohnt und wir kontrollierten auch, wer den Pool nutzt. Und wir schmissen natürlich auch jeden Fremden raus, der vom Strand nur zum Baden zu uns kam.

Wir vermieteten sonntags auch Zimmer nur für einige Stunden. Spätestens 11.00 war Check-out, dann wurde in einigen Zimmern nur schnell das Bad gemacht und frische Handtücher hingelegt. Die Mieter nutzten das Zimmer dann nur zum

Wechseln der Kleidung, als Toilette und später zum Duschen, bevor sie zurück-
fuhren.

Nebeneinnahmen

Neben dem Getränkeautomaten und den Waschgeräten hatten wir noch eine Einnahmequelle, ein Telefon an der Straße auf unserem Grundstück. Mit der Tele-
fongesellschaft teilten wir die Einnahmen. Schade für uns war, dass es in den
USA immer mehr Telefonkarten gab, mit denen man mit einen gebührenfreien
Anruf bei der Gesellschaft nach Codeeingabe die gewünschte Nummer anrufen
konnte. An diesen Anrufen verdienten wir nichts. Gut an den Verträgen war, dass
wir nur am Ertrag beteiligt waren. In guten Monaten brachten alle Geräte zusammen über $ 500, im Winter natürlich viel weniger.
Wir hatten inzwischen auch ein Regal mit Werbezetteln bekommen. Ich fand, so
was gehört in ein richtiges Motel und hatte Mühe, in den Verteiler bei einer der
beiden Firmen aufgenommen zu werden. Ich musste ein Minimum an Gästen
vorweisen, bekam dann diese Stellwand geliefert und wurde wöchentlich mit neu-
en Werbezetteln von dieser Werbegesellschaft versorgt. Wenn wir kaum Gäste
hatten nahm ich selber immer Zettel heraus, sodass es immer nach einer guten
Gästenachfrage aussah und sie nachfüllen konnten.
Eines der beworbenen Dinge war eine Spielcasinokreuzfahrt, für die wir Karten
verkauften. Die 10-%-Gästeanzahlung konnten wir immer als unsere Provision
behalten und für 50 verkaufte Karten bekamen wir eine Freifahrt, was wir auch
einmal machten. Leider war das der Tag nach einem Sturm und die See hatte noch
sehr hohe lange Wellen, so dass kein Gratisessen wie sonst an Bord serviert wurde. Statt dessen wurde den meisten Gästen übel, es war eine eklige Fahrt.
Und mit einer Pizzalieferfirma hatten wir eine schöne Abmachung. Für 10 verkaufte Pizzen an Gäste bekamen wir eine Pizza für uns. Klar, dass wir nur diese
eine Firma unseren Gästen nannten und gerne beim Bestellen halfen.

Palmen statt Büsche

Der Gärtner arbeitete ja fürs freie Wohnen bei uns. Jeden Monat bekamen wir
eine Rechnung mit gekauften Pflanzen und seinem Arbeitslohn, es kamen immer
$ 450 raus. Damit entsprach das seiner Miete und wir waren quitt. Zum Frühjahr
wollte ich aber statt der Kleinpflanzen Palmen haben und bat ihn, die zu setzen. Er
murrte, das sei viel zu teuer und schwierig aber ich war sehr beharrlich. Er könnte
das ja auf mehrere Monatsrechnungen aufteilen und dann zusammen später pflanzen. Zwei Monate später war es dann soweit, ein großer LKW und ein kleiner

Bagger kamen. Es waren drei sehr schöne Palmen und Kosten für den LKW waren nicht entstanden, da wir auf dem Rückweg von einem Kunden mitbeliefert wurden. Mit dem Bagger wurden Löcher gegraben und dann die großen Palmen hineingesetzt. Jetzt wusste ich, warum er so viel Widerstand gegen die Aktion geleistet hatte. Ich hatte an Palmen von drei Meter Höhe gedacht, er ging von fast ausgewachsenen Palmen von über sechs Metern aus.

Dann wollte er ausziehen und hatte bei Carol auch bereits gekündigt. Aber es war ein schlecht vermietbares Zimmer in der Nebensaison und sie sagte ihm, sie halte das Zimmer noch einige Tage frei. Sie hatte wohl schon damit gerechnet, dass er mit seiner neuen Freundin, zu der er ziehen wollte, nach einigen Tagen als früherer Dauersingle Probleme haben dürfte. Und sie hatte recht, nach bereits zwei Tagen bezog er sein altes Zimmer. Trotzdem war er weg, als ich das nächste Mal zurückkam, warum hatte ich von Carol nicht mehr erfahren.

Hinterher fehlte er mir vor allem, als Schädlinge auf dem Oleander saßen und ich nicht wusste, mit was für Gift ich spritzen sollte. Ich entschied mich für blankes Wasser und einen harten Strahl und wusch die meisten Läuse runter und den Rest erledigte die Sonne dann. Viele blieben trotzdem auf der langen Oleanderhecke sitzen und ich wiederholte das mehrfach den Monat, bis alle weg waren. Ökologisch und kostenmäßig jedenfalls sehr sinnvoll.

Carols Kündigung

Carol arbeitete bereits über ein Jahr für uns. Als die Bikeweek näher rückte und sie anrief, sie brauche wieder Geld, kam mir das sehr merkwürdig vor. Es hätte durch die Anzahlungen für die Bikeweek eigentlich genug Geld da sein müssen. Diese Saisonzeit kannte ich aus dem Vorjahr und sie lag wieder unter den Einnahmen des Vorjahres. Das schlechte Wetter war schuld, behauptete sie. Aber so schlecht war das nicht, denn natürlich war ich übers Wetter durch Klaus und Jim bestens informiert.

Ich beschloss mich in Bremen mit dem Verkauf des Reisebüros zu beeilen. Das musste nämlich weg, denn der Angestellten war es zu viel. Wir hatten bereits die Öffnungszeiten reduziert, was aber Kunden kostete. Und sie machte Fehler, wie z.B. die bereits genannte falsch berechnete Bahnreise, was mich mehr als ihr Monatsgehalt kostete. Ein Teil der Kunden waren Rentner, mit denen sie auch nicht klarkam. Das waren schwierige Kunden, die zum Vorbesprechen, dann zum Besprechen und Katalogholen, dann zum weitere Kataloge holen, dann zum Planen, dann zum Buchungsvorbereiten, dann zum Buchen, dann zum Details fragen, dann zum Unterlagen holen, dann zum Sagen wie es war und häufig noch zum Fotos zeigen kamen. Und manches davon machten sie mehrfach. Für sie war der

Urlaub ein ganz wichtiges Ereignis im Jahr, sie buchten zum größten Teil sehr teuer und redeten auch gerne über etwas Angenehmes wie Urlaub. Und das am liebsten mit dem Chef oder zumindest mit immer der selben Person und waren bereits enttäuscht, wenn man nicht zügig ihren Namen lernt. Das ging nun alles nicht mehr bei uns, denn ich war zu selten da. Dann könnten sie gleich zu Karstadt gehen, denn dort kennt auch niemand ihren Namen. Also suchten sie sich das nächste kleine Reisebüro, das sie freundlich und geduldig aufnahm. Und da meine Mitarbeiterin sowieso zu ihrem Freund in eine andere Stadt ziehen wollte, passte das alles gut und ich versuchte, das Reisebüro zu verkaufen. Das war wegen der gesunkenen Buchungen sehr schwer und ich war froh, es für wenige tausend DM loszuwerden. Neues Personal hätte ich nicht gewollt und der Mietvertrag lief noch fast ein Jahr und ich hätte noch beim Auszug renovieren müssen.
Ich sagte Carol nicht, wann ich komme, sondern dass ich komme, wenn ich einen billigen Flug finde. Sie rechnete glücklicherweise noch nicht mit mir, als ich ankam. Es gefiel mir nicht, was ich sah. Von draußen war alles perfekt, aber das war der ausschließliche Verdienst des Gärtners. Im Büro war alles völlig verqualmt und dreckig. Mir fiel ihr Auto vom ersten Tag ein. Dann sprachen wir über die Bikeweek. Sie hatte alle Buchungen im Kopf, sagte sie mir. Mir wären sie auf Papier lieber gewesen. Und als wir über Preise sprachen, bemerkte ich, dass sie die viel zu niedrigen Preise vom Vorjahr genommen hatte. Mehr wollte sie den Gästen nicht zumuten und um die Anzahlungen hatte sie sich auch nicht bemüht. Es war unmissverständlich anders besprochen und ich war entsprechend verärgert. Dann stand sie auf, nahm ihre Zigaretten, ging raus und fuhr weg. Ich saß völlig irritiert da. Vermutlich hatte sie geahnt, dass mein schnelles Erscheinen nichts Gutes heißt, doch wollte ich eigentlich zumindest noch mehr über die Buchungen erfahren, bevor ich ihr kündigen würde. Ihr Mann holte wenige Tage später noch ihren Gehaltsscheck. Ihr Sohn tauchte auch nicht mehr auf, er wusste bei mir gäbe es keinen Job mehr für ihn.

Verwandschaftliche Reaktionen
Aber ihre Schwester Peggy arbeitete noch bei uns und ich war gespannt auf ihre Reaktion. Carol erzählte mir zuvor, Peggy hätte hohe Forderungen an uns wegen nicht bezahlter Nachtstunden. Mein Verhältnis war vorher ja freundschaftlich zu ihr und das passte alles nicht. Ich kaufte Begrüßungsbier und beschloss, die beiden auf der anderen Straßenseite zu besuchen, wo sie noch immer mit der Mutter wohnte. Überraschenderweise störte es Peggy überhaupt nicht, dass Carol weg war.

Und Carols Mutter kannte ich noch vom Aufenthalt zuvor. Sie war erleichtert über Corals Verschwinden, denn sie hatte sich mit ihrer Tochter zwischenzeitlich total zerstritten. Ihre erste Frage war, ob sie bei uns wieder waschen darf. Ich verstand die Frage zuerst gar nicht und dachte, sie meint, ob sie weiter bei uns umsonst waschen darf und fragte nach. Sie meinte aber die Münzautomaten. Carol hatte ihr verboten, das Grundstück zu betreten und jetzt musste die alte Frau immer zur nächsten Münzwäscherei. Natürlich hatte ich damit kein Problem und sagte, sie solle auch die anderen Mieter bei sich informieren, aber bitte heimlich und ohne meinen Namen zu erwähnen. Schließlich hatten wir nur eine Lizenz für Gästemünzgeräte, keine für einen öffentlichen Waschsalon, verdienten aber an jeder Wäsche. Bestimmt bräuchten wir eine weitere Lizenz, wer weiß das in den USA schon?

Dann fragte ich Peggy wegen ihrer Forderungen wegen der Nachtstunden. Sie rechnete mir über 2500 $ vor. Ich sagte ihr, ich könne das nicht zahlen und fragte, was das überhaupt soll? Sie war völlig überrascht und hatte mit Ärger und einem heftigen Streit gerechnet, nicht aber mit einer solchen Frage. Ich erzählte ihr ganz offen, was für einen Scherbenhaufen Carol hinterlassen hatte und dass ich eigentlich etwas Hilfe, aber keinen weiteren Ärger brauchte. Und ich fragte sie dann, ob sie helfen würde und über diesen merkwürdigen Nachtarbeitslohn sprachen wir nie wieder. Ich hatte den richtigen Ton getroffen und Klagen in Florida ist sehr schwierig, wie ich aber damals noch nicht wusste.

Reservierungen

Nun saß ich da ohne Reservierungen bzw. eigentlich hatte ich ja welche. Aber genug und zu welchem Preis?

Wir mussten wahrscheinlich wieder wie im Vorjahr warten, bis Gäste kommen oder nicht. Jede neu angenommene Reservierung konnte eine zu viel sein und aus einer solchen kommt man in den USA nur gegen Zahlung eines besseren Hotels heraus. Das war uns zu viel Risiko. Und dann kamen die ersten Anrufe. Carol hatte wohl die Namen und Telefonnummern einiger Gäste und rief die an. Doch für Carols trauriges Schicksal oder was auch immer sie erzählte interessierte sich niemand. Sie wollten glücklicherweise nur Zimmer und viele kannten mich vom Vorjahr und freuten sich, dass bei uns doch alles ok war. Also mussten wir abwarten. Wir beschlossen, alle überbleibenden Zimmer einzeln zu Höchstpreisen zu vermieten. Wer dann abends unbedingt ein Zimmer braucht, konnte eins bekommen, die Preise betrugen dann aber über $ 100 bei einem normalen Zimmer, die verbliebene Oceanfront $ 120. So glichen wir einzelne Leerstände durch höhere Preise aus und retteten, was noch zu retten war. Leider konnten wir bei den Gästen die noch von Carol gemachten zu niedrigen Zimmerpreise nicht anheben, aber fürs nächste Jahr kündigten wir Erhöhungen an. Zuerst meckerten viele Gäste, doch zum Schluss bekamen wir einige Anzahlungen und eine Menge Reservierungen, die später angezahlt wurden. Vermutlich hatten die Gäste sich bei anderen Hotels umgesehen und festgestellt, dass wir nur mit den Preisen nachvollzogen hatten, was woanders längst bezahlt wurde.

Gast?
Und dann reservierte ein Gast telefonisch. Oceanfront oder normales Zimmer? Er möchte ein normales Zimmer wie im Vorjahr zur gleichen Zeit. Und er wollte sein altes Zimmer wieder haben, wusste aber seine Nummer nicht mehr. Ich nannte einen Preis, musste aber für seine Zimmernummer die alten Unterlagen heraussuchen. Ich suchte und suchte, aber den Gast gab es nicht. Und es sollte nicht der Einzige sein, den Carol auf eigene Rechnung gebucht hatte.

Tim
Auf Tim wurden wir durch Carols Mutter aufmerksam, die auf der anderen Straßenseite neben einem billigen indischen Motel wohnte. Dort arbeitete Tim und wurde vom Eigentümer des Motels schlecht behandelt und schlecht bezahlt. Sie erzählte, er sei sehr fleißig und freundlich. Ich sagte ihr, sie sollte ihn mal zu uns rüberschicken zum Kennenlernen. Er gefiel mir, war gerade 20 Jahre alt und ich machte ihm ein Angebot, bei uns anzufangen. Elenore hatte ihm bereits über uns erzählt und so wollte er gleich dort kündigen. Mir passte das gut, denn ich hatte genug Zeit ihn kennen zu lernen, bevor es wieder nach Deutschland ging und hoffentlich war die Stelle von Carols Sohn Mark durch Tim besetzt, wenn ich weg war. Tim startete sofort und war sich für nichts zu schade und putzte ohne Probleme auch die Zimmer. Mark hatte sich immer geweigert, das zu machen. Als wir uns nach einiger Zeit gut verstanden, erfuhr ich mehr von ihm. Er kam aus Missouri und war in der Schule beim Dealen erwischt worden. Kleinkram, der in Deutschland kaum verfolgt worden wäre oder mit geringfügiger Sozialarbeit geahndet würde. Er bekam dafür 222 Jahre Haft. Immer wenn ein neuer Präsident gewählt wird oder bei anderen Ereignissen werden einige Jahre erlassen, aber mindestens 200 Jahre Haft müsste er aktuell noch absitzen. Aber der Staat Missouri hatte eine Methode, das billig zu lösen. Er wurde vorzeitig nach zwei Jahren gegen Auflagen entlassen. Er dufte den Staat Missouri nie wieder betreten oder wenn er dort noch mal auftauchte und von der Polizei erwischt würde, müsste er die Strafe absitzen. Zusätzlich verlor er seine Bürgerrechte einschließlich des

Rechtes auf einen Reisepass. So erzählte er mir jedenfalls. Würde er irgendwo eine verbotene Tat begehen, würde die Strafe für die neue Tat auch noch dazukommen, also für einen Griff in unsere Kasse 200 Jahre (waren noch offen) plus x. Nachdem er mir das erzählt hatte, tat er mir leid und ich wollte ihm eine Chance geben. Angst vor ihm hatte ich überhaupt nicht.

Tim arbeitete sehr gut und er und Peggy kamen gut miteinander aus. Ich überlegte mir, dass beide zusammen das Rio Beach leiten könnten, wenn ich zwischendurch in Deutschland bin. Bei Problemen können sie mich immer anrufen und im Streitfalle sollen mir beide erzählen, was los ist und ich treffe dann telefonisch die Entscheidung.

Gut war auch, dass Tim bei uns wohnte. Erstens war er damit immer schnell zur Stelle, wenn mal was war und er bewachte automatisch das Motel durch seine Anwesenheit. Zum Zweiten vermietete ich ihm natürlich das Zimmer, zwar zu einem Sonderpreis, aber etwas Geld kam doch beständig herein für die zuvor nicht mehr vermietete Nr. 3 des Gärtners. Die Gartenarbeit machten wir dann selber und mir machte das auch sehr viel Spaß. Und das Problem mit dem frühen Mähen des Gärtners war auch erledigt. Wenn ich da war mähte er später, aber so wie ich in Deutschland war, begann er um 5 Uhr mit dem Lärm.

Nachteilig bei Tim war, er hatte im Gegensatz zu Carol kein Auto und auch Al fehlte mir, mit dem ich ja sonst immer zum Einkaufen gefahren bin. Al bekam das aber bezahlt und für uns war es billiger als ein eigener Mietwagen für mich. Ich hatte ja immer nur für je eine Woche bei der Ankunft und für die Abreise ein Auto gemietet. Also mietete ich alle zwei Wochen für einen Tag ein Auto bei Avis, denn die hatten den Bringservice für den Rückweg. Hin bin ich immer mit meinem Fahrrad gefahren, das ich mir gleich beim ersten Besuch kaufte und sonst immer für die Bankgänge und kleine Besorgungen nahm. Avis lag am Flughafen von Daytona, also noch hinter der Stadtmitte und "Browntown", durch das ich durchmusste. Also mietete ich das Auto immer nachmittags an, um noch bei Tageslicht durch dieses Viertel zu fahren, auch wenn mich alle für verrückt hielten. Nachts und am nächsten Vormittag machten wir dann die Einkäufe. Zum Glück waren in den USA die Supermärkte auch nachts geöffnet, so dass wir nach Schließen der Lobby einkaufen fahren konnten. Mengen von Waschpulver, Chlor für den Pool in schweren Eimern und natürlich Lebensmittel und Bier, äh Getränke meine ich. Dann brachte ich den Mietwagen zurück und wurde von einem der Rentner, die Avis dafür beschäftigte, zurückgefahren.

Geschichte Daytonas und des Rio Beach
Einmal hatte ich einen sehr alten Mann bei Avis erwischt, der zu erzählen begann

über seine Kindheit. Er war einer der wenigen in Daytona geborenen, denn die meisten Bewohner waren erst später hinzugezogen. Er erinnerte aus seiner Kindheit die Rennen am Strand und kannte die Küstenstraße A1A als Feldweg, die jetzt fünfspurig ausgebaut ist. Wo jetzt unser Motel steht hatte er noch vereinzelte Häuser und viele leere Grundstücke erlebt. Über die Geschichte unsere Grundstücks wusste ich etwas, denn in den USA gibt es kein Grundbuch. Über jedes Grundstück gibt es stattdessen Sammlungen mit Verträgen, die beim Kauf spezielle Titlesearch-Gesellschaften ermitteln und zusammentragen und so die Berechtigten des Grundstückes herausfinden. Berechtigte sind nicht nur die Eigentümer selber, sondern können auch Elektrizitätsfirmen mit Aufstellrechten für Strommasten, Nachbarn, die über das Grundstück fahren dürfen oder Jagdrechte anderer auf dem Grundstück sein. Natürlich können auch Gläubiger Geldforderungen an dem Grundstück gesichert haben oder noch Steuern ausstehen. Weil das für jeden normalen Käufer unmöglich überprüfbar ist, gibt es beim Kauf diese Titlesearch-Gesellschaften, die für den Fall, dass auch sie sich irren, einen Versicherungsschutz für Fehler dabei anbieten. So eine Gesellschaft hatte uns wie üblich auch beim Kauf geholfen und wir waren natürlich auch versichert gewesen. Erst nachdem sie sagten, alles sei ok, kauften wir. Hätten sie was gefunden, wäre das Grundstück entsprechend billiger geworden oder wir hätten nicht mehr gekauft. Ich bekam von denen hinterher mehrere dicke Hefte, die alle Verträge über das Grundstück enthielten. Es begann vor über 100 Jahren und ging dann mit Testamentsauszügen, Schenkungs- und Kaufverträgen bis zu uns weiter. Besonders interessant waren die ersten Verträge, als das Land noch nicht richtig vermessen war. Die Grundstücke gingen damals noch von dem dritten großen Baum auf der rechten Wegseite bis zum kleinen Graben, der im Sommer immer trocken war.... Es war interessant zu lesen und spannend, wie der Mann von seiner Kindheit erzählte.

Die Hefte habe ich dann unserem Käufer gegeben, der natürlich trotzdem zu seiner Sicherheit wieder eine Titlesearch-Gesellschaft beauftragt hat, obwohl erst wenige Jahre vorher alles für uns geprüft wurde.

Die folgende IAM
Ich musste mal wieder zurück und in Deutschland wartete eine Messe auf mich.
Uwe, der Freund und Filialleiter einer Sparkasse bei Bremen lieh mir einen Projektor und ich konnte auf dem Stand Dias an die Wand werfen. Was Bewegtes wird auffallen und ich fuhr total aufgeregt hin.
Die Messe IAM (Internationale Anlegermesse) in Düsseldorf kannte ich bisher

nur als Besucher. Die IAM war alle zwei Jahre und ging von Freitag bis Sonntag. Unser Stand war vertragsgemäß vorbereitet und ich baute die mitgebrachten Sachen auf. Um mich herum herrschte das totale Chaos, überall Handwerker und Leute, die was oder wen suchten.

Es fanden eine Menge Gespräche statt. Am lustigsten fand ich einen Besucher, der mich mal ansehen wollte, wie er sagte. Sich in Florida von Aktionären ein Hotel finanzieren lassen und dann dort bequem leben, sei eine prima Idee. Es kamen auch Besucher anderer Gesellschaften, von denen ich besonders eine Oldenburger Beteiligungsgesellschaft für ausserbörslich gehandelte Aktien in Erinnerung habe. Alle mit Anzug natürlich und mit dem Vorstand sprach ich sehr lange, aber mehr von denen später.

Ich hatte für die Messe auch ein Beteiligungsangebot zusätzlich zu unserer Aktie mitgebracht. Wir hatten überlegt, das Beachhaus, das entsetzlich schwer vermietbar und alt war, abzureißen und dort einzelne neue Apartments zu bauen. Alle mit Ozeanblick und groß genug nach heutigen Vorstellungen. Das teuerste bei einem solchen Objekt war das Ozeangrundstück und das hatten wir ja bereits. Und inzwischen hatte ich fast ein Jahr das dortige Geschäft genau kennen gelernt und wusste, welche Mieten sicher zu erzielen sind. Leider interessierte das Angebot aber nur einen Abmahnverein, der eine fette Rechnung mit Unterlassungserklärung schickte.

Ich kannte diese Vereine, die im Namen des fairen Wettbewerbs nur Geld wollen. Im Reisebüro hatte ich einmal irgendwas falsch inseriert und sofort zwei Abmahnungen erhalten. Mein Anwalt riet mir, an die Profis aus Köln (dort hatten sie die Bremer Tageszeitung Weser Kurier gekauft und konnten folglich dort auch klagen) zu zahlen und dem Bremer Abmahnverein zu sagen, sie seinen Zweite und bekämen deshalb nichts. Ich machte es anders, denn ich wollte an niemanden etwas zahlen. Den Kölner Profis schrieb ich stattdessen, sie seien der zweite Abmahner (ist inzwischen verjährt, haha), was nicht stimmte und den Bremern (Ortsgespräch) faxte ich die Unterlassungserklärung zu. Leider alle Seiten falschrum, dann bemerkte ich meinen vermeintlichen Irrtum und faxte alle Seiten richtigrum. Leider vergaß ich zufällig (nochmals haha) die letzte Seite mit meiner Unterschrift. Als ich das bemerkte, faxte ich nochmals alle Seiten und mein Telefon oder was ich denen erzählt hätte ging los und ich stoppte das Fax vor der letzten Seite. Dann faxte ich aus Versehen leere Seiten rüber. Naja, irgendwie schaffte ich es nie, auch die Unterschriftsseite rüberzufaxen und dann war dauerbesetzt, denn deren Papier war alle. Jedenfalls wären das meine Erklärungen für die vielen unnützen Seiten gewesen, denn die einzige Seite, die die wollten, war die mit meiner Unterschrift und die sendete ich natürlich nicht. Ich hörte nie wieder was von denen, die hatten leichtere Opfer.

Der Abmahnverein für das Beteiligungsangebot auf der Messe hatte übersehen, dass der Beteiligungsbetrag zu hoch war. Das Gesetz schützt nur kleinere Beträge, unser Angebot in US-Dollar entsprach ca. DM 75.000,--, also galt das Gesetz nicht. Die Bürokräfte, die Zeitungen und Zeitschriften nach vermeintlichen Verstößen durchsuchen, kennen diese Ausnahmen des Gesetztes nicht und ich fand es sehr unterhaltsam, wie sie erst mehrfach Drohbriefe schickten, dann einen Mahnbescheid veranlassten und danach kläglich scheiterten.

Die Messe lohnte sich noch ein wenig, denn es gab Aktienumsätze für unseren Aktienhändler und es kamen Buchungen von neugierig gewordenen Gästen.

Offizieller Besuch

Der Vorstand der Oldenburger Beteiligungsgesellschaft, die auch auf der IAM bei uns am Stand war, wollte uns für eine Woche besuchen. Wir waren nervös, denn erstens wusste ich, dass sie gute Kontakte zu verschiedenen Börsenzeitschriften hatten, sie waren Aktionär bei uns und hatten Geld zu Beteiligungszwecken. Wir hatten einiges zu verlieren und konnten noch mehr gewinnen. Natürlich sagten wir zu, reinigten ein Ozeanfrontzimmer noch mal besonders gründlich und ich mietete sogar ein Auto, um den Vorstand absprachegemäß in Orlando abzuholen. Ich hatte relativ junge Leute in Erinnerung und stand am Flugsteig bereit. Es kam in lässiger Freizeitkleidung Martin an. Ich war überrascht und sagte ihm, wir müssten jetzt sein Gepäck abholen. Aber er hatte alles dabei in einem kleinen Rucksack fürs Handgepäck. Schnell wurde klar, dass es keine Dienstreise sondern eine private Urlaubsreise für ihn war. Er war vom Rio Beach begeistert und ließ sich sogar für Arbeiten einspannen, so half er beim Poolstreichen. Er strich vom oberen Beckenrand die Fliesen, während ich mich in dem saukalten Pool - es war Januar - mit einer Hand festhielt und mit der anderen Hand die Fliesen bemalte. Die Fliesen waren verschiedenfarbig durch frühere Reparaturen geworden und sollten wieder einheitlich aussehen. Und Wasser aus dem Pool herauslassen traute ich mich nicht, also ließ ich nur 15 cm ab, gerade damit es zum Streichen im oberen Bereich trocken bleibt. Leider haftete die Farbe nicht besonders gut und ging stückweise ab, der Pool sah ein Jahr später schlimmer aus als zuvor.

Abends grillten wir auf dem Grundstück und eigentlich nutzte ich zusammen mit Martin erstmals die Immobilie wie ein Eigentümer. Es war merkwürdig, aber die ganze Zeit davor hatte ich auf dem Grundstück gearbeitet, die vielen Vorteile genossen hatte ich gar nicht. Das lag aber auch an den Angestellten. Mit Tim und Peggy verstand ich mich sehr gut im Gegensatz zu Carol.

Es war eine unerwartet schöne Woche. Als Martin auscheckte rannte die Putzfrau sofort in sein Zimmer, denn sie erwartete ein ordentliches Trinkgeld. Sie fand aber nur etwas Käse im Kühlschrank und kam enttäuscht zurück. "Some cheese that`s all he left". Ich fand das auch peinlich und unerwartet, denn Martin fragte mich vorher noch, was er machen sollte. Ich nahm an, er hätte es im Abreisestress vergessen und belog sie und sagte ihr, ich hätte von Martin die $ 10 für sie bekommen, gab ihr das Geld und sie freute sich. Als Martin wenige Tage später anrief, um sich noch mal zu bedanken, erzählte ich ihm von den $ 10. Dumm gelaufen, denn er hatte $ 20 ins Bad gelegt. Dort hatte sie natürlich zuerst nicht nachgesehen, denn Trinkgelder gehören in den USA auf das Bett oder auf den Nachttisch. Und später hatte sie mir das andere Geld auch nicht wiedergegeben, schließlich hielt sie Martin für sehr großzügig.

Ein knappes Jahr später kam er noch mal zusammen mit einem seiner Aufsichtsräte, Volker, um wieder einen privaten Urlaub bei uns zu verbringen. Martin hatte im Freundeskreis begeistert vom Urlaub im Rio Beach erzählt. Diesmal wusste ich, was ich zu erwarten hatte. Natürlich bekamen sie wieder gute Zimmer und einen Sonderpreis genau wie andere Aktionäre auch, die bei uns wohnten. Und ich hatte auch Arbeit für sie. Immer bei windigem Wetter wehte uns kubikmeterweise Sand auf den Weg zum Strand. Unser Grundstück war verschieden lang am Strand, das Haupthausgrundstück war fünf Meter länger als das Beachhausgrundstück und an dieser Stelle wehte bei starkem Nordwind alle paar Wochen der Sand in unglaublichen Mengen hoch. Und der musste immer heimlich weggeschaufelt werden, denn vom Strand hochwehen ist ok, zurückschippen ist bei Strafe verboten. Tagsüber schaufelten wir so Sand bis an die Grenze und nachts kippten wir den Sand dann weiter auf den Strand. Davon gibt es auch noch ein sehr schönes und einzigartiges Foto, zwei Vorstände und ein Aufsichtsratsmitglied von Aktiengesellschaften beim Sandschaufeln.

Natürlich sorgte ich auch für ein Beiprogramm, denn es war wieder wie besprochen außerhalb der Saison und ich hatte Zeit und Lust, mich um die beiden zu kümmern. In der Nebensaison boten wir den Aktionären Billigstpreise an, denn wir hatten von denen weder Diebstähle noch Beschädigungen zu erwarten. Und es waren billige Gäste für uns, denn für einen Deutschen war es normal, das Zimmer nicht zu verschmutzen und die Klimaanlage nicht auf vollen Touren laufen zu lassen oder anzulassen, wenn er geht. Und die Dinger fraßen Strom und Strom war teuer.

Wir drei besichtigten den Weltraumbahnhof Cape Kennedy und den historischen Ort St. Augustine. Die Raketenstarts waren von unserer Terrasse am Strand zu sehen. Es waren dann immer Tausende Schaulustige am Strand und sahen zu. Es ist ein toller Anblick, wenn die Rakete kleiner wird und am Himmel verschwindet. Der Startlärm kam immer erst etwas verspätet wegen der Entfernung an. Wir waren abends auch mal in einer Kneipe in Daytona und anderen Restaurants, denn außer dem wöchentlichen Essen mit Lutz hatte ich mir dafür auch noch nie Zeit genommen. Außerdem gehe ich nicht gerne allein in Kneipen. Nur mit Harald auf unserer Besichtigungstour und mit meiner Tante war ich mal zum Essen ausgegangen. Und wir wollten abends in eine Table Dance Bar, aber Martin weigerte sich, er sei schließlich verheiratet. Auch meine Beteuerungen, dort würde man nur Bier trinken, ein wenig nett herumschauen und mehr ist eh gesetzlich verboten, wie ich gehört hatte, nützten nichts. Es half nicht, mein erster Besuch sollte dort noch etwas warten.

Es gefiel den beiden, dass man sich auf dem Motelgelände wie ein Eigentümer verhalten konnte und sie es ja im Grunde als Aktionäre auch waren. Einfach mal ins Office kommen zum Reden, sich alles mal anschauen oder sich einfach mal mit dem Personal unterhalten, Dinge, die man sonst nicht so macht. Oder auf dem Grundstück grillen.

Tim fiel natürlich auf, dass Martin schon wieder bei uns war. Und dass er bei uns als Aktionär beteiligt war, wusste er noch vom letzten Besuch, als ich alle wegen der Zimmersauberheit und anderen Sachen informierte. Claire, unsere Putzfrau in schrecklichen Militärklamotten und ohne Schneidezähne, hatte vom ersten Moment ein Auge auf ihn geworfen. Einen so reichen und jungen Freund und am besten als Ehemann wollte sie unbedingt haben. Claire war aber verständlicherweise alles andere als begehrenswert für ihn und Martin flüchtete, wann immer sie auftauchte. Dabei störte Claire auch gar nicht, dass sie mit ihrem Freund zusammenlebte und diesem das gar nicht gefiel und Martin zudem auch verheiratet war. Volker und mir machte das natürlich viel Spaß, zumal es immer harmlos blieb.
Ich treffe die beiden auch heute noch, acht Jahre später, mehrfach im Jahr. Es hatte sich eine gute Freundschaft entwickelt. Aber Geld zum Investieren bei uns hatten sie leider nicht, es passte bei ihnen nicht ins Konzept.

What to do, Liste für Touristen
Daytona Beach lag eigentlich für Urlauber recht gut. Nur wussten das die meisten gar nicht und das wollte ich zumindest für unsere Gäste im eigenen Interesse ändern. Orlando lag mit den ganzen Parks von u.a. Disney und Universal Studios im Westen. St. Augustine befand sich als historisch interessante Stadt im Norden und südlich hatten wir Cape Kennedy, den Weltraumbahnhof, der auch eine Touristenattraktion war. Auch Daytona hatte außer dem Strand einiges zu bieten, was aber in keinem Reisefüh-

rer steht. Eine originelle Ortsmitte mit Boutiquen und Galerien, die Autorennbahn mit Fahrtrainings und Museum, alle großen Geschäfte und mehrere Einkaufmalls, einen großen Flohmarkt mit allem jeden Sonntag und den wirklich kilometerlangen Strand, auf dem man mit dem Auto fahren konnte. Eigentlich fand ich das mit dem Auto am Strand ja saublöd und es stank, einmal gemacht haben musste ich das aber auch. Und es gab eine Hunderennbahn, was mich auch nicht reizte, bis ich das erste Mal da war. Der Kanadier hatte mich mitgeschleppt und es machte Spaß. Nur $ 1 Eintritt, die Wetten begannen auch bei $ 1 und wenn man gewann holte man sich ein Bier und sonst wars ja auch nicht viel Geld. Viertelstündlich liefen die Rennen und ich setzte immer auf den Hund, der als letzter beim Rausgehen gepinkelt hat. Er ist dann erleichtert, so mein Supertipp. Es war lustig und die Atmosphäre toll. Jedenfalls schrieb ich die Angebote auf und erwähnte, dass von uns alles gut zu erreichen ist, natürlich auch Orlando und man sich das neue Hotelsuchen sparen kann. Und billiger wars bei uns auch, behauptete ich einfach mal. Abgerundet habe ich das mit Lokalen verschiedener Preisklassen. Diese Zettel legte ich dann bei den Gästen ins Zimmer in der Hoffnung, sie würden länger bei uns bleiben, weil sie noch was Interessantes entdeckt hatten oder weil sie von uns aus die anderen Orte besuchten. Es funktionierte teilweise recht gut. Aber es gab auch andere inoffizielle Attraktionen für europäische Touristen in Daytona. So arbeiteten im Zentrum in den öffentlichen Grünanlagen häufig Strafgefangene. Wir kennen das aus Spielfilmen, aber sowas zu sehen ist schon merkwürdig, wie Menschen mit Fußketten arbeiten und ein Polizist aufpasst. Normalerweise saß der dann mit einem Gewehr auf seinem Pick-up, wie im Film halt. Ich hatte mal im Spaß Carol gefragt, ob man die Gefangenen auch mieten könne, aber sie fand das nicht lustig. Sie hatte keinen Sinn für Humor. Diese öffentlichen Arbeitseinsätze sollen auch abschreckende Wirkung auf potenzielle Straftäter haben. Es ist schon ein Unterschied zu den hervorragend ausgestatteten deutschen Gefängnissen, die Gefangenen hier in der Sonne schuften zu sehen.
Auf dem Highway hatte ich auch mal ein großes Schild entdeckt: "Prison Area Do not pick up hitchhikers". Noch besser war das Schild: "Prisoners working No Hitchhikers". Das sollte heißen, dass Strafgefangene in der Nähe arbeiten und man deshalb keine Anhalter mitnehmen soll. Und auch andere Bezeichnungen für Straflager wurden mir erklärt, so stand Boysfarm oder Boyscamp für ein Jugendstrafcamp. Bevor ich das wusste, sah das immer so freundlich aus.
Daytonas Versuche im Selbstmarketing waren eher dürftig. Die großen Veranstaltungen wie Bike Week, Daytona 500 und Daytona 200 und die anderen wichtigen Rennen waren Selbstläufer. Für die Zwischenzeiten, wo Hilfe der Stadt nötig wäre, tat sie aber kaum etwas. Wir wollten für unsere Aktionäre Informationsmaterial und das Angebot war so dürftig, dass wir zwar etwas mitnahmen, es in Bremen

auf unserer Hauptversammlung aber eher belächelt wurde. Wir konnten die Reaktion verstehen. Auch die heutige Internetseite www.ci.daytona-beach.fl.us schafft nicht gerade Urlaubsstimmung.

Langzeitmieter

Mit der Zeit zeigte sich immer mehr, dass wir ein Problem hatten mit einigen Zimmern, die nicht groß genug oder sonst mangelhaft waren. In Nr. 11 neben dem Pool hatten wir unglaublich viel Ungeziefer und Nr. 15 und Nr. 17 lagen zum Innenhof, waren klein und dunkel. Nr. 3 war ja als normales Zimmer gar nicht vermietbar, weil es so klein und verbaut war und deshalb war ich froh, dass es mit dem Gärtner und später Tim gut vermietet war. So wollten wir das dann auch mit den anderen drei Räumen machen. Natürlich bekamen wir dann nicht so hohe Mieten wie von normalen Gästen, sondern mussten Wochenpreise machen, die niedrig waren. Aber wenn ein solches Zimmer vermietet war, bekamen wir in der Regel wöchentlich Geld und ein weiterer Riesenvorteil war, endlich beschwerte sich niemand mehr aus diesen Zimmern über etwas beim Inspector. Und der durfte die Zimmer nicht betreten, denn es war nun eine private Wohnung und entsprechend verfassungsrechtlich geschützt wie jede private Wohnung. Wochenpreise waren für uns gut, denn die meisten Leute denken ja, der Monat hat vier Wochen. Ein Jahr hat aber über 52 Wochen, also über vier Wochen mehr. Und das macht dann bei z.B. $ 130 Wochenmiete netto mal vier im Kopf $ 520 mal 12 Monate $ 6.240, es sind aber in Wirklichkeit $ 6.778. Da das Gehalt aber in den USA auch bei unseren Mietern wöchentlich gezahlt wurde, fiel den Meisten das gar nicht auf, jedenfalls wurde es nie angesprochen, glücklicherweise.

Richtig Pech hatten wir nur einmal, als im Winter ein Mieter in Nr. 15 immer die Dusche laufen ließ, weil es ihm zu kalt war. Der Mann muss total blöd gewesen sein, denn das gesamte Zimmer inklusive Bad war völlig verschimmelt. Wir betraten den Raum auch nur, weil es von dort unangenehm roch, wie sein Nachbar uns sagte. Und dann machten wir uns natürlich Sorgen und das gilt als Grund zum Nachsehen, denn in ein fest vermietetes Zimmer dürfen wir eigentlich auch nicht rein. Da das Zimmer nicht mehr bewohnbar war, schmissen wir den Mieter sofort raus und als der sich weigerte, drohten wir mit dem State-Inspector. Gerufen hätten wir den niemals, aber es wirkte und der Mieter war raus. Ich wollte gar nicht wissen, was der Mieter uns bereits mit Energiekosten belastet hatte und nun musste das Zimmer neu tapeziert werden, die Matratze kam auf den Müll und im Bad musste die Deckenverkleidung neu gemacht werden.

Und Renovierungen in den schlechten Räumen mochte ich nicht, denn hinterher sind sie auch nicht viel besser vermietbar.

Wir nahmen dann später immer mehr Langzeitmieter auf und von den Einnahmen lief das wie kalkuliert auch in der Praxis recht gut.

Arbeitsstrich

Doch das Leben in den USA kann extrem hart sein. Das ist in Daytona die Zeit, wenn der Ort kaum Touristen hat und entsprechend wenig Jobs zur Verfügung stehen. Und das sind die Monate September, dann kommt noch einmal für fünf Tage das Biketoberfest im Oktober mit viel Touristen und danach ist Totentanz bis zu den Veranstaltungen Ende Februar. Viele Restaurants sind dann geschlossen oder bauen zumindest Personal ab. Das Gleiche gilt für eigentlich alle Motels und Hotels, aber auch Supermärkte, Tankstellen, Geschäfte, Banken, Makler und alles, was sonst Publikumsverkehr hat.

Als Beispiel sei unsere nächste Nachbarschaft genannt. Der große Souvenirladen bei uns gegenüber machte ganz zu und hatte sonst immer mindestens fünf Angestellte, der Makler gegenüber schloss von November bis Mitte Februar, der Copyshop entließ immer die beiden Teilzeitkräfte und Tony hatte ganz geschlossen und das Hotel neben uns entließ die Hälfte der Putzfrauen, die Poolkraft und die Hälfte der Bedienungen und Köche im Restaurant und die Verbleibenden blieben für die Wochenenden, aber auf Teilzeit. Das waren extrem harte Bedingungen, die man sich in Deutschland so extrem gar nicht vorstellen kann. Denn das Arbeitslosengeld reichte bei dem niedrigen Verdienst zuvor nicht zum Überleben und die Sozialhilfe gibt es in den USA nur zwei Jahre im Leben, die muss man sich einteilen und greift sie lieber nicht an. Nur bei Krankheit gibt es länger Sozialhilfe.

In der Zeit war es für viele unserer Longterms notwendig, morgens sehr früh zum Arbeitsstrich zu gehen. Das sind Stellen in der Stadt, an der sich Arbeitslose versammeln und Arbeitgeber dann Leute meistens tageweise zum Arbeiten mitnehmen. Nur wer gut war und Glück hatte, konnte einen Job für mehrere Tage ergattern. Und danach ging es für die Unvermittelten zum Arbeitsamt, wo aber kaum Jobs vorhanden waren. Auch viele Privatleute und Firmen holten sich in der Zeit auf dem Arbeitsstrich dann Leute zum Arbeiten, endlich mal den Schuppen reparieren lassen oder das Haus neu streichen war sehr billig geworden, denn gute Löhne verlangen konnte bei so vielen anderen Mitbewerbern niemand mehr.

Mittags kamen bei uns dann immer die nicht benötigten Arbeiter zurück und waren gefrustet.

Ich machte was sehr Ungewöhnliches und ließ bei uns die Putzfrau und auch andere Dauermieter renovieren. Das erste Mal guckte die Putzfrau zwar ganz irritiert, als ich mit einem Pinsel und Farbe kam und ihr sagte, was sie streichen soll.

Dann begriff sie und freute sich, denn es war nur ein Zimmer zu machen und nach einer halben Stunde war sie damit fertig gewesen. So hatte sie bezahlte Arbeit für einen halben Tag.

Phantommieter

Und noch etwas anderes ist gut bei Langzeitvermietungen. Nach sechs Monaten entfällt die Steuerpflicht bei der Miete. Den Mietern sagten wir dann immer, die Preise werden entsprechend höher und begründeten das mit anderen Saisonzeiten oder was sonst gerade passte. Für den Mieter, der ja in den USA immer die Nettopreise zuzüglich Steuern berechnet bekommt, z.B. $ 120 pro Woche plus 12 % sind es vorher und nachher immer $ 134,40, für uns steigt die Miete von $ 120 für uns auf $ 134,40.

Und noch etwas anderes machte ich später, wenn ich länger dort war und die Buchhaltung allein machte. Ich ärgerte mich immer über die hohen Steuern dort und dass so wenig dafür getan wurde. Also trug ich einige Wochenendgäste nicht ein, sondern trug die Mieteinnahme auf bereits ausgezogene Longterms ein. So wohnten bei uns die Wochenendgäste X und Y für zusammen $ 250 zuzüglich $ 30 Steuern, ich trug aber noch 2 Wochen den gerade ausgezogenen Dauermieter Z für $ 280 ein. Der erfuhr nie was davon und wir konnten $ 30 mehr behalten. Das waren unsere Phantommieter.

Niemand erfuhr davon, es hätte richtig Ärger gegeben.

Außerdem hatten wir nach einem halben Jahr bereits die erste Steuerprüfung, die aber gut verlief, wie Carol mir damals erzählte. Der Steuerprüfer kam unangemeldet, war zufrieden und gab dann Tipps.

In Bremen hatte die Reisebüro-GmbH in 10 Jahren eine einzige kurze und zuvor angemeldete Prüfung beim Steuerberater, als ob dort etwas nicht korrekt liefe. Und wenn geschummelt wurde, konnte er schnell alles vor dem Besuch nachbuchen. Es war so, als wollten die gar nichts finden. Zu uns ins Reisebüro kamen die nie und die AG hatte in 5 Jahren keine Prüfungen. Braucht der deutsche Staat denn kein Geld mehr?

Klimaanlage weg

Aber wir hatten auch längerfristige Mieter in anderen Räumen in der Nebensaison wohnen. In einem der schlechteren billigen Zimmer wohnte ein junger Mann, der mit der Miete immer ein wenig spät war. Als er nach ein paar Wochen immer zögerlicher zahlte, aber Geld fürs Bier hatte, reichte es mir. Die Miete war jetzt schon drei Tage überfällig und ich hatte anderes zu tun, als hinter ihm herzulaufen. Hätte ich das weiter mitgemacht, hätten das auch andere Dauermieter vielleicht angefangen. Die Sicherungen für die Klimaanlagen waren alle im Maidsroom und einzeln durchnummeriert. Schließlich waren sie "gefährlich" mit ihren 220 Volt, normal sind in den USA nur 110 Volt. Ich schaltete abends die Sicherung aus, während er im Zimmer war und lief schnell ins Office. Wie erwartet kam er kurz darauf und sagte mir, seine Klimaanlage sei kaputtgegangen. Ich ging mit ihm in sein Zimmer und sah nach. Und wirklich, nichts ging mehr und ich nahm die Klimaanlage aus der Wand (Klimaanlagen waren bei uns nur in einen Holzrahmen eingeschoben). Er half mir und dachte, wir tauschen die kaputte Klimaanlage. Im Maidsroom bedankte ich mich für seine Hilfe und sagte ihm, wir hätten leider keine passende und seine müsste repariert werden. Er ging in seinen Raum mit einem dicken Loch in der Wand. Als er am nächsten Abend fragte, wo die Klimaanlage bliebe, sagte ich ihm, es würde teuer und ohne seine Miete könne ich das nicht bezahlen. Er wurde sauer, zahlte etwas und wollte bald mehr Geld bringen. Als wir am nächsten Tag die Öffnung für die Klimaanlage zunageln wollten, weil das sonst wieder Ärger mit dem Inspector geben könnte, sahen wir Drogen auf seinem Nachttisch liegen. Wir warteten, bis er abends kam und sagten ihm, er hätte 2 Minuten Zeit zu packen oder wir holen die Polizei. Ich stand im Zimmer und hatte noch nie jemanden so schnell packen sehen. Dann bauten wir die Klimaanlage wieder ein. Auf drei Tage Miete musste ich verzichten, tat das aber gerne, denn ich war ein Problem los. Und die anderen Mieter sahen, dass wir rausschmeißen, wenn keine Miete gezahlt wird. Den Trick mit der Klimaanlage habe ich nie verraten, wer weiß schon, bei wem ich die Methode noch mal anwenden muss.

Der Eigentümer eines Nachbarmotels hat mir mal erzählt, wie er das bei säumigen Mietern macht. Er schlägt mit der Axt die Tür ein. Es sei schließlich seine eigene Tür und die Mieter ziehen dann immer sofort aus. Die Reparatur oder schlimmstenfalls eine neue Tür koste $ 40, kein Vergleich mit weiteren Mietschulden oder wenn auch andere Mieter auf die Idee der Nichtzahlung kommen. Ich machte das besser nicht, denn mit der Polizei wollte nichts riskieren. Gefallen hatte mir die Idee schon.

Personalwechsel

Als ich zurückkam nach Florida hatten wir auch Twiggy und JJ als neue Putzfrauen. Peggy hatte inzwischen bei SevenEleven als Kassiererin angefangen, was mich für sie freute, für uns aber schade war. Ich war natürlich später mal rübergegangen und ihr gefiel die Arbeit dort. Geregelte Arbeitszeiten und ein garantiertes Mindesteinkommen konnten wir ihr nicht bieten. Ich bewunderte die Amerikaner, die wie sie jede Gelegenheit zur Verbesserung im Job nutzen.

Twiggy, die eine Putzfrau, hieß so, weil sie wie das Model extrem mager war und JJ, weil sie die beiden Vornamen Jessica June hatte. Die beiden oder zumindest JJ waren zur Zeit lesbisch, wie sie sagten und wohnten bei uns im Roachroom Nr. 11 mit Küche und Nr.12, die Räume waren miteinander verbunden. Aber beide störten sich nicht an den Kakerlaken. Twiggy hatte zwei ihrer Kinder dabei. Sie hatte mit 20 Jahren vier Kinder, von denen die beiden anderen bei Pflegefamilien lebten. Beide arbeiteten im Hilton als Putzfrauen und nachmittags noch bei uns. Sie putzten beide sehr gut, waren aber sonst sehr chaotisch.

Und es gab Elfriede. Sie kam aus Deutschland, war seit einigen Jahren in den USA und arbeitete zur Zeit auch als Putzfrau im Hilton. Wie sie das mit dem Visum hinbekommen hatte, wollte sie nicht verraten. Vermutlich hatte sie gar keins und durfte nur nie auffallen. Wenn sie arbeitete, musste sie eine Sozialversicherungsnummer angeben, die vermutlich einer anderen Frau gehörte, die nicht arbeitete. Sie war nach einem Unfall auf einem Auge blind und arbeitete nicht gut. Sie bekam von mir gelegentlich Zimmer zum Saubermachen, wenn Twiggy oder JJ keine Lust hatten oder noch im Hilton arbeiteten. Wenn die Drei morgens ins Hilton gingen, wusste ja niemand, wie lange das dauert. Denn wenn die viel Arbeit haben kommen die Drei erst spätnachmittags zurück. Oder bei wenig Arbeit schon nach wenigen Stunden. Nach ein paar Wochen kam Elfriede immer häufiger alleine nach einer Stunde zurück. Sie sagte, es gäbe keine Arbeit, aber wir wussten, dass es für Twiggy und JJ Arbeit gab. Das Hilton kündigte nicht, sondern vergab einfach immer weniger Arbeit, damit das ungewünschte Personal sich andere Jobs suchen muss. Ich lernte wieder dazu, wie man Sachen in den USA macht. Gekündigtes Personal bekommt Arbeitslosengeld, wenn es nicht gleich wieder Arbeit hat. Und die Beiträge zur Arbeitslosenversicherung für das verbleibende Personal steigen, je mehr von mir entlassenes Personal arbeitslos ist. Also tut ein Unternehmer alles, damit die Leute von allein weggehen und er nicht kündigen muss. Das ist wie in Deutschland mit einer Autoversicherung nach einem schuldhaften Unfall.

Mir fiel auch ein, dass im letzten Winter ein Hotelbus bei uns war und uns ein sehr netter Hotelmanager sein Personal anpries und auch gleich zum Vorstellen mitbrachte. Das war also nicht nur Nettigkeit den Leuten gegenüber, sondern die wollten die Kosten der Entlassung niedrig halten.

Wie vom Hilton geplant gab auch Elfriede den Job dort auf, denn immer hingehen und wieder weggeschickt zu werden geht an die Nerven und das Geld fehlt natürlich auch.

Auch Twiggy und JJ verloren bald fristlos ihren Job dort. Sie wurden in sehr eindeutiger Stellung in einem der Gästebetten des Hilton entdeckt. Für mich war das gut, denn sie Saison begann und bei uns war inzwischen genug zu putzen. Und ich musste nicht warten, bis sie dort mit ihrer Arbeit fertig waren. Außerdem wusste ich nie, wie viel Lust sie noch bei mir zum Arbeiten hatten, wenn es mehr im Hilton zu tun gab.

Twiggi und JJ
Nachdem ich den Beiden klar gemacht hatte, dass ich sie bei uns nicht in Gästebetten erwischen möchte, lief alles zunächst bestens. Schließlich waren wir kein Hilton. Meine Tante war schockiert, als sie sich das im Hilton vorstellte. Sie dachte immer, im Tophotelbereich sei alles perfekt und nun vergnügten sich Putzfrauen in den Gästebetten.
Bei den Beiden gab es eine merkwürdige Rollenverteilung. Twiggy gab den Ton an und wenn JJ dann richtig sauer war, demolierte sie ihren alten Wagen. Deshalb war der auch total verbeult, hatte aufgeschnittene Sitzbezüge und ein kaputtes Armaturenbrett, fuhr aber noch. Und ich dachte sogar zwischenzeitlich, JJ kann nicht schreiben. Als sie mir Geld schuldete, gab sie mir einen Zettel mit "I o u" und dem Betrag. Später erfuhr ich, dass das nur die gebräuchliche Abkürzung für "I owe you", ich schulde dir, war. Einmal erzählte sie mir auch, dass sie bereits zweimal Mitglied einer Chaingang war und Farben getragen hatte. Ich konnte damit nichts anfangen. Sie meinte damit, dass sie zweimal im Gefängnis war wegen Drogenbesitzes. Chaingang ist die Kettengruppe und Farben tragen meinte die Anstaltskleidung. JJ sah aber ausgesprochen gut aus und war auch nur aus Frust über ihren letzten Freund mit Twiggy zusammen. Machmal sagte sie beim Putzen, das könne doch nicht ihr Leben sein, doch Konsequenzen zog sie leider nicht.
Twiggy war schlimm, benahm sich aber bei uns fast immer sehr gut. Bis auf Tage, wo sie nicht aus dem Bett kam und sie ihre älteste Tochter losschickte mit "Mama is ill, she needs a beer". Die Tochter begriff in dem Alter gar nicht, was los war. Twiggy hatte auch noch eine andere Methode, um an Geld heranzukommen, die bei JJ sofort wieder zum Automisshandeln führte. Sie besuchte einen alten Mann zum Teetrinken, wie sie das nannte.
In Florida blühte das Sexgewerbe. Es war strengstens verboten und wurde polizeilich heftig kontrolliert. Weil bei uns mal wieder das Beachhaus leerstand hatte ich im Scherz die Idee, einen speziellen Putzservice aufzuziehen. Im Ernst wäre das nie gegangen, denn erwischt worden wäre man irgendwann und dann wäre ich mindestens ausgewiesen worden und das Rio Beach wäre beschlagnahmt worden. Jedenfalls schlug ich das den Beiden als witzige Idee vor, die ich aber bereits

verworfen hatte, weil: "But two things are missing", sagte ich. Twiggy antwortete spontan, ich weiß und fasste an ihren kaum vorhandenen Busen. Ich erzählte der traurigen Twiggy, dass ich eigentlich einen guten Draht zur Polizei und einen guten Anwalt meinte. Und das stimmte. Die Rechte des US-Staates waren auch grundverschieden von denen des deutschen Staates. In den USA hatte ich als aufgefallener Bürger eventuell nachzuweisen, woher mein Geld kommt. Wenn jemand z.B. wegen Drogenhandels erwischt wird und in einem teuren Haus wohnt oder mit einem teuren Auto fährt, muss er die Quelle seines Geldes nachweisen. Gibt es dann keine passende Einkommenssteuer- oder Erbschaftssteuererklärung, dann kann gerichtlich enteignet werden. Schließlich muss das Geld dann illegal erworben worden sein. In Deutschland kann der Staat einem erwischten Dealer kaum das Geld in der Tasche wegnehmen, geschweige denn mehr. In der Lokalzeitung von Daytona gibt es regelmäßig große Anzeigen, in denen die verschiedenen Behörden beschlagnahmte Dinge veräußern. Das reicht dann von Autos über Boote, Sportflugzeuge, Möbel bis zu Waffen. Also bloß nicht kriminell werden.
Und auch die Regeln beim Fahren im angetrunkenen Zustand sind härter als bei uns. Der Fahrer landet schnell für eine Nacht im Knast und das Auto kommt auf den gebührenpflichtigen Parkplatz. Dort kostet es jeden Tag Geld und ich erinnere mich noch an den Mieter, der überall versuchte, Geld zu leihen, um sein Auto möglichst schnell auszulösen, denn der Polizeiparkplatz war teuer.
Doch zurück zu Twiggy und JJ. Als Putzfrauen hatten die Twiggy und JJ ja ungestört Zugang zu allen Räumen und mich ärgerte bei den beiden immer wieder, dass ständig Geschirr verschwand und dreckig bei ihnen rumstand. Erstens gab das Ungeziefer und bei den Gästen fehlte das Geschirr. Doch stehlen sei das nicht, erzählten die beiden. Diebstahl sei es erst, wenn etwas vom Grundstück verschwindet. Ob sie das selber glaubten weiß ich nicht. Aber sonst fehlte nie was bei den Gästen, also meckerte ich von Zeit zu Zeit und nahm die Sachen mit. Lustig bei den beiden war noch die Frage nach dem Milchpreis, die immer kam, wenn wir über andere Städte oder Länder sprachen. Als ob beide jemals Milch gekauft hätten.

Kinder
Es waren immer mehr Kinder auf dem Grundstück. Twiggy hatte zwei, an der Oceanfront waren zwei Zimmer an zwei Bedienungen mit vier und fünf Kindern vermietet und an der Straße wohnte Steve mit seinen Kindern. Nun kam noch ein Vater mit Tochter und Sohn hinzu. Das Problem war, dass alle Eltern tagsüber arbeiten gingen und das waren lange Schichten, die insbesondere die Bedienungen

hatten. Die älteren Kinder sollten zwar auf die jüngeren achten, aber so richtig klappte das natürlich nie. Also war das auch mit unser Job, Tim reinigte so mit acht kleinen Mädchen erstaunlich gut die Zimmer. Jedes der Mädchen bekam eine Aufgabe und zusammen schafften sie das dann. Bei richtigem Ärger mussten die Eltern abends die Schäden beseitigen, so mussten zwei der Eltern eine Hauswand abwaschen, an die die Kinder kleine Palmenfrüchte geschmissen hatten. Sie nahmen das alles hin, da es woanders schwieriger mit den Kindern war. Später halfen wir immer, einen Babysitter unter den älteren Kindern zu finden, da wir uns auch nicht immer um alle Kinder kümmern konnten und wollten.

Nur bei der Bank wurde ich immer gefürchteter. Mehrere Mieter waren inzwischen länger bei uns und arbeiteten in der Gastronomie. Und sie zahlten mit $ 1 Scheinen, dem hauptsächlichen Einkommen einer Kellnerin, die in den USA überwiegend vom Trinkgeld lebt und die größeren Scheine der regulären Bezahlung selber zum Einkaufen braucht. Also musste ich immer mit unmengen Scheinen zur Bank. So ein Zimmer Oceanfront kostete in der Vorsaison $ 250 die Woche plus Steuern, davon zwei und drei weitere Kellnerinnen waren allein dadurch 1.000 Scheine je Woche. Das wurde nur im nächsten Jahr noch schlimmer, als ich zusätzlich an mehrere Stripperinnen vermietete, die teurere Zimmer hatten und auch nur mit $ 1 Scheinen bezahlten.

Tims Aufstieg

Tim machte sich gut und mein Vertrauen in ihn hatte sich gelohnt, auch wenn sich in Bremen eine Aufsichtsrätin fürchterlich empörte, dass ich Kriminelle einstellte. Aber zum Glück leitet der Vorstand das Geschäft alleine und die beiden anderen Aufsichtsräte vertrauten meinem Urteil.

Und ich lernte andere Seiten der USA kennen. Tim brauchte eine Brille und war nicht krankenversichert. Eine Krankenversicherung konnten wir uns wirklich nicht leisten. Ich hatte einmal mehrere Angebote eingeholt und war schockiert. Das mit der Brille war aber kein Problem, denn mit unserer Verdienstbescheinigung ging er zu einer gemeinnützigen Stiftung und bekam sofort einen Brillengutschein. Wenige Tage später hatte er eine Brille.

Bei einer Kreditkarte hatte ich ihm auch geholfen und für ihn begann ein geregeltes Leben erstmals nach dem Ende seiner Schulzeit. Er lud seine Eltern für ein Wochenende zu uns ein und war unglaublich stolz, mit Recht. Das Zimmer fürs Wochenende schenkte ich ihm, damit er es seinen Eltern schenken konnte.

Als ich zurückflog, hatte ich ihn zum Manager gemacht. Aber er dufte nicht, was Carol durfte. Er hatte keine Kontovollmacht, sondern ich hatte bei Jim ausreichend Schecks unterschrieben liegen und Jim konnte diese Blankoschecks nach

Bedarf ausfüllen. Für Tim war das aber nicht etwa Misstrauen, sondern er fand sich belohnt mit der neuen Aufgabe. Außerdem hatte ich mich mal wieder hinter der AG versteckt und sagte ihm, ich würde ja gerne, aber die in Deutschland.... So war ich aus dem Schneider und Tim nur glücklich. Ich wusste ja ziemlich genau, was wir bezahlen müssen. Je Monat dreimal Strom, Wasser war ein Scheck, Gas auch nur einmal, Kabelgebühr, Jims Rechnung und einmal der Hotelbedarfslieferservice, das waren acht Schecks und dann die Angestellten mit einem Scheck pro Woche für Tim, Twiggy und JJ, zusammen 12 bis 16 Schecks pro Monat.
Ich wollte in spätestens zwei Monaten zurück sein, also hinterließ ich 50 Schecks inkl. denen für Sonderfälle. Jim kam unverändert jeden Sonntag und das musste reichen. Dann kaufte ich Mengen von Chlor für den Pool und zum Waschen ein. Da muss immer noch ein Schuss zum Waschpulver dazu, damit es weiß wird im Gegensatz zu deutschen Waschmitteln. Und natürlich Waschpulver, Gästegeschirr, billiges Klopapier, Glühbirnen und was sonst noch nötig war und alles zum Abschiedsessen. Ich lud dann die Mitarbeiter und Dauermieter immer zu Bier und Chips ein, damit die mich nett in Erinnerung behielten und möglichst wenig Ärger machten.

Poolprobleme

Unser Pool war ja wie bereits erwähnt alt, tief und mit alter Technik. Der Verbrauch an Chlor war hoch, denn das verdunstet immer und auch der Stromverbrauch für die Umwälzpumpe war sehr hoch. An der Umwälzpumpe hatten wir eine Zeitschaltuhr, um die Pumpe nur von morgens bis abends laufen zu lassen. Das sparte viel Geld und im Winter verringerten wir immer die Betriebszeit. Und es hing eine Schaltuhr des Stromversorgers vor unserer Zeitschaltuhr. Immer wenn in Daytona Beach zu viel Strom verbraucht wurde, schaltete sich unsere Pumpe zusammen mit anderen Pumpen ferngesteuert aus. Wir bekamen dafür einen Rabatt auf unsere Stromrechnung und der Stromversorger konnte Überlastungen in den Sommermonaten vermeiden.
Leider verstopfte unser Hauptabfluss mehrfach. Am schlimmsten war das einmal, als wir das Wasser ablassen mussten, weil wir anders nicht an den unteren Abfluss rankamen. Es dauerte zwei Tage, bis alles Wasser herausgepumpt war. Weil der untere Abfluss verstopft war, mussten wir mit dem Wasserstaubsauger alles heraussaugen. Vom Pool konnten wir auf die Straße sehen und auf der gegenüberliegenden Nebenstraße standen nach zwei Stunden städtische Fahrzeuge mit gelbem Blinklicht und Polizei. Die Straße stand unter Wasser, denn unsere Wassermengen hatten die Kanalisation überlastet. Ich wollte gerade rübergehen und auf die Ursa-

che hinweisen, schließlich hatte ich nichts Verbotenes gemacht als mir Mieter sagten, ich sollte das niemals machen. Die finden immer einen Weg, mir dann die Kosten aufzuhalsen. So warteten wir einige Stunden und machten erst langsam weiter, als drüben alle weg waren. Als der Pool leer war, konnten wir das kleine Gitter über der Roste entfernten und in den Abfluss greifen. Es war was da, aber richtig rangekommen bin ich nicht. Jeder versuchte es dann, denn zum Glück waren fast alle Dauermieter und normalen Gäste da und sahen zu. Jeder war auf die Überraschung gespannt und es war immer noch offen, ob die Poolwände halten würden oder ob alles zusammenbricht. Es war sogar so interessant, dass sich niemand beschwerte, dass im Pool keiner baden konnte.

Irgendwie fühlte sich das nach Plastik an und ich hatte eine Idee. Ich machte im Pool einen Grill an und steckte einen Schraubenzieher hinein. Als der Schraubenzieher rot glühend war, nahm ich ihn und steckte ihn schnell ins Abflussrohr. Es zischte und etwas Wasser schoss an meine Hand. Ein Scheißgefühl, da ich nichts sah und zog meine Hand erschrocken zurück. Dann fasste ich wieder hinein und hatte eine Plastikflasche in der Hand. Die Flasche war zugeschraubt und voll Wasser und absichtlich dort hineingesteckt worden. Als das Wasser aus dem Pool heraus war, wurde sie durch den mangelnden Druck größer und saß deshalb so fest. Dann setzten wir die Roste wieder ein, bohrten aber zunächst Löcher zum Festschrauben, damit so etwas nie wieder möglich war. Dann hatte ich erstmals einen Blick für den Pool. Er sah am Boden schlimm aus, denn eine Schicht Zement hatte sich teilweise gelöst und der ehemals glatte Bodenbelag war nun bis zum Beton weg. Dazwischen blieb immer Sand hängen, was man zwar leider von oben sieht, aber wegstaubsaugen konnte man das bei den Unebenheiten kaum. Und die hellblaue Farbe des Zements war dem grauen Beton darunter gewichen. Ich beschloss, beim nächsten Mal ohne Wasser auch alles neu verputzen zu lassen. Aber zumindest hatte der Pool gehalten und wir konnten Wasser hineinlaufen lassen. Das dauerte dann drei Tage mit den Schläuchen, da ich bei Nacht auch kein Wasser laufen lassen wollte.

Ein anderes mal fand ich am Morgen unsere Poolliegen im Pool vor. Jemand hatte sie nachts reingeworfen. Ich sagte Tim dann: "Our chairs are swimming in the pool" und der kringelte sich vor Lachen. Er rannte sofort los und wiederholte den Satz auch gegenüber JJ und Twiggy. Dann erzählten sie mir unter ständigem Lachen, swimming sei aktiv und das tun nur Menschen oder Tiere. Die Stühle würden höchstens "floaten" im Pool, also passiv treiben. Diese Geschichte erzählten sie überall herum und alles amüsierte sich köstlich.

Die neuen Straßenhausmieter

In dem Straßenhaus wohnten nun endlich wieder Mieter, wurde mir schon telefonisch mitgeteilt. Als ich die nach meiner Rückkehr sah, war ich wenig begeistert. John hatte wohl keine Zähne mehr und sah aus wie ein abgemagerter Alkoholiker auf Entzug, seine Frau Laura hatte nur zwei Zähne vorne, war auch total mager und sie hatten zwei Kinder, einen Jungen von etwa 6 und einen älteren Teenager von vielleicht 15. Das war der Rest von 12 Kindern, die sie hatte. Zuerst dachte ich, ich hätte was missverstanden. Den jüngsten hatte sie aus Sentimentalität behalten, den anderen, weil es für den monatlich Geld vom Staat gibt. Ich hielt den Jungen zuerst für ein verzogenes amerikanisches Kind, in Wahrheit war der aber einfach nur schwachsinnig, wie peinlich. Meine Meinung zu Laura änderte ich sehr bald, denn sie putzte sehr gut und war auch immer im Gegensatz zu Twiggy und JJ bereit dazu.

Wo die anderen Kinder waren, wunderte mich, aber fragen wollte ich nicht. Andere wussten es aber und sagten es mir. Adoptivkinder sind sehr begehrt in den USA und eine Frau kann mit Hilfe vom Adoptionsfirmen Wege finden, daraus ein gutes Geschäft zu machen. Also bekam sie Geld fürs Kinderkriegen und lebte davon. Ihr persönlich kann man das kaum vorwerfen, aber gesellschaftlich ist das schon problematisch, wenn die Dümmsten so viele Kinder bekommen und in der Schwangerschaft hatte sie natürlich auch nie aufgehört zu rauchen, Drogen zu nehmen oder zu trinken. Für ihre Kinder eine zusätzliche schwere Bürde. Auch eine andere Putzfrau, die wir später hatten, hatte zuvor denselben "Job", sie hatte 14 Kinder verkauft.

Dave

Er mietete Nr. 15, eines unserer schlechten Zimmer. Dave hatte eine kleine Rente und konnte sich das Zimmer gerade leisten. Er wohnte schon einige Zeit bei uns und nun kam die Bikeweek.

Ich wollte einerseits niemanden rausschmeißen, wollte aber anderseits gerne auch möglichst viele Zimmer für die Bikeweek teuer vermieten. Also wollte ich Dave fragen, ob er mit dem Mieter aus seinem Nachbarzimmer Nr. 17 zusammenziehen könnte für eine Woche. Ich hatte beide oft zusammen Bier trinken gesehen und dachte, sie verstünden sich gut genug dafür. Als ich Dave ansprach war der total erschrocken, denn er dachte, er fliegt jetzt vor der Bikeweek raus, wie es so oft völlig absprachewidrig in anderen Motels erfolgt. Man lässt die Mieter bis kurz vorher im guten Glauben wohnen und kassiert die Miete bis zuletzt. Er war so froh, dass er nicht raus musste, er hätte auch eine Hundehütte bei uns akzeptiert.

Der andere Mieter stimmte genauso geschockt gleich zu. Sie mussten für die Woche zum Ausgleich keine Miete zahlen und freuten sich über das unerwartete Angebot. Dave benahm sich super und fühlte sich unter den Bikern sichtlich wohl, half auch überall ohne Bezahlung mit, weil er mir sehr dankbar war. Später erfuhr ich nach einigen Bieren mehr von ihm, was mich ohne das Bier, das ich bereits getrunken hatte, vermutlich mehr schockiert hätte. Er saß wegen mehrfachen Mordes im Gefängnis und ist nur entlassen worden, weil er bald sterben wird. Was er genau hatte, habe ich nicht verstanden, er starb aber im nächsten Jahr wirklich. Und den Abend bekam ich noch ein nett gemeintes Angebot von ihm, weil ich immer so nett zu ihm war und ein guter Freund. Wenn mich mal jemand richtig stört, würde er den für mich killen, das Angebot kam später noch mehrfach nüchtern von ihm und war völlig ernst gemeint. Absitzen würde er es nicht mehr und ich würde sicher jemanden aussuchen, der es verdient hätte.

Dave machte noch weitere Angebote. Er hatte eine ganz eigene Art billig einzukaufen, indem er mit dem vollen Einkaufswagen einfach durch den Eingang rausfuhr. Das klappte mindestens dreimal und er kam die 2 Kilometer mit dem vollen Einkaufswagen dann bei uns an und verkaufte alles richtig billig. Ich sah nichts, denn ich hätte mich überall unbeliebt gemacht, bestand aber auf das Zurückbringen des Einkaufswagens, damit der bei uns vom Hof war. Außerdem war ich mit der Polizei sowieso unzufrieden, die immer weniger kam, wenn wir sie anriefen. Ich wusste damals noch nicht warum. Dann wurde Dave erwischt und landete einige Tage im Gefängnis.

Ein Grillabend

Das Wetter war schön, die Saison früh, also hatten wir kaum Gäste und wenn ich abends in der Nähe des Offices blieb, konnten wir ja grillen. Ich hatte richtig Hunger darauf und alleine war das ja auch langweilig. Also sagte ich Tim, John, Laura, Twiggy, JJ und Dave, dass ich etwas zum Grillen einkaufen würde und sie eingeladen seien. Alle waren begeistert und ich fuhr mit dem Rad zum Einkaufen. Ich holte Nackensteak, das ich zum Grillen für durchwachsen genug hielt, beschloss aber auf Würstchen (sahen fies aus) und Burger zu verzichten. Dazu ein paar Chips und Soßen, Bier und Getränke sollte jeder selber mitbringen, weil es mir sonst zu teuer wurde. Ich schmiss den Grill vor Lauras und Johns Haus an, von dort konnte ich das Büro beobachten und neue Gäste, so vorhanden, einchecken oder mich um andere kümmern. Als die ersten Steaks fertig waren, wollte außer Tim und mir aber niemand was essen. Sie sagten, sie hätten noch keinen Hunger und wollten noch etwas warten. Auffallend war nur, wie sie über die Chips herfielen. Tim und ich schlugen uns wacker und noch immer wollte niemand etwas. Mit einem Mal fing Tim an zu lachen, keine Ahnung warum. Jedenfalls saßen wir weiter um den Grill herum, unterhielten uns, tranken Bier und die Chips waren alle und die Steaks blieben merkwürdigerweise liegen. Als die anderen gegangen waren, erzählte Tim mir, warum er so gelacht hatte. Ihm war eingefallen, warum nur wir beide die Steaks aßen. Nur sagen konnte er es mir vorher noch nicht. Wir hatten Zähne, die Zahnreste oder Gebisse der anderen taugten für Steaks nicht. Und da begriff ich. Laura hatte vorne nur je einen Zahn oben und unten und der Rest war vermutlich auch nur Schrott, bei John hatte ich nie Zähne bemerkt, er hatte den Mund immer ziemlich zugekniffen und Dave hatte kaum noch was. Nur JJ und Twiggy hatten schöne, makellose Zähne, wie mir natürlich bereits aufgefallen war. Aber als Tim mich darauf aufmerksam machte, fiel mir ein, deren Zähne waren zu gleichmäßig. Es waren die billigen Kassengebisse, mit denen man amerikanische Kost essen kann. Bei Burgern und Weißbrot funktionieren die vermutlich gut, aber bei einem Steak muss man richtig beißen und kauen. Als ich sie einlud und sie begeistert annahmen, dachten sie wahrscheinlich, ich würde Burger oder notfalls Würstchen kaufen, die könnten sie wie gewohnt lutschen. Sie taten mir leid und ich beschloss, nächstes Mal auch für sie Essbares einzukaufen, über den Abend sprachen wir natürlich nicht wieder.

Kleine Reparaturen
Eines Tages schickten wir John, Lauras Ehemann, mit einem Wandhalter für die Duschbrause und Zweikomponentenkleber zum Reparieren in ein Zimmer. Er half immer einige wenige Stunden bei uns aus. Als er bereits eine ganze Zeit überfällig war, schnell ging das ja nie, beschloss ich, nachzusehen. John war noch im Zimmer und im Bad beschäftigt, den Wandhalter an die Fliesen zu drücken. Er sah verzweifelt aus und erzählte mir, das Ding falle immer wieder ab und deshalb drücke er diesmal besonders lang. Ich fragte ihn, was auf der Verpackung stand und er wich aus. Also las ich die Beschreibung, wunderte mich und fragte ihn, ob er es genau wie angegeben angerührt und benützt habe. Statt zu antworten ging John wortlos weg. Ich beendete die Arbeit, was kein Problem war und entfernte die Kleberreste von den vorherigen Versuchen. John war auch auf dem Grundstück nicht zu sehen, dafür aber seine Frau, der ich das Vorgefallene etwas ratlos erzählte. Ihre Antwort war simpel. John war Analphabet und hatte natürlich keine Chance bei einer komplizierten Beschreibung eines Zweikomponentenklebers. Leider musste ich ihm die ganze Arbeitszeit zahlen.

Texas holt Jeden

Tim war nicht mehr länger der einzige auf Bewährung bei uns, denn auch von einem Kellner, der bei uns wohnte, erfuhr Tim dessen Bewährungsstrafe und so erfuhr ich davon auch. 1.000 Jahre hatte Chris bekommen und nur eines absitzen müssen, bevor er aus Texas verbannt wurde. Auch er durfte nicht zurückkommen und nicht wieder kriminell werden. Chris war stark tätowiert, aber nur dort, wo man es nicht sah und bei der Arbeit als Kellner musste er deshalb ein langärmeliges Hemd tragen. Seine Freundin arbeitete im selben Restaurant und beide waren liebe Leute, jetzt zumindest. 1.000 Jahre und so schnell draußen, Amerikaner wissen, was er getan hat. Er wurde beim Dealen harter Drogen erwischt. Es können aber nur sehr kleine Mengen und einmal gewesen sein, sonst hätte er länger gesessen. Er war jetzt sauber, wie mir berichtet wurde und lebte ausschließlich vom Kellnern. Und damit war ich dann auch zufrieden und er half auch zwischendurch beim Rasenmähen oder anderer Gartenarbeit, wenn wir zu viel zu tun hatten und wir verrechneten das mit der Miete. Ich machte mir dann den Spaß, in Deutschland anzurufen und mitzuteilen, dass wir vier (Tim 200, Chris 1.000, die Putzfrau und ich) Arbeiter im Rio Beach jetzt durchschnittlich 300 Jahre zur Bewährung offen haben. Begeisterung kam bei dem Witz nicht auf, vermutlich hätte ich aber ähnlich humorlos reagiert, würde ich die Beiden nicht kennen.
Eines Tages kam Chris nicht vom Einkaufen zurück und seine Freundin machte sich Sorgen. Abends kam die Polizei und wollte sein Zimmer durchsuchen. Dabei erfuhren wir, was passiert war. Er war ohne Blinker mit seinem Van auf einen Parkplatz abgebogen und deshalb von der Polizei angehalten worden. Der Blinker war kaputt, wie festgestellt wurde aber auch Fahren mit kaputtem Blinker ist verboten. Alles Verbotene verstößt gegen die Bewährungsauflagen und so kam er ins Gefängnis. Von dort wurde Texas informiert und die holen alle, wie mir erzählt wurde. Und wenn es nur für drei Tage Restknast ist, Texas holt alle aus Prinzip ab. Und sie warten immer 29 Tage, denn 30 Tage ab der Meldung hat Florida die festzuhalten, das spart Unterbringungskosten. New York soll nicht mal Mörder abholen, wie mir versichert wurde von dem Polizisten. Kommt der andere Staat nicht in der Zeit, wird man freigelassen, egal, warum man festgenommen wurde. Das kommt wohl noch aus der Zeit des wilden Westens. Chris blieb die ganze Zeit im Knast und seine Freundin lief total verheult durch die Gegend. Sie verließ uns dann auch in Richtung Texas. Ich hatte nie rausbekommen, für wie lange er dafür ins Gefängnis musste. Seine Freundin hat uns leider nie angerufen.

Eine weitere Bikeweek
Es kam unsere dritte Bikeweek und diesmal hatten wir endlich ordentliche Preise. Bereits in der letzten Bikeweek und beim Biketoberfest (kleine Bikeweek mit nur

4 Tagen) im Herbst hatten wir nach dem üblichen Murren Reservierungen bekommen und Tim machte gut weiter mit, als ich wieder in Deutschland war. Ich hatte ja noch immer das Visumproblem, das ich mich nicht zu ändern traute, denn das hieße ja, im Notfall nicht in die USA reisen zu können während der ca. sechsmonatigen Bearbeitungszeit. Unsere Preise lagen über denen des Hilton und des Marriottnachfolgers. Verlangen konnten wir so viel, weil bei uns die Motorräder vor den Zimmern stehen und nicht in der Tiefgarage oder einem Parkplatz. Es war den Bikern einfach soviel wert, neben den Maschinen zu stehen, sich zu unterhalten oder zu putzen oder reparieren und das alles neben dem eigenen Zimmer gemeinsam mit den anderen.

Bei den anderen Veranstaltungen kamen wir natürlich nie an die Preise der guten Hotels heran. Nur bei der Anfahrt der Gäste gab es ein Problem, da die meisten mit Anhängern und häufig zwei Autos kamen. John sollte das Einparken regeln und er regelte es so dumm wie nur möglich. Es passten zwar alle Autos auf die beiden Parkplätze, aber alle Vorderen kamen nicht wieder runter. Als alle Wagen auf dem Hof eingeparkt waren, zeigte sich das ganze Chaos und John war zuerst noch stolz auf sein Werk. Wir brauchten dann mehrere Tage, um herauszufinden, wem welches Auto und welcher Anhänger gehört, um Umzuparken und eine geregelte Abreise möglich zu machen. Es kommen bei der Bikeweek zwar fast alle am gleichen Tag, geblieben wird aber höchst unterschiedlich.

Lee

Endlich hatten wir auch Nr. 17 neu vermietet, das andere schlechte Innenhofzimmer. Lee hatte wenig Geld und arbeitete nicht. Es fing an, mich zu stören, dass wir nun einen weiteren Nichtstuer auf dem Grundstück hatten. John war immer im Straßenhaus und Laura arbeitete ja für ihn mit. Dave half immer etwas mit und langweilte sich recht häufig und mit einem weiteren Arbeitslosen sah ich die dann schon Bier trinkend auf dem Grundstück rumsitzen. Und das könnte andere Gäste stören und davor hatte ich Angst. Also behielt ich beide genau im Auge aber nichts Negatives passierte. Von Dave wusste ich, dass Lee auf eine Versicherungszahlung und eine Rente wartete, weil er was auf den Kopf bekommen hatte. Beim Mieten machte er auf mich einen langsamen Eindruck, aber sonst schien ja alles ok zu sein mit ihm. Und das mit der großen Versicherungssumme hielt ich für die übliche Angabe gerade armer Leute, die gerne von dem großen Geld in der Zukunft erzählen.

Arbeitsverteilung

Die Arbeit teilten Tim und ich immer, wenn ich da war. Er hatte dann seinen Achtstundentag und eine Fünftagewoche und ich machte den Rest, die Frühschicht und die Nachtschicht und zweimal die Woche zusätzlich die Mittelschicht. In der Nacht gab es niemanden mehr, der aufpassen musste, denn Tim schlief vorne in Nr. 3 mit Blick aufs Office und den vorderen Hof und ich konnte vom Beachhaus zusätzlich die Oceanfrontzimmer sehen. Dort wohnte ich zur Zeit, wir hatten es mal wieder sauber gemacht und für den Fall einer Vermietung wäre ich sofort ausgezogen. Aber es war immer einfacher in dieser Zeit, die normalen Zimmer zu vermieten und die waren an allen Wochenenden auch alle vermietet. Mein Luxusquartier brachte uns ein vermietbares Zimmer zusätzlich. Und ich stellte manchmal nachts einen Wecker oder ging noch kurz vor dem Einschlafen eine Runde ums Haus. Es passierte auch seit dem Weggang des Sohnes nichts mehr. Die Autoschäden zu Carols Zeiten waren wohl erfunden, um den Sohn zu beschäftigen. Wir hatten Putzfrauen für die Zimmereinigung und Tim und ich halfen mit.

Wenn ich nicht da war, arbeitete Tim entsprechend mehr und auch Laura arbeitete im Office. Es störte Amerikaner auch im Gegensatz zu meiner Vermutung überhaupt nicht, von jemandem Abgemagerten mit kaum Zähnen bedient zu werden. Und Laura machte sich fein mit etwas Schminke und recht ordentlicher Kleidung. Und dann haben wir zusätzlich eine Putzfrau eingestellt und es ging immer. Tim und Laura hatten beide viel zu verlieren.

Lees Luxus

Die Versicherungsgeschichte stimmte, wie ich verwundert feststellte. Inzwischen hatte Lee nicht nur den Prozess gewonnen, sondern auch die ersten beiden Schecks erhalten. Als Erstes kaufte er sich einen neuen Fernseher. Als der geliefert wurde, waren vier Leute nötig, den Fernseher vom LKW in Lees Zimmer zu schaffen. Zum Glück war das Zimmer ebenerdig und auf der Rückseite des Gebäudes fast direkt am dortigen Parkplatz. Der Fernseher war riesig, ich kannte solche Geräte nur aus den großen Geschäften und für das Zimmer war er eindeutig überdimensioniert. Aber Lee hatte lange auf das Geld gewartet und gönnte sich nun etwas. Ich war hocherfreut, denn für mich hieß das, er bleibt trotz des neuen Geldes Mieter bei uns und endlich muss ich mir keine Sorgen um die Miete machen. Abends saßen dann fast alle Dauermieter bei ihm und sahen fern. Zwei Tage später kam die nächste Neuerung. Lee teilte mit, er benötigte unsere Bettwäsche nicht mehr, die er stolz ins Office mitbrachte. Bisher hatte er seine Bettwäsche und Handtücher als Longterm von uns bekommen, musste sie dann aber selber waschen. Er hatte sich eigene neue Wäsche gekauft, für jeden Tag in einer anderen Farbe, wie er stolz erzählte. Besonders freute mich, dass er die Miete nicht nachverhandelte, denn ohne Bettwäsche wäre es eigentlich ein wenig billiger geworden. Lee war nun ein glücklicher Mensch. Doch dann begann er nachzudenken, wenn andere Leute wüssten, was für einen großen Fernseher er hat und wohl inzwischen auch eine entsprechende Hi-Fi-Anlage, dann lebe er zukünftig gefährlich. Wie gesagt, das Versicherungsgeld bekam er für einen Schlag auf den Kopf. Er kam an und erzählte mir von seinem Problem. Ich hatte vor allem Angst um einen guten Mieter, der ausziehen könnte. Ich schlug vor, den Fernseher ganz demonstrativ abholen zu lassen und dann frühmorgens, wenn alle schlafen, zurückzubringen. So denken alle, er sei wieder pleite und alles war ok. Und sein Zimmer sei ja sicher, da wir es ja alle im Auge behalten würden. Das gefiel ihm aber auch nicht. Er zog grübelnd von dannen.

Geheimnisvoller Vater
Ein Mann, Nick, mit Tochter und Sohn kam eines Tages zu mir, als ich gerade den Pool reinigte. Er fragte mich nach Zimmerpreisen und wollte lange bleiben und ich nannte einen guten Preis. Er ließ sich dann ausdrücklich versichern, dass wir zu den Veranstaltungen nicht wie andere Hotels die Dauergäste entgegen vorheriger Zusagen rauswerfen würden, um mehr Geld zu verdienen. Ich sagte ihm, dass wir das nicht tun und in der Nachsaison sogar den Preis senken würden. Und empfahl ihm, einen unserer drei anderen Dauermieter zu fragen. Nick glaubte mir und ich hatte einen bzw. drei Dauermieter mehr. Der Mann war merkwürdig, denn er war eher ein mexikanischer Typ, hatte aber hellblaue Augen und war für Daytona Beach auffallend ordentlich gekleidet. Auch die Kinder waren immer tipptop gekleidet und gehörten eigentlich in eine Schule. Am merkwürdigsten war, dass jede Woche ein Paketdienst nur ihm persönlich einen großen Briefumschlag brachte und eine Stunde später wiederkam und einen kleinen Umschlag mitnahm. Dann zahlte er seine Miete. Nick kam aus Illinois und ich rätselte, was das mit ihm auf sich hatte. Wir sprachen häufig miteinander und sein gesamter Stil war sehr höflich und korrekt. Es war in den USA höchst unschicklich zu fragen, was jemand macht und so fragte ich ihn erst sehr viel später, als ich vor Neugier fast platzte und dachte, ich kann mich ja immer noch auf mein Deutschsein rausreden. Ich schloss die Mafia oder das Verstecken vor denen gleichermaßen aus, da Daytona Beach viel zu öffentlich mit seinen Veranstaltungen für alle Geschmäcker ist. Nick war Congressman von Illinois, wie er stolz erzählte. Ich wusste damit nichts anzufangen und durfte auch im Motel nichts verraten, wie er mich bat. Also fragte ich Klaus ganz allgemein und beiläufig. Er war einer der beiden Wahlmänner des

Staates Illinois für die Präsidentenwahl und wurde von einer Partei dazu aufgestellt. Seine Tätigkeit nach der Präsidentenwahl war gelegentlich das Unterzeichnen von Dokumenten. Und die Kinder unterrichtete er bei sich und die waren deshalb von der Schulpflicht befreit. Das passte auch alles zu ihm und meine Neugier war befriedigt. Später bekam ich seine sehr schlichte Visitenkarte von ihm. Und die Augenfarbe, die mich zu Beginn bereits so irritierte, wechselte immer mal wieder. Er hatte Kontaktlinsen in verschiedenen Farben.

Vertreter

In Nr.1 war ein neuer Mieter eingezogen. Er kam aus dem Norden und hatte zuerst nur für zwei Wochen gemietet. Dann musste er weiter nach Orlando und dort weiter verkaufen. Nach zwei Tagen kam er zurück und fragte nach seinem Apartment, das glücklicherweise noch frei war. Er zog sofort wieder ein und blieb noch einige Wochen. Ihm gefiel es so gut bei uns, dass er auch die Pendelei gerne in Kauf nahm, aber der gute Preis wird auch eine Rolle gespielt haben. Am Strand war er nie im Gegensatz zu seiner Frau, die ihn an den Wochenenden besuchte. Inzwischen hatte sich ein Ritual entwickelt. Wir setzten uns abends mit Stühlen bis an die Grundstücksgrenze an der Straße. Weiter durften wir nicht, denn ein Fuß auf dem Bürgersteig und Bier trinken oder nur eine offene Flasche in der Hand haben bedeutete sofort Gefängnis für mindestens eine Nacht. Wir, das waren Dave, Lee, der Vertreter Clive in der Zeit, Tim und andere. Von da hatten wir einen prima Blick auf die Straße und sahen die Touris cruisen und die Prostituierten und Dealer auf der anderen Straßenseite auf und abgehen. Und das Wetter war abends sehr angenehm dort.

Lees Nutte

Eines Abends erzählte Clive über die eine Prostituierte, die gerade auf der anderen Seite lief, wie toll sie war. Von weitem sah sie wirklich gut aus und winkte auch rüber. Lee fing an, nachzufragen, mehr verriet Clive aber nicht. Wir waren schon längst bei anderen Themen, als sie nach einiger Zeit zurückkam und Lee noch immer schwieg, was er sonst selten tat. Lee winkte sie rüber und unterhielt sich etwas abseits von uns mit ihr. Dann verschwanden die Beiden Richtung Lees Zimmer. Wir wunderten uns über seinen Mut, denn eigentlich war er sehr schüchtern und dann auch noch so was vor unseren Augen. Nach etwa dreißig Minuten kam er wieder und wir fragten, ob sie wirklich sooo toll war. Zuerst sagte er nichts und dann erzählte er. Zur Einstimmung habe er eine Flasche Wein aufgemacht und sie hätten sich nett unterhalten. Dann fiel ihr plötzlich ein, dass ihre Zigaretten alle sind und fragte ihn bei der Gelegenheit nach dem Geld. Er gab es ihr und noch Geld für die Zigaretten und sie ging kurz weg, Zigaretten holen. Als sie nach zwanzig Minuten nicht zurück war, kam er runter zu uns. Nun war uns klar, warum er so betrübt war. Als wir die Story hörten, fielen wir vor Lachen fast von den Stühlen. Einer drogenabhängigen Nutte Geld geben und hoffen, dass sie zurückkommt. Mit ihr wie mit einer Freundin Wein trinken und es sich gemütlich machen, größeren Unfug hatten wir alle noch nicht gehört. Nun zog sich Lee völlig gekränkt in sein Zimmer zurück. Irgendwie tat er uns leid, aber die Sache war wirklich zu dumm und wir amüsierten uns weiter darüber. Am nächsten Nachmittag zog Lee aus. Er hatte zwei Arbeiter angeheuert, da er von uns auch keine Hilfe mehr wollte und war weg. Ich fand die Reaktion übertrieben, aber die Angst um seinen Fernseher und diese Peinlichkeit war zu viel für ihn. Er tat mir leid und als guter zahlender Mieter fehlte er mir auch.

Der Pirat

Aber wir fanden fast sofort Ersatz für Lee. Red zog ein, wie er genannt wurde und hatte bei Laura, die Tim und mich zwischendurch im Office vertrat, gemietet. Tim hatte Angst vor ihm und Red sah wirklich erschreckend aus, warum ist nicht richtig zu beschreiben. Aber er war vollkommen harmlos, zahlte seine Miete pünktlich und teilte sich bei der nächsten Großveranstaltung auch mit Dave ein Zimmer. Den Trick, einzelne Zimmer so frei zu bekommen machte ich zur BikeWeek, Daytona 500, Pepsi 400, 4. July und zum Biketoberfest, wobei ich zwischendurch sogar drei Personen in ein Zimmer bat. Es gab nie Probleme damit, jedenfalls hörte ich nie davon. Red sahen wir in Bremen bei einer Piratenausstellung im Überseemuseum wieder. Er stand als Statue hinter einer Ecke und ich erschrak mich fürchterlich. Meiner späteren Frau ging es genauso, die Figur sah ihm extrem ähnlich, als ob er gleich mit uns sprechen würde.

Agent Provokateur

Wo wir gerade bei Prostituierten waren, bieten sich noch weitere hübsche Geschichten an. Eines Abends war ich wieder im Büro, als mir eine sehr gepflegte und attraktive Frau auffiel, die auf unserer Seite der Straße bereits mehrfach am Motel vorbeiging. Das war ungewöhnlich, denn normalerweise liefen alle Prostituierten auf der anderen Straßenseite. Dutzende Hotels hätten sofort die Polizei gerufen, wären sie auf unserer Seite, der Hotelseite unterwegs. Dann sah ich auch sehr lange keine der üblichen Frauen mehr und auch keiner der Zuhälter ließ sich blicken. Und es kamen im Laufe der Zeit weitere toll aussehende Frauen vorbei. Als es etwa 23.00 Uhr war, bekam ich Hunger und wollte noch mal schnell zu

SevenEleven auf der anderen Seite ca. 200 m entfernt gehen. Gegenüber SevenEleven war eine große Timesharing Anlage und auf dem Parkplatz stand viel Polizei manche der "Prostituierten" standen dort und unterhielten sich mit der Polizei. Auf dem hinteren Teil des Parkplatzes standen Busse mit der Aufschrift "Police Miami" und mir dämmerte es. Die Polizistinnen waren als Lockvögel unterwegs, eine in den USA legale Art der Polizeiarbeit. Bekämpft wird die Prostitution so heftig, da Aids in Familien hineingetragen wird und einem großen Teil der Prostituierten auf Drogen wohl alles egal ist.

Auch das dritte Geschlecht war nachts am Arbeiten. Als ich spätabends im Office war, fiel mir auf der anderen Straßenseite eine Frau auf, die ungewöhnlich auffällig auf Kundenfang war. Nicht nur die recht offenherzige Kleidung, sondern auch ihre Bewegungen führten zu einem regen Zuspruch. Innerhalb einiger Stunden wurde sie viermal von einem Auto mitgenommen und nach angemessener Zeit wieder drüben abgesetzt. Und sie verschwand wirklich mit einem der seltenen Radfahrer in den Büschen. So einen Umsatz hätte ich mir den Abend bei uns mal gewünscht, denn ich hatte nur ein Zimmer vermietet. Und dann kam sie rüber und ich dachte, ich sehe nicht richtig. Je näher sie kam, um so mehr sah sie nach Mann aus, der extrem geschminkt war. Und als sie mich fragte, ob sie mal auf Toilette dürfte oder ich sonst einen Wunsch hätte, war alles klar, ein Mann oder Transvestit. Ich versteckte mich wie so oft hinter meinem angeblichen Chef. Wenn sie jemand von den Gästen sieht und meinem Chef erzählt, sie sei im Office gewesen würde ich fürchterlich Ärger bekommen und bat sie deshalb, schnell zu gehen. Sie verstand das und war sofort weg. Und auf meine Toilette wollte ich sie schon gar nicht lassen nach dem Verhalten zuvor. Igitt.

Und das Hilton hatte auch eine Putzfrau, die nebenbei auf der Straße arbeitete. Die mittelalte dickliche Frau lief bei jedem Wetter auf und ab und ich sah sie bereits seit meinem ersten Aufenthalt dort laufen. Manchmal tat sie mir besonders leid, denn auch wenn es regnete, war sie immer unterwegs. Sie putzte hauptberuflich im Hilton, wie mir Twiggy verriet. Dass die das so einfach ignorierten, denn über so lange Zeit müssen sie es bemerkt haben, fand ich merkwürdig, denn auch Gästen kann auffallen, was "ihre" Putzfrau dort macht. Auf der Straßenseite laufen nur sehr wenige Personen und gut die Hälfte sind Dealer und Prostituierte. Touristen sind am Strand und Einheimische fahren Auto. Als meine Tante mit langen Haaren und schlank dort zum Einkaufen ging, begann auch sofort das Pfeifen aus vorbeifahrenden Autos. Sie fragte mich später, warum das so war und dann, ob sie nächstes Mal über den Strand zum Einkaufen laufen sollte, ein kleiner Umweg. Ich sagte ihr, mit 70 Jahren sei das als Kompliment zu sehen und sie soll weiter wie gehabt einkaufen gehen. Twiggy und JJ fuhren aber immer mit dem Auto die

200 Meter zu SevenEleven.

Bierdosen

Mit den Dauermietern hatten wir auch einen beständigen Bierkonsum. Und der kam zu dem Konsum der anderen Gäste. Es fielen bei uns Mengen von Dosen an, die Kinder tranken Cola und anderes aus dem Automaten und die Erwachsenen Bier. Also besorgte ich bei der Stadt grüne Recyclingkisten und stellte neben jede unserer vier Gästemülltonnen eine solche. Und ich erlaubte auch einem der Müllsammler, auf unserem Grundstück aus den Kisten die Dosen zu sammeln. Normal war immer, dass unser großer Müllcontainer durchsucht wurde. Es gab für Dosen keinen Pfand in Florida, aber Schrottwert hatten sie. Und als ich jemand im Container wühlen sah, der einen ordentlichen Eindruck machte, machte ich dem das Angebot, auch unsere Kisten auf dem Grundstück zu leeren. Er müsse aber dann auch sofort das Grundstück wieder verlassen und sein Weg sei nur der zu den vier Kisten. Es klappte gut und wichtig war für mich, dass wir weniger Müll hatten. Besonders in den Sommermonaten waren das Mengen Dosen, denn die Amerikaner liebten Pools und waren kaum am Meer. Ein richtig nerviges Problem waren die ganzen Plastikflaschen im Müll. Ob Wasser, Cola oder Milch, alles kam in Plastikflaschen mit bis zu einer Gallone, knapp vier Litern, Inhalt. Und die wurden fast alle zugeschraubt in den Müll geworfen worden, damit es nicht riecht. Ein unglaubliches Volumen und es wurde auch mit Klettern in den Container und Herumtrampeln kaum weniger. Also mussten wir dann einzeln die Flaschen öffnen und klein drücken, bevor wir in den Sommermonaten dann Chlor über den Müll kippten gegen den Gestank bei den Temperaturen.

Palmenpinkler

In Daytona Beach muss man immer vorsichtig sein bei allem, was man macht, denn in Deutschland harmlose Dinge sind dort schnell der Weg ins Gefängnis oder zur Ausweisung. Amerikaner machen diese Fehler in der Regel nur, wenn sie betrunken sind.
Nackt oder halb nackt am Pool liegen hatten wir bereits, strengstens verboten. Offene Flasche Bier im Auto, auskippen und dickes Bußgeld. Betrunken Auto fahren, Auto ist weg und ab ins Gefängnis. Bier trinken am Strand, Gefängnis. Bier trinken auf der Straße, Gefängnis. Nachts an eine Palme pinkeln, Gefängnis. Das Letztere taten Dave und ein Freund von ihm auf dem Rückweg von einer Kneipe, als sie den Drang verspürten und von der Straße etwas abseits im Dunkeln an je eine Palme pinkelten. Es wurde plötzlich hell und sie mussten die Hän-

de hochheben. Polizei und Beachpatrol hatten die beiden Täter in polizeilicher Zusammenarbeit gefasst, die dann im grellen Scheinwerferlicht standen. Es war leider das Grundstück der Beachpatrol, auf dem die Palmen standen und was die beiden nicht im Dunkeln bemerkten. Jedenfalls landeten beide für die Nacht im Gefängnis und mussten eine Strafe zahlen.

Um nicht missverstanden zu werden, mir gefällt das US-System mit dem Durchgreifen gegen Kriminelle sehr gut und ich bin immer wieder geschockt, wenn ich in Deutschland lese, Sexualstraftäter haben Urlaubsanspruch, Diebe werden mangels Haftgrund gleich wieder rausgeschickt zum Weiterstehlen, Wirtschaftskriminelle erhalten so geringe Strafen, dass sich Straftaten rechnen und Höchststrafen werden fast nie ausgesprochen. Deshalb habe ich in meinem Jurastudium auch beschlossen, in den Bankbereich zu wechseln, da mir die viel zu lasche deutsche Justiz total missfällt. In den USA ist das andere Extrem aber zu sehr der Fall.

Limousine 1

Natürlich hatten wir keinen Einfluss darauf, was in unseren Zimmern vorging und es ging uns überhaupt nichts an. Viele Gäste buchen ja ein Motel, da alle Türen außen sind und man nicht durch den Hoteleingang durch muss. Das hörte aber für uns auf, wenn wir zusätzliche Besucher bemerkten, Drogendealer oder Prostituierte. Außer meiner persönlichen Abneigung gegen diese Geschäfte bestand das Problem, fällt man bei der Polizei erst auf, ist dadurch der Ruf schnell ruiniert und es kann erhebliche Probleme geben. Eines späten Abends sah ich in unseren Innenhof eine Stretchlimo fahren und ein junges Mädchen stieg aus und ging schnell zu Nummer 27, das ich kurz zuvor an einen einzelnen älteren Herrn vermietet hatte. Ich holte mir Laura zur Hilfe und als Zeugin, denn allein wollte ich nicht dort hin. Wir klopften an die Tür und das sehr junge Mädchen machte auf.

Im Bett lag der Mann zugedeckt. Wir verlangten ihren Ausweis und sie erzählte, sie besuche lediglich ihren Onkel. Sie war nach dem Ausweis 18 Jahre und der schien echt zu sein, wie Laura meinte. Aber sie wollte eh bald wieder weg, aber das wusste ich schon, denn die Limo wartete unten. Wir gingen runter und ich klopfte an die Scheibe. Er solle nie wieder herkommen, sagte ich dem Fahrer, sonst riefe ich sofort die Polizei. Er nickte und so etwas passierte nie wieder. Der Mann checkte kurz darauf sehr verärgert aus. Ich hatte ihm aber bereits im Zimmer gesagt, ich habe sein Nummernschild aufgeschrieben, so dass er lieber keinen Ärger machte.

Bomben

Keine richtigen Bomben, sondern die Rauchkegel mit Giftgas gegen die Kakerla-

ken wurden Bomben genannt. Die stellte man auf den Fußboden im Zimmer, machte vorher alles zu und die Klimaanlage aus und deckte alle Lebensmittel ab. Die sollten ja eigentlich sowieso nicht offen rumstehen. Dann zog man an einem Faden und startete so die Bomben und rannte so schnell wie möglich aus dem Zimmer. Es kam eine bunte Rauchwolke heraus und musste dann mindestens eine Stunde einwirken. Richtig fies sah aus, wenn dann am Fenster Kakerlaken erschienen und gegen die Scheiben liefen und versuchten, raus zu kommen. Die taten mir dann schon fast wieder leid. Wir mussten einige Zimmer häufig bomben, in denen Kinder wohnten, weil dort am meisten Esssachen offen rum lagen.
Nachteil an der Methode war, dass die meisten Insekten sich zum Sterben ja verstecken und so in den Ecken vor sich hingammelten und von anderen Insekten gefressen wurden.
Kakerlaken sind Meister im Vermehren, was leider kaum jemand weiß. Tritt man eine weibliche Kakerlake tot, scheidet die beim Zertreten werden noch schnell Eier aus, die dann unter dem Schuh kleben bleiben und so verteilt werden.
In einem der schlimmen Zimmer wohnte ein Mann mit zwei kleinen Töchtern. Tagsüber waren die Kinder allein und spielten mit den anderen Kindern, aber Essen machen mussten sie sich tagsüber alleine. Kein Wunder wie dieses Zimmer immer wieder aussah. Außerdem waren unsere Zimmer ja auch normale Gästezimmer mit den angemessenen Möbeln für Reisende. Longterms brauchten natürlich auch mehr Schrankfläche und die schafften wir auch nur sehr zögerlich an. Der Mann mit den Töchtern tat mir zuerst richtig leid, denn er zeigte mir mehrfach seine wöchentliche Gehaltsabrechnung. Er musste sein Arbeitswerkzeug und die Arbeitskleidung mit Firmenlogo selber bezahlen und wöchentlich abstottern. Und natürlich arbeitete er sechs Tage die Woche und hatte noch keinen Urlaubsanspruch in ersten Arbeitsjahr bei der Firma. Als ich ihn eines Tages beim Haschisch rauchen sah, schwand mein Mitleid für ihn aber wieder, denn wenn dafür Geld da war, kann es so schlimm ja nicht sein.

Limousine 2
Nr. 2 war längerfristig vermietet an ein Ehepaar mit kleinem Sohn, er arbeitete auf dem Bau und sie war Kellnerin im Days Inn. Warum sie immer Pleite waren, obwohl sie beide gut verdienten, verstand ich nicht. Jedenfalls war die Miete immer schwer einzutreiben und meistens auch nur in Teilen erhältlich. Das hielt sie natürlich nicht ab, zu ihrem Geburtstag eine Strechlimo zu mieten und sich im Rio Beach abholen zu lassen. Alle fanden das ganz toll und sie schmissen aus der Bordbar auch gleich eine teure Runde. Ich sah meine Miete für mindestens eine

Woche gerade durch die Kehlen rinnen. Hinterher ließen sie sich am Strand hupend auf und ab fahren. Was für ein toller Tag.

Als sie dann nächste Woche wie von mir erwartet kein Geld für die Miete hatten, kletterte er von hinten durch Fenster der Rückseite ins Apartment. Da die Vorhänge dicht waren dachten sie, ich wüsste nicht, dass sie da sind. Ich blieb hartnäckig und bekam meine Miete in vielen kleinen Beträgen.

Die Deutschen und andere Sitten

Ich hatte bereits einmal von unserem Sitzen abends vor dem Motel erzählt. Die Gäste schienen sich nicht daran zu stören, dass Leute an der Straße sitzen und Bier trinken. Natürlich waren wir mit dem Bier immer auf unserem Grundstück geblieben. Ich achtete darauf, dass es gesittet zuging und die Buchungen waren recht gut oder sogar besser dadurch. Außerdem saßen wir so, dass wir die Einfahrt nie versperrten oder einengten, denn die meisten Amerikaner sind viel Platz und große Parkplätze gewohnt und fahren schlecht Auto. Und häufig kamen neue Gäste auch mal zum Reden kurz her oder einige setzten sich zu uns an die Straße. Es war ein ungewohntes, aber nettes Bild.

Dann checkten junge Deutsche ein, die mein großes Neckermannschild gesehen hatten. Das Pärchen wollte alles über Daytona wissen und war zufrieden, als sie deutsch mit mir sprechen konnten. Die Idee mit dem Schild fanden sie lustig. Sie holten sich bei SevenEleven was zu essen und Bier, kamen zurück und setzten sich zu uns an die Straße. Sie waren das erste Mal in den USA und gerade dabei, ihren Kulturschock zu verarbeiten. Am meisten wunderte sie, dass Amerikaner sich am Lärm anderer kaum stören und wir begannen, gemeinsam zu lästern.

Wir hatten einen Abschleppfahrer als Dauermieter, dessen Truck er immer auf dem Hotelgrundstück statt an der Straße parkte. Immer wenn er nachts losfuhr, ging beim Rückwärtsfahren dieser hohe Piepton als Warnung los. Es störte niemanden außer mir.

Der Wagen eines anderen Hotelgastes hatte einen Bewegungsmelder am Auto, der zu Hupen begann, wenn man sich dem Auto mehr als drei Meter nähert. Wir hörten das den Abend wieder mehrfach. Alle Amerikaner verstanden das, denn das Radio war wirklich teuer und er musste sein Eigentum doch schützen. Und dieses Hupen fand die ganze Nacht hindurch mehrfach statt, vermutlich war ich der Einzige, den es weckte und störte.

Autotüren werden ja auch in Deutschland neuerdings per Fernbedienung bedient. Bei uns wird aber mit dem Licht das Schließen lautlos bestätigt, in den USA mit lautem Hupen.

Ich hatte da natürlich meine ganz eigene Theorie: Alles kommt aus der Pionierzeit des wilden Westens. Solange ich meine Nachbarn höre, waren noch keine bösen Indianer zum massakrieren da. Also sind laute Nachbarn was positives, es sind keine bösen Indianer in der Nähe.

Es gab auch Autos, deren Motor ferngesteuert werden kann. Beim Einkaufen hatte ich mich einmal erschrocken, als neben mir bei einem großen Pick-up der Automotor für das Betreiben der Klimaanlage sehr laut startete. Dann ist der Wagen drinnen kalt, wenn die Eigentümer kommen. Typisch amerikanisch, lästerten wir, der Energieverbrauch spielte keine Rolle.

Dann fuhren die deutschen Gäste weiter nach Miami, kamen aber zu meiner Freude nach einer Woche zurück und checkten wieder ein. Sie fanden die Atmosphäre bei uns so toll, dass sie auf dem Rückweg bei uns noch mal übernachteten. Es gab zum Glück eine ganze Reihe von Gästen, die häufig zu uns zurückkamen.

Unfälle

In der Zeit hatte ich auch meinen ersten und einzigen Unfall in den USA. Ich kam mit dem Mietwagen vom Einkaufen zurück und hatte vieles zum Ausladen dabei. In unserer Einfahrt rangierte ein Wagen und ich musste kurz auf der Straße warten, als ich hinter mir ein Auto schnell näher kommen sah. Im Rückspiegel erkannte ich, dass der Fahrer zur Seite nach den Hotels sah und machte mich auf den Aufprall gefasst, denn ich war angeschnallt und konnte das Auto in den Sekunden nicht verlassen. Im letzten Moment sah mich der andere Fahrer und bremste, wobei sich sein Wagen gewissermaßen duckte und eh als Sportwagen flach vorne unter mein Auto schob. Ich bekam nicht den erwarteten Stoß, sondern wurde vielmehr angehoben. Wir stiegen alle unverletzt aus und ich rief die Polizei. Doch noch vor der Polizei kam ein Versicherungsfahrzeug, das für viele Versicherungen gleichzeitig arbeitet und den Polizeifunk abhört. Sofort begann der Mitarbeiter mit der Schadensaufnahme und für die Polizei, die etwas später kam, war außer der Personalienfeststellung und dem Strafmandat für den anderen nichts mehr zu erledigen. Es war die erste Fahrt für den nagelneuen Sportwagen, die von New York direkt nach Daytona Beach führte und nun bei uns so traurig endete. Von dem Versicherungsmenschen bekam der Verursacher dann genaue Kostenvoranschläge für die Reparatur der Autos.

Ich fragte Klaus dann nach diesem Service und der erklärte, dass die Versicherungen die Wagen laufen haben, um viel Geld zu sparen. Fingierte Unfälle unter Freunden zum Kassieren sind fast unmöglich, denn das fällt den geschulten Leuten sofort auf und es gibt auch Datenbanken mit den Namen der Beteiligten und Zeugen. Fällt jemand mehrfach auf, wird besonders kontrolliert. Und auch das in

Deutschland übliche Erweitern der Unfallschäden in der Werkstatt, weil ja eh die Versicherung zahlt, ist völlig unmöglich, da der Versicherungsmensch ja alles genau festgehalten hat. Und überhöhte Preise der Werkstatt gehen dank seiner Kostenprognose auch nicht.

Ein weiterer Unfall passierte auf der gegenüberliegenden Seite einige Tage später. Ein Auto hatte wegen einer Prostituierten überraschend gestoppt, das nachfolgende Auto schaffte noch die Bremsung, aber für die Nachfolgenden war es zu spät. Der Verursacher suchte ohne Prostituierte, die auch schnell weg war, das Weite und konnte nicht mehr ermittelt werden. Zurück blieben mehrere sehr leicht Verletzte wegen des langsamen Tempos der Fahrzeuge und ein Großaufgebot von Polizei, Feuerwehr und Krankenwagen. Vermutlich spekulierten einige auf Versicherungsleistungen bei Verletzungen als einzige mögliche Erklärung meinerseits. Die Szene sah gut aus, man hätte auch denken können, dort sei ein großes Passagierflugzeug abgestützt bei dem Aufgebot.

Der dümmste Fahrer

Wo wir gerade bei Unfällen sind. Wir hatten auch Longterms bei uns wohnen, die eigene Möbel mitbrachten oder eigene Sachen kauften. Das freute uns besonders, denn dann konnten wir Möbel aus den Zimmern rausnehmen und in andere stellen. Und wenn die Mieter dann Monate später ausziehen, boten sie uns häufig die schlecht mitzunehmenden Möbel an, die wir sehr billig, in der Regel gegen Mietverzicht der letzten Tage bekamen. Und Mietverzicht mochte ich gerne, da ja immer mal wieder die letzten Tage nicht mehr bezahlt wurde, da man ja eh auszog und ich so immer einen Gegenwert erhielt.

Unsere Mieter wohnten im Hauptgebäude am Ende und hatten zwei Matratzen bestellt. Der kleine LKW kam und sah, dass die Einfahrt überdacht war. Die massive Überdachung ging vom Office bis zu einer dicken Wand etwa 8 Meter entfernt. Da musste er durch und fuhr langsam heran und stieß oben gegen die Decke. Die ersten Schaulustigen waren bereits da und sahen zu. Er fuhr zurück und sah sich alles an. Und dann tat er das Unbegreifliche. Statt die eine Matratze nun die 20 Meter zu tragen, Hilfe hätte er gehabt, gab er Gas und versuchte mit Tempo unter der Überdachung hindurch zu kommen. Es krachte fürchterlich und der LKW klemmte fest. Nichts ging mehr. Dann kamen die guten Vorschläge von allen Seiten. Wir holten weitere Mieter, ließen viel Luft aus den Reifen und setzten uns mit 10 Leuten in den LKW. Er konnte zurücksetzen. Vorher machte ich noch ein Foto für die Versicherung, man kann ja nie wissen und nahm die Personalien auf. Dann rief jemand, er könne mit so wenig Luft nicht fahren und Dave sagte nur, das sei nun eh egal, der sei seinen Job bestimmt los.

Der Schaden war dann doch recht hoch und die Versicherung machte uns Probleme. Zuerst bestritt sie das Schadensereignis über Monate und es war gut, dass so viele der Zeugen bei uns wohnten und auch aussagen wollten. Dann schickte sie einen Gutachter, der alles bestätigte und etwas über $ 6.000 Schaden feststellte. Das Geld sahen wir nie, doch an den Käufer des Motels habe ich alles übergeben. Viel Spaß mit dieser Versicherung.

Strandbar

Wir hatten ja ein großes Grundstück und am Strandbereich lag das eigentlich brach. Auf einer Fläche von über 1.000 qm waren nur Sand und vertrocknete Büsche. An dem Strand liefen auch genug Personen lang, so dass sich eigentlich eine Strandbar lohnen müsste.

Also begann Tims und meine Planung. Toiletten konnten wir im Haupthaus in einem leeren Abstellraum einrichten. Die Bestimmungen dafür waren relativ lasch, oh welch Wunder in diesem Land. Die Beachbar musste demontierbar sein in dem Abschnitt vom Grundstück. Mobile Wände wären kein Problem, Kühltruhe und Küchenausrüstung gab es auch schiebbar und der Weg zum Hauptgebäude zum Unterstellen der teureren Sachen und Getränke war ja nicht weit. Wir sahen uns im Baumarkt mal einige Sachen an und stellten fest, dass die Stühle, Tische und Seitenwände mit Plane etwa $ 400 kosteten. Mit $ 2.000 insgesamt müsste das zu machen sein, da wir zu der Zeit mehrere Handwerker als Mieter auf dem Grundstück hatten, die für eine Strandbar richtig schuften würden. Und wir haben uns auch in der Umgebung umgesehen. Die wenigen Strandbars, die es gab, sahen alle nicht mehr gut aus und luden nicht besonders zum Verweilen ein. Das konnten wir leicht toppen. Die Löhne fürs Personal konnten die Minimumlöhne sein, da es Trinkgeld dazu gibt und wir würden nur bei gutem Wetter, an Wochenenden, zu den Veranstaltungen und sonst manchmal abends öffnen. Eine Reklame an der Straße dafür sei verboten, sagte uns ein Inspector, wer aber vom Strand käme, dürfe bedient werden. Das klang alles gut.

Tim und ich fuhren los zur Genehmigungsbehörde. Es sollte $ 1.820 pro Jahr kosten. Das war happig. Auch ein Bottleshop, nach dem Tim gleich fragte, war inzwischen gleich teuer. Da bringt der Gast Getränke mit und man verkauft gewissermaßen das Glas dazu oder kassiert für die Kühlung. Wir kalkulierten das noch mal neu durch. Es blieb über ein $ 1 je Bier über, die Kosten der Lizenz jedes Jahr entsprachen ca. 2.000 verkauften Bieren. Das müsste eigentlich bei zivilen Preisen bereits während der Bikeweek zu schaffen sein, wenn die Biker abends noch auf die letzten Biere kommen, um nicht zu betrunken zu fahren. Nur mussten wir aber unsere Preise so niedrig halten, dass kein eigenes Bier mitgebracht wird. Und das Geschäft mit Eis, Softdrinks und Snacks gab es ja auch noch, wofür aber zusätzliche, aber billigere Lizenzen notwendig wären. Leider oder jetzt zum Glück war der Alkoholkonsum am Strand total verboten und wer was trinken wollte, musste zu uns kommen. Das sollte die zusätzlichen Gäste vom Strand bringen, denn auf den Hotelgrundstücken war es erlaubt, Alkohol zu trinken. Wir beschlossen, die Genehmigung zu beantragen.

Mit den Papieren der Horizont Holding Daytona, Inc., fuhren wir zur Stadtverwaltung zum Beantragen der Barlizenz zurück. Wer sei denn der Eigentümer der Aktiengesellschaft? Eine deutsche Aktiengesellschaft zu 100 %. Ja dann müssten in Deutschland alle Aktionäre mit mehr als 0,1 % der Aktien ihre Fingerabdrücke vom FBI abnehmen lassen, um Vorbestrafte herauszusuchen. Schließlich darf kein Krimineller mit Alkohol handeln, auch nicht indirekt. Freudig teilten sie mir mit, in Berlin bei der US-Botschaft ginge das aber ohne Problem und würde es auch nur etwa $ 40 pro Person kosten. Ich dachte, ich höre nicht recht. Etwa 70 Aktionäre müssten nach Berlin fahren, das klappt nie und was das kostet. Der Plan war gestorben in dieser Form. Ich dachte dann über einen amerikanischen Strohmann für die Bar nach. Tim, Dave, Twiggy und JJ gingen nicht als Vorbestrafte, Jim durfte wegen seines Franchisevertrages nicht. Das wäre für mich bereits das Limit gewesen, aber mit einem guten Vertrag noch ohne Risiko machbar. An jemanden Fremdes die Bar vergeben wollte aber ich nicht, wer weiß, wie der es dann mit dem Lärm oder der Belästigung anderer Gäste gehalten hätte. Die Idee war leider nicht umsetzbar.

Die restlichen Bedingungen wären zwar nervig, aber umsetzbar gewesen. Wir hätten die Genehmigung der Gesundheitsbehörde benötigt (Health Approval), einen Bauplan mit der genauen Lage der Bar auf dem Grundstück einreichen müssen (Zoning Approval), einen Antrag stellen (Department of Revenue Clearance) und eine Financial Documentation machen müssen. Dahinter verbirgt sich die Abgabe aller Kreditverträge in Kopie, die letzten drei Monate Kontoauszüge und alle Grundstücksunterlagen wie Kaufvertrag und Verträge über Zubehör etc. Und einen genauen Plan der Strandbar hätten wir auch zeichnen und abgeben müssen mit Angaben, wo die Theke ist, Tische und Stühle stehen, die Toiletten sind und die Lagerräume etc.

Auf der Hauptversammlung der AG in Bremen erzählte ich natürlich von der Idee der Strandbar und von dem Fingerabdruckproblem. Die mangelnde Lust, nach Berlin zu fahren hatte ich schon bei den zur Hauptversammlung gekommen Aktionären richtig vermutet. Bei den nicht erschienenen Aktionären dürfte die Lust zu einer Berlintour noch geringer gewesen sein und es hätte ja bereits gereicht, wenn ein einziger Aktionär nicht mitgemacht hätte. Das Scheitern wurde aber mit Bedauern und ungläubigem Staunen zur Kenntnis genommen.

Oceankajak

Ich hatte letzten Sommer beschlossen, mir ein Oceankajak zu kaufen. Das sind sehr stabile Kajaks aus Hartplastik, die voll Luft sind und auf denen man sitzt statt in ihnen. Dadurch läuft das Wasser auch immer von alleine ab, da die Sitzfläche über dem Wasserspiegel ist. Die Dinger sind erstmal äußerst schwer zu besteigen, denn durch den hohen Gewichtsschwerpunkt kippt man zuerst immer. Mit etwas Übung geht das dann immer besser und es macht viel Spaß. Die Oceankajaks sind recht schnell und sogar Wellenreiten klappt mit denen recht gut und man bekommt richtig Tempo. Zu viel manchmal, da ich mich einmal beim Wellenreiten mit dem Vorderteil in den Sand bohrte und nach vorne auf den Sand geschleudert wurde und noch das Ding voll auf den Kopf bekam. Von dem Schlag war ich ziemlich benommen, dieses Buch schrieb ich aber erst sehr viel später.
Auch andere Mieter und Gäste probierten es dann zur Freude der Zuschauer. Ebenso hatte es der Sohn von Carol früher mal versucht, der sich zu Beginn weigerte. Aber ich war hartnäckig dabei geblieben, ihn zum Probieren aufzufordern, schließlich hatte er sich über meine Stürze immer lustig gemacht. Zu Beginn kippte er wie alle anderen aber immer um und nach vielen vergeblichen Versuchen packte ihn damals der Ehrgeiz. Er machte das dann auch recht gut und gab später zu, er hätte nie gedacht, dass etwas ohne einen Motor auch Spaß machen könnte. Wenigstens ein ehrlicher US-Bürger.
Spaß machte es mir, bis die Beachpatrol immer mehr Regeln einführte. Zu Beginn wurde ich in Ruhe gelassen, dann passierten Unfälle bei Schwimmern und sie begannen zu nerven. Zuerst bestanden sie auf einer Schwimmweste, danach verboten sie das Rausrudern und ich wich auf Zeiten am Abend aus, in denen Tim dann im Office und die Beachpratrol weg war. Aber irgendwie machte es mir mit den ganzen Regeln keinen Spaß mehr. Und ich verkaufte das Ding wieder. Auch beim Schwimmen nervten sie immer mehr. Rausschwimmen war plötzlich auch verboten und ich wurde mit Pfiffen aus dem Wasser geholt. Ich machte natürlich auf Tourist, denn die Beachpatrol in Daytona Beach hat die gleichen Rechte wie die Polizei und kann auf der Straße Strafmandate verteilen etc. Wenn ich schwimmen will, solle ich nach Miami Beach weiterfahren. Ich dachte, ich höre nicht richtig.
Nur weil einige Wochen zuvor einige Idioten am Strand ertrunken waren. Vier schwarze Studenten, man höre und staune, spielten angetrunken Ball im Wasser,

als der Ball tiefer hineingeweht wurde. Einer versuchte den Ball wiederzuholen und geriet ins zu tiefe Wasser und schrie um Hilfe. Die anderen, natürlich auch alles Nichtschwimmer, wollten ihm helfen, wo der Erste bereits nicht mehr stehen konnte und dabei ertranken zwei weitere. Die Beachpatrol rettete einen, ob der Ball an Land gebracht wurde weiß ich nicht.

Jedenfalls war meine Freude am Baden bis Saisonende so ziemlich beendet, denn im Wasser plantschen mochte ich nicht. Und weg von der Beachpatrol waren auch mehrere Kilometer und dafür hatte ich auch mit meinem Fahrrad nur selten Zeit. Als wir von den Toten hörten, hatte Tim auch noch die gute Idee, noch eine weitere Leiche aus unserem Schuppen dazu zu mogeln. Ein Gast hatte bei uns vermutlich absichtlich seinen toten Vater zurückgelassen, denn auf der Anmeldung stimmte weder Name noch Telefonnummer. Zum Glück war der Vater oder jedenfalls der Mann schon verbrannt und in einer kleinen Urne stand er morgens auf dem Nachttisch. Auf unsere Frage bei State-Inspector, was wir mit der Urne machen sollten, bekamen wir nie eine Antwort und irgendwann war die Urne weg.

Zahlen
1999 war mit einem Umsatz von $ 179.334 besser als 1998
mit $ 170.130. Das Konzept mit den Longterms ging bereits auf.
Die Personalkosten waren mit jetzt $ 28.373 besonders deutlich unter die $ 81.068 noch zu Carols Zeiten gefallen. Die Personalnebenkosten waren im Gegensatz zu Deutschland sehr niedrig mit $ 4.321 und lagen unter 15 %, ein Traumwert für jeden Arbeitgeber. Es kamen keine bezahlten Krankentage oder Urlaube dazu.
Teuer waren die Gebäudeversicherung mit $ 5.817, Strom, Gas und Wasser mit $ 27.363 sowie die Grundsteuern mit über $ 13.000.
Und Reparaturmaterialkosten waren mit fast $ 10.000 in der Bilanz enthalten, die Arbeitskosten waren sogar bei den Personalkosten mit erfasst.
Es war ein leicht negatives Jahresergebnis, wenn wir die Abschreibungen auf das Gebäude herausrechnen. Und wenn wir zusätzlich die Zinsen herausrechnen, haben wir $ 45.000 Überschuss erwirtschaftet.

Schmutziger Abschied
Über die vielen kleinen Probleme mit Twiggy und JJ hatte ich ja schon etwas berichtet. In der letzten Zeit fragte sich JJ verstärkt, ob das ihr Leben sei? Irgendwie war die Frage sogar tragikkomisch, denn als ich ins Zimmer kam, das sie gerade putzte, war sie im Bad dabei das Klo zu scheuern, als sie mir die Frage ganz traurig stellte.
JJs Problem löste sich sehr schnell, als sie abends mal wieder mit dem Auto be-

trunken die 200 Meter zu SevenEleven fuhr, um weiteres Bier zu holen. Sie fuhr nicht nur betrunken, sondern natürlich auch unangeschnallt. Wie oft hatten wir über beides bereits gestritten und in ihrem kaputten Auto war das Wahnsinn. Sie musste auffallen. Die Polizei nahm sie auch gleich mit und es ging wohl dann in die nächste Chain Gang. Sie trug dann ihre dritte Farbe, wie sie mir fast ein Jahr später erzählte, als ich sie zufällig traf. Falls es nicht mehr in Erinnerung ist: Chain Gang ist im Gefängnis die zusammengekettete Gruppe von Häftlingen und Farbe meint im Slang die Anstaltskleidung.

Mit Twiggy ging es schnell bergab, denn zuerst verschlossen wir Nr. 12. Sie konnte nur noch Nr. 11 mit Küche bezahlen. Ihre Arbeit ohne JJ war mies, denn die hatte ja sowieso wohl das Meiste bei den beiden getan und dann verließ sie uns gewisserweise bei Nacht und Nebel. Als ich am nächsten Tag das Zimmer öffnete, kam mir extremer Gestank entgegen. Kaum zu glauben, dass sie am Vortag noch mit beiden Kindern dort gewohnt hatte. Ich ließ die Tür erst mal lange offen und machte den Pool sauber. Dabei konnte ich den Raum im Auge behalten und betrat mit einer Wäscheklammer auf der Nase eine gute Stunde später den Raum, der noch fast genauso stank. Er war völlig vermüllt und einen Schrecken bekam ich beim Anblick des Bades. Da die Toilette verstopft war, hatten sie daneben gemacht und zwar fünfmal. Die neu eingestellte Putzfrau, die seit einer Woche das Meiste bei uns tat, kam neugierig mit zugehaltener Nase dazu und rannte raus. Sie schlug intelligenterweise vor, den Raum einfach abzuschließen. Sauber machen würde sie dort nicht, dann könne ich sie lieber kündigen. Das war deutlich, also begann ich selbst mit der Reinigung. Nachdem das Bad gemacht war und so die schlimmste Gestanksquelle beseitigt war, konnte ich sie dann aber überreden, den Rest zu reinigen. In der Küche lagen in den Ecken Mengen Geschirrs, Besteck und Töpfe. Twiggy hatte statt abzuwaschen immer neue Sachen aus den unvermieteten Küchen geholt. Nachdem das alles gemacht war, bombten wir den Raum und verschlossen ihn für eine Woche, dann bombten wir noch mal, damit wir auch die neu ausgeschlüpften Kakerlaken erwischen und begannen mit dem Lüften. Nach fast zwei Wochen war der Raum wieder vermietbar. Glücklicherweise hatten die Möbel nicht gelitten.

Fernsehen
Einen Tag vor Beginn der großen Rennen von Daytona 500 kam ein deutsches Fernsehteam, das für einen Privatsender einen Film über das Rennen und Daytona Beach in dieser besonderen Zeit machen sollte. Ihre Reservierung hatte nicht geklappt und wir hatten nur noch was Teures frei. Wir hielten nun immer zwei

Zimmer zurück, denn unsere Zimmer waren nicht gut und es kann immer mal was passieren, so dass wir dann eine Reserve benötigen. Und wenn wir sie nicht brauchen, gehen sie abends immer meistbietend für die Nacht weg.

Jedenfalls wohnten sie bei uns und filmten tagsüber die Rennen und die Stadt. Am dritten Tag sollte ich mein großes Interview am Pool geben, wie aus der Sicht des deutschen Moteliers das Rennen zu beurteilen ist. Wir waren für nachmittags verabredet und ich wollte mich dafür etwas gepflegter anziehen. Und dann sollte es auch erst eine Probe des Interviews geben. Statt dessen kamen sie vormittags, als ich am Pool reinigen war. Ich hatte altes Zeug wegen des Chlors an, sie fanden das aber besonders authentisch und das Interview begann. Ich bekam Fragen vor der Kamera gestellt und sie sagten, dass das ganz toll war und waren schon weg. Eigentlich war das ganz gut, denn ich war so viel lockerer, weil ich das ja erst für die Übung hielt. Ich erhielt einige Anrufe aus Deutschland und wurde gelobt, denn viele Freunde und Aktionäre hatten das angesehen, weil es ja von Daytona handelte und waren überrascht, mich im Fernsehen zu sehen. Ich hatte den Bericht dann später in Deutschland gesehen, denn er lief mehrfach immer zu den Rennen. Es war ja egal, ob es zum Jahr darauf denselben Bericht gab. Viel verändert hatte sich ja eh nicht. Und ich fand mich gar nicht so schlecht.

Suzy

Sie kam eines Nachmittags mit ihrem damaligen Freund, einem Kubaner mit großem Jeep und ihrer Katze. Sie wollte ein gutes Zimmer und sah toll aus. Mit Tim hatte ich damals den inoffiziellen Wettbewerb, wer die am besten aussehende Frau eincheckt. Mit ihr hatte ich den Tagessieg, wenn nicht auch schon den Monatstitel gewonnen. Nur zahlen konnten sie noch nicht. Sie erzählte mir, dass sie den Abend in einer Tabledancebar anfangen wollte und nachher dahin fährt. Ich ließ mich auf die späte Bezahlung ein und ihre Katze hatte ich noch nicht gesehen. Ihr Freund fuhr bald zurück und sie nahm ein Taxi zur Arbeit im Pink Pony.

In den Tabledancebars tanzen die Frauen auf speziellen Bühnen oder auch auf dem breiteren Teil der Theke und sind dabei unterschiedlich bekleidet. In Daytona, wo Suzy tanzte, war ein Slip vorgeschrieben. In Daytona Beach war zusätzlich noch die Bedeckung der Brustwarzen Pflicht. Ich fand, die Frauen sahen eher verletzt als sexy aus, da sie Pflaster zum Verdecken benutzten. Ein kleiner Badeanzug wäre besser gewesen. Das erlaubte Maximum in den Bars war, dass für einen Mann allein getanzt wurde und die Frau sich dabei auch auf ihn setzte. Das kostete dann mindestens $ 20 und dauerte immer ein Lied. Anfassen der Frau war strengstens verboten und wurde mit sofortigem Rauswurf geahndet, weil die Bars sonst sofort bei Verstößen ihre Lizenz verlieren. Dunkle Ecken oder ähnliches gab es in beiden Bars auch nicht.

Das meiste Geld verdienten die Frauen mit Trinkgeldern, denn wenn die Frauen tanzen stecken Männer $ 1 Scheine in den Slip oder in ein Strumpfband und nach dem Tanz gehen die Frauen auch durch die Bar und es ist üblich, mindestens $ 1 zu geben.

Die Bars oder zumindest die beiden, die ich dort kenne, haben sehr niedrige Bierpreise. In der Shark Lounge in Daytona Beach war das $ 1.50 für eine Dose Bier. Und es waren auch Frauen in Begleitung von Männern da, die das ebenfalls alles ganz unterhaltsam fanden. Merkwürdig fand ich das schon.

Nachdem wir wussten, wo Suzy arbeitet, hatten wir die Idee, dort mal hinzufahren. Wir fragten einen zuverlässigen Mieter mit Auto, ob er Lust hätte mitzukommen und fuhren zur Bar. Suzy war gleich die zweite Frau die tanzte, was mir die Gelegenheit gab, mich umzusehen. Sie lieferte eine Superschau, bis sie uns entdeckte und ihr das sehr peinlich war. Bis dahin fand ich die Idee des Besuchs eher lustig und hatte mit einer solchen Reaktion nie gerechnet. Ich hatte wieder das prüde Amerika vergessen, das auch bei ihr trotz ihres Tanzens ganz tief im Kopf saß. Ich versicherte ihr, dass es keine Probleme bei uns gibt und sie war etwas beruhigt. Wir fuhren dann bald zurück. Es war Wochenende und ich hatte sehr spät noch geöffnet. Sie kam dann wie besprochen zurück mit einer Plastiktüte voller $ 1 Scheine, die sie stolz auskippte. Wir zählten die Miete heraus, ich bekam ein dickes Trinkgeld und sie ging zufrieden in ihr Zimmer. Das ging dann fast jeden Abend so, denn sie arbeitete zunächst nie sehr lange und ich war noch im Office. Später seien die Männer zu betrunken, hätten auch weniger verbliebenes Geld zum Ausgeben und seien auch noch zudringlicher, erzählte sie. Sie musste in dem Laden jeden Abend $ 50 zahlen, damit sie auftreten darf. Nur eine gute Tänzerin holt das und soviel wieder rein, dass sich das Auftreten lohnt. In manchen Läden muss weniger bezahlt werden, dann hatten die aber auch weniger spendable Besucher. Ein interessantes System.

Anfänglich klappte das mit Suzy gut, doch leider war sie nicht ausreichend diszipliniert für den Job. Sie verdiente gut und kaufte sehr bald einen neuen Jeep. Damit fuhr sie dann zur Arbeit, kam aber sehr häufig mit dem Taxi zurück, wenn sie völlig betrunken war. Ich musste ihr dann aus dem Taxi helfen und den Fahrer bezahlen. Sie hätte das nicht mehr geschafft oder es wäre sehr teuer geworden. Ich sah sie immer öfter nicht mehr nach Hause kommen, da sie dann sehr spät kam. Oder es reichte ihr bei uns und sie fuhr weg zu ihrem Freund. Dann vergaß sie häufig die Katze und ich musste das Füttern übernehmen. Als sie nach einigen Monaten auszog waren wir froh, obwohl sie eine der am besten zahlenden Mieterinnen war. Über Susy kamen dann auch andere Tabledancerinnen zu uns, denn Susy erzählte natürlich denen auch, wo sie wohnte. Im Gegensatz zu anderen Motels wurden sie bei uns aber nicht belästigt und mit Drogen wurde auch nicht gehandelt, sodass sie ihre Ruhe hatten. Die Mieten, die sie zahlen mussten, waren etwas höher als bei den normalen Longterms, denn sie konnten sich bessere Zimmer leisten. Aber keine war so anstrengend wie Suzy. Allerdings hatte ich mit Suzy wegen der Miete nie Probleme, bei anderen war das teilweise schon schwieriger, an die Miete zu kommen.

So beschloss ich eines späten Abends, in die Sharklounge zum Miete kassieren zu gehen. Die war von uns zu Fuß keine 5 Minuten entfernt und drei unserer Mieterinnen arbeiteten dort. Eintritt $ 5 musste ich nur dieses eine Mal zahlen, bei späteren Besuchen kam ich umsonst hinein, denn meine Aktion war aufgefallen aber nicht missfallen. Ich traf die völlig überraschten Mieterinnen an und alle hatten natürlich Geld und keine Ausreden mehr. Es wäre ihnen wahrscheinlich auch peinlich gewesen, mir zu sagen, sie hätten nichts verdient. Das wäre dann so, als ob mir eine Buchhändlerin sagte, sie könne nicht lesen. Ich bekam meine Mieten und sie ihre Quittungen, denn selbst dort wollte ich das ordentlich machen. Da das sehr gut klappte, kassierte ich dort noch häufiger offene Mieten und war der einzige Gast, der mit viel Geld die Bar verließ.

Bei der Bank wurde ich wegen meiner Geldstapel wieder mehr gefürchtet. In den USA sind insbesondere die kleinen Noten so verknickt, dass eine Maschine die im Gegensatz zu Deutschland mit unserem besseren Geld nicht zählen kann. Also hatten die Angestellten bei meinen Einzahlungen reichlich zu tun.

Tigerlady

Den Titel mit der am besten aussehenden Frau beim Einchecken war ich bald wieder los. Tim hatte an eine Frau im sehr knappen Bikini im Tigerlook vermietet. Als sie den Zimmerpreis nicht bezahlen konnte und stattdessen wegging mit der Bemerkung, sie besorge eben etwas Geld, informierte mich Tim. Er wollte wissen, was er machen sollte, wenn sie wirklich zurückkommt. Er beschrieb die Frau und ihre Aussage übers Geld besorgen und die Kleidung sprachen sehr für den Straßenstrich. So jemand hätten wir nicht haben wollen. Kurz darauf kam sie zurück und fuhr diesmal mit ihrem Wagen vor. Der große Kombi war voll beladen und außer zwei Kindern saß auch ihr Mann darin. Wir waren beruhigt und sie bekam das gewünschte Zimmer. Und der Grund für ihre Aufmachung war auch klar. Zum Einchecken bei Timm war sie und nicht ihr Mann erschienen, sie wollte einen besseren Preis bekommen. Und den gibt es ja möglicherweise, wenn man bei einem Mann im Bikini eincheckt und zudem sehr gut aussieht. Auch sie kamen mit wenigen Ersparnissen aus dem kalten Norden nach Daytona Beach. Eigentlich war Miami als Ziel des neuen Lebens geplant, aber keiner hatte mehr Lust zum Weiterfahren und es wären mit dem Auto noch mindestens 8 Stunden gewesen. So suchten beide Eltern in Daytona Beach nach Arbeit. Und sie mussten zu ihrer Miete bei uns Geld zurücklegen, um eine richtige Wohnung mieten zu können. Dafür werden immer mindestens zwei Monatsmieten Deponat und die erste Miete benötigt und die Vorauszahlungen für Strom, Wasser, Gas und Telefon sind fällig. Sie wohnten recht lange bei uns, denn viel Sparen konnten sie mit der recht hohen Miete bei uns und den beiden Kindern nicht. Manchmal verstand ich die Leute nicht, dass sie dann nicht mal einige Wochen ins Hinterland in ein viel billigeres Motel zogen, um mehr zu sparen und schneller umziehen zu können. Schließlich war es schön bei uns mit Pool und Strand direkt hinterm Haus, hatte aber natürlich auch seinen Preis. Sie hatte einen merkwürdigen Job auf einer Baustelle, denn immer war ihr weißes Hemd genau über ihrem Busen total schmutzig und immer auch nur dort. Wir wechselten den Spitznamen deshalb von Tigerlady auf lebendes Handtuch.

Pawn Shop

Mir gingen die laufenden teuren Einkäufe von Werkzeugen sehr ans Portemonnaie. Manchmal dachte ich, ich kaufe einen Bohrer und sofort verkauft den jemand, so schnell waren die Sachen manchmal weg. Und dann sah ich Geschäfte mit der dicken Aufschrift Pawn Shop. Es waren Gebrauchtwarenläden, ähnlich unseren Pfandhäusern. Genau richtig für uns, denn bereits gebrauchte Sachen sind viel weniger wert als neue Sachen, auch wenn sie technisch fast gleich gut sind. Als Täter hatte ich mal Carols Sohn Mark, mal Twiggy und dann auch Gäste in Verdacht, die was einen Moment liegen sehen und schon ist es weg. Also kam zukünftig unser Werkzeug aus Pawn Shops. Dann gab es noch eine fast unerschöpfliche Quelle für Leihsachen. Walmart hatte in den USA eine extrem kulante Rückgabepolitik. Es durfte nur nicht sichtbar benutzt worden sein und der Bon musste vorhanden sein. So brauchten wir einmal für eine Reparatur am Kessel eine sehr große Zange, die bei Walmart fast $ 60 kostete. Ich umwickelte den Griff mit dem Preisetikett ganz vorsichtig und benutzte sie. Dann konnte ich sie zurückbringen. Natürlich bekommt man das Geld zurück und keine Gutscheine. Fürs Beachhaus brauchte ich für einige Wochen, die ich dort einmal wohnte, ein sehr langes Kabel für den Fernseher. Nach sechs Wochen gab ich das Kabel zurück und erhielt meine $ 39 plus Steuern zurück.

Unzufrieden

Mit unserem Motel oder vielmehr der gesamten Situation war ich im Laufe der Zeit immer unzufriedener. Ich besprach in Bremen mit dem Aufsichtsrat und einzelnen Aktionären bereits den Verkauf des Rio Beach. Ein Grund war die immer schwieriger werdende Einreise, denn ich hing immer am Jahreslimit mit den sechs Monaten Aufenthalt pro Jahr und auch andere Ärgernisse bei der Einreise geschahen. So erkundigte ich mich genau bei der Ausreise, ob ich Braunen Kohl mitbringen darf. Das ist eine Bremer Spezialität in der Winterzeit aus Grünkohl, Kassler, Kochwurst, Speck und einer sehr fetten Wurst. Das Mitbringen ist erlaubt, das Essen muss aber in Dosen sein. Das wurde mir auch vom Konsulat bestätigt, wo ich noch mal wegen der Strandbar nachhaken wollte. Leider konnten die mir auch nicht weiterhelfen. So mehrfach bestätigt kaufte ich die Dosen, denn ich hatte das mehreren Leuten zu Weihnachten versprochen. Bei der Einreise ging zunächst alles gut, bis ein Zöllner die Dosen sah, die Etiketten las und grinste und sie mir abnahm. Widersprechen darf man denen nie, denn man verzichtet auf alle Rechte bei der Einreise und unterschreibt das auf den grünen Einreisekarten. Die waren bei seinem Gegrinse sicherlich für ihn privat. Ich ärgerte mich nicht nur über die viele Mühe, die ich mir mit all den Fragen und der Suche nach Dosenbraunkohl gemacht hatte, sondern vor allem über diese Willkür. Dann die unüberbrückbaren Hürden mit der Strandbar, der Ärger mit den Inspektoren, die immer unberechenbar entschieden und die fehlende Hilfe der Polizei.

Ich hatte Dale, den Polizisten, einige Zeit nach Carol hinausgeworfen. Er war unglaublich faul geworden, kam verspätet und ging nach eigenem Ermessen. Das war ein riesiger Fehler, denn Dale war einige Zeit später in den Innendienst versetzt worden. Dort entschied er in seiner Schicht, welcher Polizist wohin muss. Und es gibt Einsätze, da möchte keiner hin. Wenn uns ein Polizist half, musste der Racheakte mit schlechten Einsätzen befürchten. Das merkten wir erst später, zunächst wunderten wir uns über die immer später kommende Polizei. Dann erklärte uns einmal ein älterer Polizist, der sich zu kommen traute, woran das liegt.

Zum Glück hatte ich auch Carol gegenüber immer meine Probleme mit dem Visum verschwiegen. Sie hätte das mit Dale zusammen mit Sicherheit gegen mich ausgenutzt.

Und mit dem Sheriffsbüro hatte ich es selber verdorben. Als ich angerufen wurde und mich das Büro des Sheriffs um eine Spende bat und ich ablehnte. Als ich Jim das erzählte, hielt der mich für völlig blöd, aber ich wusste es nicht. Jeder Geschäftsmann spendet dort, aber woher sollte ich das denn wissen. Der Sheriff ist in Florida eher mit dem deutschen Gerichtsvollzieher mit viel mehr Rechten vergleichbar. Als wir den einmal wegen einer Räumung eines säumigen Mieters holten, geschah fast gar nichts, wir mussten selber tätig werden.

Dolmetscher
Unsere Nachbarn wollten ja schon lange verkaufen und hatten einmal deutsche Interessenten, die kaum Englisch sprachen. So bat mich Tony eines Tages um Hilfe und ich übersetzte für ihn. Natürlich bot ich den Kaufinteressenten auch ganz nebenbei das viel bessere Nachbarobjekt an, unseres natürlich. Sie kauften gar nichts und ich machte später noch einige Übersetzungen für andere Makler. Bezahlt wird man nur, wenn auch was verkauft wird, aber ich hatte immer die Hoffnung, unser Motel bei der Gelegenheit loszuwerden. Und häufig wurde auch beim Essen alles besprochen, ich lernte die besten Lokale der Gegend nun auch mal kennen.
Ich war auch mehrfach für den Makler unserer Alteigentümer tätig, also unseren gegnerischen Makler vom Kauf und bot ihm unser Objekt dann auch zum Vermitteln an. Der Mann hatte mich damals bereits mit seiner guten Vorbereitung beeindruckt. Leider kam sehr lange nichts von ihm.
Und ich wunderte mich auch, mit was für blöden Vorstellungen manche Leute auf Motelsuche sind. Ein Kaufinteressent zeigte mir auch mal einige Angebote und ich sah mir das an. Die Steuern unter Sonstiges mit $ 500 zusammengefasst, die ja fast 10 % des Jahresumsatzes ausmachen und keine Personalkosten, weil man ja 40 Zimmer in 10 Minuten allein machen kann und kein Personal braucht usw. Wie kann man ein Motel betreiben wollen, wenn man kaum Englisch spricht? Und warum kauft nicht einer dieser Idioten das Rio Beach?

Professor
Unter unseren Dauergästen war auch ein Professor der Hochschule Daytonas, der auch Flugunterricht gab. Er hatte eine Russin per Anzeige über eine Agentur geheiratet. Sie war Akademikerin und wollte nur raus aus dem Land. Er war nett und als die Russin ankam hatte er echt Glück gehabt, sie schien mit ihm auch einen Volltreffer zu haben. Sie verstanden sich gut und als sie bei uns einzogen war sie bereits hochschwanger. Sie wollte bei uns wohnen, da der Strand vor der Tür war und sie hatten ein sehr großes Zimmer mit Küche und seitlichem Meeresblick. Als sie mit einem Jungen aus der Klinik kam und uns das Kind zeigte, sagte sie nur, das sei ihr Visum und deutete auf das Baby. Als ihr Mann wenige Wochen später bei einem Flugzeugabsturz tödlich verunglückte zog sie bei uns aus, mit dem Visum-Baby und einer hohen Lebensversicherungszahlung. Schade.

Scheidungsopfer

Wir hatten natürlich zu 99 % ganz normale Gäste, die kamen, Zimmer ansahen, mieteten, zahlten, wohnten, auszogen und abfuhren. Aber das ist ja normal und langweilig.

Und wo wir bei normal sind. In den USA ist es in kleineren Motels üblich, sich vorm Bezahlen die Zimmer zeigen zu lassen. Allein die Frage, zuerst das Zimmer sehen zu wollen ließ mich bereits zu einem anderen Schlüssel für ein besseres Zimmer greifen. Denn ich vermiete je nachdem, wie die Gäste mir gefallen ein angemessenes Zimmer. Wollen sie es zuerst sehen, gebe ich in der Regel ein besseres, damit sie auf jeden Fall bleiben. Hätten sie bereits bezahlt, kann ich ja ein schlechteres geben. Und wenn das Zimmer nicht gefällt, habe ich immer noch was besseres, bis zu dreimal Fragen und Ansehen war ok. Wir hatten wie alle kleinen Motels bei uns überwiegend unterschiedliche Zimmer, größere, am Strand, mit guten und schlechten Betten, Klimaanlagen und Fernsehern, Beton- oder Holzboden mit unterschiedlich viel Ungeziefer etc. Ich persönlich frage grundsätzlich überall vorm Mieten und noch nie wurde mir das verwehrt oder ich deshalb unfreundlich behandelt. Allerdings sind wir bei manchen Gästen sicherheitshalber mitgegangen.

Die 1 % Mieter sind die interessanten Fälle. So kam spätabends ein Ehepaar und der Mann wollte für seine Frau ein sauberes großes Zimmer. Das hatten wir und er zahlte und fuhr los. Kein Wort war nötig, die Ehe war sichtbar am Ende. Abends kam dann der Freund der Frau an und zog ein, vermutlich der Scheidungsgrund. Beide lebten in dem Zimmer und nach einer Woche kam der Mann zurück und zahlte eine weitere Woche. Das ging einen weiteren Monat so, bis die Frau ausrastete und das Zimmer demolierte. Ihr Freund war vorher bereits weg, vielleicht war das die Ursache. Der Mann bezahlte den Schaden und tat mir leid. Ich fragte ihn, ob er wissen möchte, was seine Frau die Wochen getan hatte. Er sagte nur, er könne es sich schon denken und am Ende der Woche müsse sie raus, er würde dann nicht mehr für sie zahlen. Sie verschwand problemlos.

Tims Auto

Wir wollten ja das Rio Beach verkaufen. Während für den Verkäufer mit dem Verkauf alles geklappt hat, steht der Angestellte eines kleinen Betriebes vor einem riesigen Problem, sowie er von dem Verkauf erfährt. Werde ich noch gebraucht und komme ich mit dem neuen Eigentümer klar? Sollte ein Inder das Rio Beach kaufen, benötigt er niemanden, denn seine Familie macht alles. Ein Amerikaner kann aus einem anderen Motel Personal mitbringen und selbst jemand, der wie wir alle benötigt, kann ein totales Arschloch sein oder unzuverlässig zahlen. Also sucht jeder klar denkende Mitarbeiter bei Zeiten nach einem neuen guten Job, damit er längst weg ist, bevor der Verkauf abgewickelt ist. Also verheimlichen Eigentümer so lange wie möglich alles, was auf einen Verkauf hindeutet. Bei größeren Betrieben ist das alles unwichtiger.

Tim würde meine Verkaufsbemühungen mitbekommen, doof war er ja nicht und ich wollte auf keinen Fall, dass er sie vielleicht torpediert. Also erzählte ich ihm davon, aber ich musste Tim etwas anbieten, damit er bleibt. Eine Abfindung taugt nicht wirklich. Erhält er sie vorher, ist er eventuell trotzdem weg und dass er sie später erhält, glaubt er mir vermutlich nicht.

Ein Auto ist etwas, was ich nicht mitnehmen kann nach Deutschland. Wenn ich ihm also ein Auto kaufe und die Papiere zur Sicherheit behalte und Tim das Auto anmeldet, gibt es für ihn etwas, was er auf jeden Fall behalten kann, wenn ich zurückfliege. Ich fand das eine super Idee, total glaubhaft, wenn auch sehr ungewöhnlich.

Tims Freundin wusste auch sofort, wo wir kaufen könnten. Sie meinte, am Rande von Daytona gibt es sehr gute Händler. Ich sagte ihm $ 500 zu, dafür konnte man damals wirklich was Fahrendes bekommen und Tüv gab es ja nicht. Das Auto durfte nur nicht auffallen, musste also gehendes Licht, Bremsen und funktionierende Blinker haben. Also fuhren wir gemeinsam zu den guten Händlern. Mir gefiel nicht, was ich sah, denn es stand überall Schrott rum und die angebotenen Autos waren auch nur Schrott. Ich schlug vor, in der Zeitung nach billigen gebrauchten Autos zu suchen und abzuwarten, was wir bekommen können. Und nur etwas zu kaufen, was vom Alteigentümer auch noch benutzt wird. Es gibt ja auch Autos mit Verkaufsschildern an den Fenstern, mit denen gefahren wird. Also werden die bestimmt noch was taugen.

Doch die beiden wollten jetzt auch ganz schnell ein Auto haben. Und die beiden setzten sich durch und im Gegensatz zu seiner Freundin hatte ich noch nie ein Auto in Florida gekauft. Sie entschieden sich für was sportlich aussehendes, das aber nicht fahrbereit war. Der Händler missfiel mir und wollte eine Anzahlung auf das Auto, ich wollte erstmal ein laufendes Auto sehen. Naja, Tims Freundin setzte sich wieder durch und ich zahlte an. Es war im Prinzip ja auch Tims Wagen, weshalb ich es geschehen ließ. Am nächsten Tag war der Wagen dann auch fahrbereit und war von außen sehr sportlich, innen aber schrottreif und schaffte es dann auch nicht über die zugegebenermaßen sehr hohe Brücke von Daytona nach Daytona Beach. Wir hatten ja glücklicherweise einige Dauermieter mit Autos, die uns gegen etwas Benzingeld auch gerne fuhren und abschleppten. Und dann steckte Tim eine Menge Geld in das scheußliche Ding.

Ich wollte einmal damit fahren, denn noch gehörte es ja uns und erst, wenn wir zurückfliegen, sollte er es allein bekommen. Aber nach dem Versuch bekam er es dann sofort. Ich kam keinen Kilometer weit. Aber sie hatten sich dieses schreckliche Auto ausgesucht und auf den Kauf bestanden.

Hurricans

Ab Juli beginnt die Hurricansaison, doch die richtig Schlimmen kommen erst im September und im Oktober. Ein Hurrican ist sehr langsam und hat teilweise nur 15 Stundenkilometer Wandergeschwindigkeit. Doch die Windgeschwindigkeit kann über 200 Stundenkilometer betragen und mit diesem Tempo dreht er sich im Kreis und ist mehrere hundert Kilometer groß. Der Wind nimmt nach außen zum Rand immer mehr ab. Trifft einen ein Hurrican, kommt der Wind erst von rechts nach links, dann kann es völlig windstill sein, wenn man genau im Auge des Sturms ist und dann beginnt der Wind aus der anderen Richtung zu wehen. Es dauert dann viele Stunden, bis der Hurrican endlich über einen hinweggezogen ist. So ein Sturm kommt mit extrem viel Regen und in der Regel ist die Schneise der Verwüstung nicht sehr breit, wenige hundert Kilometer. Also ist das mit unseren Herbststürmen überhaupt nicht vergleichbar, die einige Stunden überall stürmen und dann abebben. Vergleichen kann man das vielleicht mit dem Kreisel über dem Abfluss im Waschbecken, der sich dann langsam weiterbewegen müsste. Die Amerikaner haben panische Angst vor Hurricans und im Fernsehen wird genau darüber berichtet, natürlich am liebsten und ausführlichsten über die Verwüstungen, die immer wieder angerichtet werden. Wir kennen ja alle die Bilder des zerstörten New Orleans, was aber auch an der primitiven Bauweise der Häuser liegt. Auch Häuser mit drei Etagen sind meistens aus Holz gebaut und die Dächer häufig nur aus Dachpappe, nicht wie bei uns aus Stein und mit schweren Dachziegeln darauf. Immer wenn im Fernsehen über einen Hurrican berichtet wurde, blieben die Touristen aus Angst weg. Auch wenn einer für Mitte der Woche angesagt wurde, kam kaum noch jemand zum Wochenende, als ob ein Hurrican Sprünge machen würde. Und auch mit der Region nahmen das die Leute nicht genau, er könne ja abbiegen. Zusammen mit den Regenwarnungen des Fernsehens litten wir jeden Herbst ziemlich.

Floyd

Dann kam erstmals eine ernstzunehmende Warnung vor Floyd. Wir hatten aber noch zwei Tage Zeit und ich mietete am nächsten Tag bei Avis das letzte Auto, das es noch gab, eine fette Limousine, die ich erstmals ohne Selbstbeteiligung Vollkasko versicherte, da ich ja mit Schäden am Auto rechnete. Damit fuhr ich zum Baumarkt, um Klebeband zum Sichern der Fenster und andere Sachen vorsichtshalber zu kaufen. Das machte man so, hatten mir Klaus und Tony versichert, obwohl ich nicht glaube, dass etwas Klebeband die Splitter einer Fensterscheibe sichern könnte. Die Auffahrt zum Baumarkt war voller Autos und auf dem Parkplatz standen große LKWs mit Sperrholzplatten. Ich dachte, ich sehe nicht richtig, denn auf den LKWs stand jeweils ein Polizist mit einem Gewehr im Anschlag und die Kunden blieben diszipliniert. Als ich in den Baumarkt ging, sah ich sofort, warum es keine Schlangen mehr an den Kassen gab. Es war alles ausverkauft, was hurricantauglich war von der Taschenlampe über Klebeband bis zu großen Nägeln, also alles, was ich kaufen wollte. Da der Baumarkt etwas außerhalb der Stadt war leuchtete mir auch ein, als andere meinten, dann bräuchte ich das woanders nicht mehr versuchen. Ich probierte das trotzdem, hatte aber keinen Erfolg mehr. Zurückgekommen begann ich zusammen mit Tim das Rio Beach sturmfest zu machen. Für das Beachhaus hatten wir Bretter, die wir vor alle Fenster nagelten. Das Haus war nicht mehr versichert, weil es zu wertlos war. Das Hauptgebäude war mit einer Selbstbeteiligung von $ 9.000 gut versichert gegen Sturmschäden, nicht aber gegen Betriebsunterbrechungen.

Unser Grundstück begann mit der Betonwand und der Treppe zum Strand, die ca. 2 Meter hoch war. Danach stieg das Grundstück noch etwa 5 Meter an bis zum Strandteil des Hauptgebäudes. Unser Nachbarhotel hatte diese 5 Meter gar nicht, sondern einen flachen Parkplatz vom Strand bis zur Straße. Auch Tonys Grundstück war tiefer als unseres, wir hatten quasi eine Insellage. Gegen hohe Wellen stellten Tim und ich die vier stabilen Bänke und Steine vor die Türen im Untergeschoss. Zuerst wird der Wind ja vom Meer her wehen und später dann vom Land kommen. Danach lehnten wir alle Matratzen von innen gegen die Scheiben bei allen Zimmern, weil dann die Scheiben besser halten sollten. Tims Freundin wurde immer nervöser und wollte endlich weg. Wir schmissen noch alle Liegestühle in den Pool, den sichersten Platz, und brachten alle großen Pflanzen in Sicherheit. Dann wollte Tim los und was sollte ich gegen seine Angst machen? Es war bereits schwer genug, ihm klar zu machen, dass ich auf jeden Fall bleiben will und er hielt mich für lebensmüde. Auf dem Parkplatz war die Hölle los und ein großer Mann regelte alles recht ruhig. Es war Randy, der erst einige Zeit vorher bei uns eingetroffen war und später Manager bei mir werden sollte. Er fiel mir erstmals bei seiner Koordination der Abreise der Mieter auf. Alle hatten Plätze in Autos, weil viele Nachbarn mitnahmen und schließlich blieb ich alleine zurück, als der Konvoi sich in Bewegung setzte. Fragenden Gästen erzählte ich, ich würde mit meinem Auto nachkommen. Aber ich wollte nicht weg, zumal ich mich in unserer

Immobilie sehr sicher fühlte. Unser Grundstück war hoch genug für jede Hurricanflutwelle und der hintere Gebäudeteil war tiefer, dafür aber aus stabilem Beton und Steinen. Ich wollte in Nr. 20 bleiben, in der zweiten Etage nahe dem Office mit viel Beton und Steinen. Und dem besten Blick auf die Straße, damit ich sehen konnte, was in der Stadt los ist. Da die Evakuierung inzwischen Pflicht war, also alle weg mussten, fuhr ich den Mietwagen über den Rasen hinters Beachhaus, wo er von der Straße und vom Strand nicht gesehen werden konnte und versteckte mich für einige Stunden im Zimmer, sah fern und guckte raus. Zuerst wurde der Verkehr weniger und dann fuhr nur noch Polizei und suchte nach Daheimgebliebenen. Am Strand fuhr die Beachpatrol, gut dass mein Auto so perfekt versteckt war. Dann war das Fernsehen zu Ende, da der Strom abgestellt wurde. Ich hatte noch die Bilder aus Hubschraubern von den endlosen Schlangen der Flüchtenden in ihren Autos gesehen. Ich war glücklich, dass ich nicht in diesem Flüchtlingsstau steckte. Kurz darauf ging auch kein Wasser mehr, aber ich hatte ja genug Toiletten zur Verfügung und das Telefon war auch tot. Dann war Ruhe auf der Straße, die ich von Nr. 20 in beide Richtungen gut übersehen konnte und auch keine Polizei mehr unterwegs. Ich ging raus und kontrollierte noch mal alles. Und ich machte mir ein Bier auf und ging mit einem Bier an den Strand, was ja sonst immer verboten war. Der Himmel sah im Süden besonders dunkel aus und die Wellen kamen höher an, als ich es je zuvor gesehen hatte. Und es waren Wellensurfer draußen, die das Wetter und die Abwesenheit der Beachpatrol nutzten. Ich war also nicht der einzige Nichtflüchtling.

Plünderer

Ich ging einige Zeit später zurück und es wurde immer windiger und dunkler, denn auch die Straßenbeleuchtung war aus. Ich ging an die Straße. So hatte ich den Ort noch nie gesehen, die Atmosphäre war eigentümlich und schön. Zurück auf dem Grundstück war ich gerade oben neben dem Haupthaus um eine Ecke gegangen, als ein Wagen auf unseren Hof fuhr. Augenblicklich ging ich in Deckung, denn ich dachte zuerst, die Polizei sei überraschend noch mal da. Doch es stiegen vor unserem großen Geräteschuppen drei Leute aus und gingen zur Tür. Plünderer, war mir dann sofort klar. Aber ich stand gut positioniert genau an einer Ecke und gut 50 Meter entfernt und es wurde langsam noch dunkler. Ich hatte eine Taschenlampe dabei, die ich aber nicht in Betrieb hatte und brüllte runter: "Leave at once or I`ll shoot you". Das mag zwar nicht das beste Englisch gewesen sein, aber was solls. Die Taschenlampe mag auf die Entfernung und bei dem Restlicht wie eine Waffe ausgesehen haben und ich stand in Deckung im Gegensatz zu ihnen und hatte auch mit der Überraschung alle Vorteile auf meiner Seite.

Sie überlegten gar nicht, sondern stiegen fluchtartig in ihr Auto und waren mit rauchenden Reifen weg. Hätten sie sich anders verhalten und geschossen, wäre ich sofort in Deckung und schnell weg gewesen. Aber es gab im Ort noch genug zu plündern, warum sollten sie Probleme bei uns suchen.

Floyds Schäden
Ich ging auf das Zimmer, da es langsam richtig zu stürmen begann. Vorher hörte ich im Auto noch mal den Wetterbericht und parkte es dann in der Mitte des Hofes, wo es von beiden gemauerten Gebäuden, dem Motel und den Apartments geschützt wurde. Vor der Polizei musste ich mich nicht mehr vorsehen, die würde nicht mehr kommen und hatte vermutlich mit Plünderern mehr zu tun, falls sie überhaupt noch im Ort war. Daytona Beach lag jetzt genau auf der Strecke von Floyd. Es begann auch lauter zu werden und war anders als unser Sturm nicht mit Böen, sondern einfach immer schnellerer Wind. Blöd war, dass ich kein Radio im Zimmer hatte und es inzwischen so stürmisch war, dass die Scheibe sich deutlich sichtbar bog. Ich wusste nicht, wie schlimm es noch werden würde und beschloss wegen der Scheibe ins Bad zu gehen. Dann könnten mich keine Splitter treffen, falls sie platzen würde. Ich hatte leider nur eine Kerze dabei, mehr gab es im ganzen Motel nicht und ich beschloss, das in Zukunft zu ändern. Meine Zeit verbrachte ich dann unter anderem damit, zu beobachteten, wie in der Toilette der Wasserspiegel stieg und fiel durch den unterschiedlichen Luftdruck des Windes. Und die Zeit verging überhaupt nicht. Dann krachte es draußen und war sowieso unglaublich laut inzwischen. Ich öffnete die Tür einen Spalt aber im Zimmer war kein Luftzug zu spüren, also war die Zimmerscheibe noch heil. Nach mehreren Stunden und inzwischen in Dunkelheit, da meine einzige Kerze verbrannt war, endete der Lärm sehr schnell. Ich ging vorsichtlich raus und wusste Bescheid. Ich war im Auge des Hurricans, in dem es für eine Zeit nicht mehr weht, sondern totenstill ist. Und ich wusste auch, es geht gleich von der anderen Seite weiter. Der Hurrican musste genau über uns lang ziehen. Also ganz schnell mal nach den Schäden schauen. Bis auf unser großes Werbeschild, das in Trümmern lag und weggeflogener Dachpappe war nichts Kaputtes zu sehen. Natürlich lag überall Müll rum, aber das Auto war heil.
Meine vorherige Sorge war weg und die Hälfte war überstanden. Schließlich war das mein erster Hurrican, aber mir war klar, schlimmer als zuvor kann es nicht werden, denn der Wind dreht sich im Kreis und das, was die nächsten Stunden kommen wird, ist bereits dutzende Male über uns hingeweht. Nur kommt diesmal der Wind aus der anderen Richtung, von der Landseite. Dann war das Meer keine

Gefahr mehr und das war sehr gut. Außerdem verlieren Hurricans über Land an Tempo, was nicht viel ausmachen wird, aber langsamer werden ist besser als schneller. Der Wind nahm zügig wieder zu und ich ging ins dunkle Bad zurück. Als nach drei Stunden die Scheibe nicht mehr sehr wackelte beschloss ich, es sei Zeit zum Schlafen und rannte an der Scheibe vorbei nach unten und schlief etwas, was ich aber sicherheitshalber im Auto tat. Der Wecker klingelte sehr bald und ich sah mir wieder die Schäden an. Das Dach hatte noch mehr gelitten, aber sonst war nichts mehr hinzugekommen. Dann ging ich zum Strand und fand keinen mehr. Der Strand war weggespült. Unsere zwei Meter hohe Mauer stand im Wasser und die Kinder von Steve planschten im flachen Meer. Steve und seine deutsche Freundin zeigten mir dann ein 15 Meter langes Stück eines Piers, der auf uns zutrieb. Die ehemalige Seebrücke von Daytona Beach war auch weg, wie uns auffiel, woher wohl auch das treibende Stück kam. Bei uns fehlte an unserer Betontreppe das Geländer. Steve hatte sich mit seiner Familie in ihrem Straßenhaus versteckt. Das Haus war aus Steinen solide gebaut und sie hatten auch keine Angst. Nur gesagt hatten sie mir nichts, weil sie nicht wussten, ob ich sie als Vermieter dann vielleicht zum Verlassen aufgefordert hätte. Es wäre immerhin meine gesetzliche Pflicht gewesen. Sie hatten aber auch von meiner geplanten Abreise erfahren und nicht angenommen, dass ich bleiben würde und auch nicht mitbekommen, dass ich geblieben bin. Für den nächsten Hurrican luden sie mich ein, das sei dann gemeinsam viel netter für mich. Ich nahm dankbar an, denn meine Nacht war sehr lang gewesen. Es dauerte noch mehrere Wochen, bis das Meer wieder Sand nach Daytona Beach spülte.

Aufräumen nach Floyd
Vor allem das Saubermachen würde lange dauern und ich hoffte auch, dass Tim zurückkommt. Das Auto hatte ich ihm zwischenzeitlich geschenkt, diesen Grund zur Rückkehr hatte er nicht mehr. Aber er und die meisten anderen Bewohner kamen wieder. Da fast alle Mieter bei dem Hurrican und den Tagen davor und danach auch nicht arbeiteten und kein Geld verdienten, sondern durch die Flucht sogar noch Zusatzausgaben hatten, rechnete ich mit sehr schwierigem Eintreiben der Miete. Also bot ich ihnen an, für teilweisen Mieterlass beim Aufräumen zu helfen. Es wurde dankbar angenommen und zum Wochenende waren wir eines der wenigen Motels, die keine größeren Schäden mehr hatten und einen normalen Motelbetrieb führten. Das große Schild konnten wir mit mehreren Mietern zusammen provisorisch reparieren, das Dach flickte ich mal wieder und Glasscheiben für die Poolumrandung kauften wir sofort, bevor alles ausverkauft war. Die Treppe reparierten wir dann in Ruhe wie andere Sachen. Als ich die Vielzahl klei-

nerer und größerer Schäden zusammenrechnete, landete ich bei knapp $ 8.000 mit den Mietverzichten zusammen. Das hätte ich nicht geglaubt.

2. Hurrican
Wenige Wochen nach Floyd kam der nächste Hurrican, bei dem aber niemand mehr flüchtete. Die letzte Fahrt endete in einem Superstau vor Orlando, als immer mehr Autos nach Stunden schleichender Fahrt das Benzin ausging. Die meisten übernachteten sehr schlecht in den überfüllten Autos und der Hurrican hatte auch noch richtig Kraft dort.
Bei dem zweiten Hurrican hat unser großes Werbeschild den Rest bekommen. Wir brauchten eine Spezialfirma mit Kran, um die Reparatur durchführen zu lassen. Sie bestanden auf Bezahlung eines Teiles der Rechnung, bevor sie anfingen und dann auf zwei Teilzahlungen bei Fortschreiten der Arbeit. Aber sie machten ihre Sache gut und wussten auch immer, wo ich war. Denn ich war wieder weit sichtbar auf dem Dach des Strandgebäudes am Dachpappe verkleben. Und das machte ich lieber selber, denn nicht ordentlich gemacht entstanden große Regenwasserschäden und das Dach war an manchen Stellen so morsch, dass ich immer Angst hatte, durchzubrechen und ich bewegte mich teilweise nur in Zeitlupe.
Diesmal betrug unser Schaden über $ 8.000 und zusätzlich noch die Mietausfälle, wir waren mit beiden Stürmen bei fast $ 17.000, das war schon heftig. Den Nachbarn ging es nicht besser, der Ort war ziemlich verwüstet.
Unser morsches Dach war ein Problem. Beim Kauf hatten wir es auf Termiten untersuchen lassen. Auch wenn es damals wirklich keine gegeben haben sollte, so waren die jetzigen um so gefräßiger. Ich hatte bereits einen Kostenvoranschlag machen lassen, was eine Vernichtungsaktion kosten würde und wollte noch etwas abwarten. Dann würde das ganze Gebäude in Folie gewickelt und dann Giftgas hineingeblasen werden. Das hätte mehrere Tage gedauert, mindestens $ 5.000 gekostet und wäre erst im nächsten Herbst gegangen, wenn das Geld dafür da gewesen wäre. Die Mieter in dem betroffenen Hausteil müssten in der Zeit umziehen, das wäre das kleinste Problem. Und die Termiten waren fleißig, aber der Verkauf bereits angeleiert.
Als Tim einmal auf dem Weg zwischen Beachhaus und Haupthaus mit der Schubkarre auf dem mit Steinplatten gepflasterten Weg fuhr, brach er etwa einen halben Meter Tief in ein Termitenloch ein. So etwas hatte ich noch nie gesehen. Ich blieb geschockt, obwohl mir erklärt wurde, dass diese Art Termiten nicht in Häusern nistet und auch kein Bauholz frisst. Zusammen mit der gerade geleisteten Tilgung der jährlichen $ 100.000, für die wir mal wieder Hilfe aus Deutschland

benötigten, war einfach im Moment nicht genug Geld da.

Turkey Rod Run

Im November ist die Saison zu Ende in Daytona Beach und es wird kalt. Vorher ist noch mal vier bis fünf Tage das Biketoberfest für Motorradfahrer und Schaulustige, etwa einen Monat später ist dann Turkey Rod Run. Warum das so heißt konnte mir niemand sagen. Es sollte eine Oldtimerschaufahrt durch Daytona sein und war ganz anders als erwartet, denn auch neue aufgemotzte Fahrzeuge waren dabei. Das Wochenende waren wir die Nacht vom Samstag auf Sonntag noch einmal ausgebucht. Niemand von den Teilnehmern wohnte bei uns, nur viele Zuschauer. Und danach war Daytona Beach wieder wie ausgestorben.

Tims Weggang

Ich war wieder in Bremen und hatte vorher alles an Tim übergeben bis auf die Schecks, die Klaus wieder hatte. Klaus bekam pro Woche $ 100 dafür, dass er zwischendurch mal im Rio Beach vorbeifuhr, bei Fragen immer ansprechbar war und die Rechnungen kontrollierte. Er nahm das auch ernst und war mehrfach die Woche einfach mal zu verschiedenen Zeiten dort, auch um nur zu sehen, ob das Office zu den üblichen Zeiten geöffnet war. So Pleiten wie bei Carol wollte ich nicht mehr erleben und sie sollten auch sehen, dass sie kontrolliert würden. Tim hatte neben einer Putzfrau auch Randy als Hilfe im Büro. Eigentlich sollte Tim der Boss sein, doch Randy schien durchsetzungsstärker zu sein und eines Tages war Tim weg. Randy informierte mich telefonisch über Tims Auszug, es sollte aber nichts fehlen und auch alle Schlüssel lagen in Tims Zimmer. Ich besprach das mit Klaus, den ich sofort zum Nachsehen hinschickte und der mir versicherte, alles wäre ok bis auf Tims merkwürdiges Verschwinden. Also beförderte ich Randy telefonisch zum Manager und bat Klaus um erhöhte Wachsamkeit. Bei meiner Rückkehr gefiel mir aber alles, was ich sah, sehr gut. Wir hatten erstmals einen fleißigen (wie Tim auch) aber zugleich mutigen und erfahrenen Manager.
Randy war mit einer kleinen Handwerksfirma vorher selbstständig gewesen und hatte recht gut Geld gespart. Doch wegen eines Leistenbruches wartete er auf einen Operationstermin und hatte seine Firma erstmal geschlossen, hatte also viel Zeit und suchte nach was zu tun in der Zwischenzeit

Lynn

Meine spätere Frau hatte bei Tim eingecheckt, als ich in Deutschland war. Sie arbeitete im Restaurant des großen Hotels neben uns und war mir zunächst nur aufgefallen, weil sie wegen des kalten Wetters immer völlig vermummt rumlief.

Weil sie in der Vorsaison weniger verdiente als sie zum Leben brauchte, verdiente sie einen Teil der Miete bei uns dazu. Sie nähte mit der Nähmaschine unsere Vorhänge um und fertigte auch neue aus Stoffen an, denn fertig gekaufte Vorhänge waren extrem teuer. Eine Nähmaschine hatten wir, aber niemand konnte damit umgehen. Es imponierte mir, dass sie damals zu mir kam und ihr Problem schilderte, bevor sie mit der Miete in Verzug geriet. So etwas hatte ich noch nie erlebt, denn alle anderen gingen immer erst mal auf Tauchstation und waren unauffindbar.

Graubart

Randy traute sich viel mehr als Tim, denn er war als ehemals selbstständiger Handwerker natürlich einen anderen Umgang mit Behörden und Autoritätspersonen gewohnt als ein sehr viel jüngerer ehemaliger Strafgefangener. Randy war ungefähr 50 Jahre alt.

So kam einmal kurz nach Weihnachten der gefürchtete Inspektor mit dem Spitznamen Graubart. Randy begrüßte ihn laut wir immer und mit den Worten: "Spent too much money on christmas, hey? Have to write some tickets, hey?". Ich dachte, ich höre nicht richtig. Hast zuviel an Weihnachten ausgeben und musst nun ein paar Strafmandate schreiben zu ausgerechnet diesem Mann zu sagen. Aber der Ton schien goldrichtig und alles ging gut. Mit dem Ticket schreiben hatte Randy auf eine bestimmte Art unwissentlich recht, denn zwei Jahre später kaufte sich dieser Inspector ein Motel in Las Vegas. Wie hat er das mit seinem Gehalt hinbekommen?

Zimmernebel

Was Randy als Handwerker drauf hatte, konnte er erstmals bei der Sanierung eines Zimmers nachweisen. Die Wand in Nr. 12 war feucht. Es war eine Art Rigipswand und darin verliefen Leitungen. Also begannen wir, mit dem Brecheisen die Wand zu öffnen. Nach der Tapete, die noch recht fest war, konnten wir die restliche Wand dann aber mit der Hand herausholen, so matschig war das und ein Wunder, dass die Wand überhaupt noch gestanden hatte. Es verliefen zwei Rohre hinter der Wand und aus einem der Rohre kam ganz wenig Wasser mit hohem Druck wie aus einer ganz feinen Düse, so dass das herauskommende Wasser eher wie ein Nebel austrat. Es waren zwei Rohre aus verschiedenen Metallen aneinander gekommen und ganz langsam wandert Metall und es entsteht bei einem der beiden Rohre ein Loch. Das sei Physik, erklärte mir Randy. Wir flickten das Rohr mit einer kleinen Manschette und setzten zwischen die Rohre ein Plastikstück, damit sich das nicht wiederholt. Dann ließen wir alles trocknen. Am nächsten Tag hatte er neue Gipsplatten geholt und begann mit dem Aufbau der neuen Wand.

Er sagte mir noch, dass Handwerker so etwas mit den unterschiedlichen Metallen eigentlich wissen müssten und es ein Fehler bei der Konstruktion sei. Ich hatte nur daran gedacht, wie oft der Fehler wohl in nächster Zeit noch auftauchen würde, denn in der Wand war alles noch im Originalzustand gewesen. Also geschah der Fehler beim Bau und also vermutlich noch sehr oft und wenn das Physik war, dann gelten die Gesetze der Physik für sehr viele Räume und es ist nur eine Frage der Zeit, wann es im nächsten Raum beginnt. Wir haben es zum Glück nicht mehr erlebt.

Zigarettenkaufverbot

Ich will keine "Familiengeschichten" erzählen, aber die Nachfolgende ist typisch für die USA. Etwas später kam Lynns 19-jährige Tochter Melissa auch bei uns an. Mit 19 ist man in Florida noch nicht ganz volljährig. Zigaretten oder Alkohol durften an Melissa noch nicht verkauft werden. Bei Einkäufen brachten wir uns gegenseitig häufig Sachen mit, wenn es so kalt war und niemand raus wollte. Also gingen Melissa und ich zu SevenEleven schräg gegenüber zum Einkaufen. Lynn brauchte Zigaretten und im Laden fragte ich Melissa nach der Sorte, weil ich die vergessen hatte. Die Verkäuferin sah das und ich bekam alles, aber keine Zigaretten mehr, denn sie dachte, ich würde für die minderjährige Melissa die Zigaretten einkaufen. Meine Sperre betrug 24 Stunden und auch meine Erklärungen halfen nicht, da ja alles von den Kameras im Laden aufgezeichnet war. Die Verkäuferin würde ihren Job verlieren, wenn sie jetzt noch an mich verkauft und von ihren Vorgesetzten eine Stichprobe des Bandes gemacht würde. Lynn musste nun selber in die Kälte raus und sich ihre Zigaretten kaufen.

Marriotts Kaufangebot für das Rio Beach

Es war soweit. Unser Makler kam ins Office und wollte mich sprechen. Er hatte einen Interessenten für das Motel, aber es würde totale Verschwiegenheit erwartet. Ich sagte ihm, dass ich weder dem Personal noch den Mietern etwas sagen würde, denn die würden ja vielleicht gleich kündigen oder wegziehen und ich hätte nur Probleme dadurch, wenn ich was verraten würde. Dass ich den Aufsichtsrat in Deutschland wie gesetzlich vorgeschrieben informieren muss, störte ihn nicht, denn das war weit genug weg. Das hätte ich aber auf jeden Fall getan, es waren Vertraute. Mehr sagte er nicht, außer dass er mich am nächsten Nachmittag zur Besprechung abholen würde. Ich war total gespannt.

Er kam mit einem Mann und wir fuhren in das Restaurant des Days Inn ein paar

Häuser weiter. Leider arbeitete dort die Bedienung, die bei uns wohnte, doch immer, wenn sie in unsere Nähe kam, schwiegen wir.

Der Marriott Konzern wollte auf unserem Grundstück eine Timesharing Anlage mit 232 bis 250 Dreizimmerwohnungen bauen. Das Investitionsvolumen sollte weit über 50 Millionen Dollar liegen. Ich dachte, ich höre nicht richtig. Dazu brauchen sie außer unserem Grundstück das Monte Carlo des Italieners Tony, das kleine Motel und das Royal Arms des Taiwanesen. Alle waren verkaufswillig, wie ich ja wusste, oh Wunder bei dem Angebot. Es müsste aber totales Stillschweigen bewahrt werden und Marriott würde erstmal eine Planung erstellen, wie bebaut werden kann und welche Möglichkeiten bestünden. Sie wollten eine Option für den Kauf für sechs Monate. Für mich hieß das, ich kann das Objekt sechs Monate nicht an jemand anders verkaufen. Ich würde aber $ 50.000 auf ein Notaranderkonto bekommen für den Fall, dass sie die Frist verstreichen ließen. Also in sechs Monaten die verbindliche Entscheidung oder $ 50.000 an uns. Geld für die Option wollten sie auf keinen Fall, auch auf meine Nachfrage hin, zahlen. Aber ich könne sehr sicher sein, dass sie es sehr sehr ernst meinen, da die Planung viel Geld kosten würde und die Suche nach einem Grundstück bereits bei uns geendet hatte. Der Kaufpreis sollte für unsere drei Grundstücke des Rio Beach $ 1.225.000 betragen.

Nach etwa zwei Monaten würde einmal ein Ingenieur mit einem Team kommen, um die Menge des Bauschutts zu berechnen und die Topografie des Grundstückes vermessen. Also sehen, wie hoch manche Teile des Grundstücks sind, weil sie das für die Menge der LKWs wissen müssen, die zum Abtransport der großen Menge Bodens notwendig sind.

Nach spätestens drei Monaten kommen noch mal Fachleute, die nachsehen müssen, ob es Asbest im Gebäude gibt. Der Makler und ich freuten uns, denn darauf hatte ich das Gebäude ja beim Kauf bereits untersuchen lassen. Aber Marriott bestand auch auf dieser Untersuchung. Natürlich würden wir den Mietern nichts sagen, sondern das erste Team ist von der Stadtverwaltung und das zweite Team arbeitet für die Gesundheitsbehörde, wenn ein Mieter fragt. Sie würden mir vorher Bescheid geben, damit ich das Office informiere über die kommende öffentliche Untersuchung, falls ich nicht im Office sein kann. Da ich bald wieder nach Bremen musste bekamen sie meine dortige Telefonnummer.

Ich war total happy, erhielt noch einen Prospekt über eine andere vergleichbare Timesharing Anlage und beschloss, über den Strand gemütlich ins Rio Beach zurückzulaufen. Ich brauchte etwas Zeit, um das alles zu verdauen. Im Office erzählte ich, Tony hätte eventuell verkauft und darum sei die Besprechung gegangen.

Niemand ahnte was und ich ließ mir nichts anmerken, was mir aber nach all der Warterei und meiner totalen Begeisterung sehr schwer fiel. Außer dem sehr guten Kaufpreis von $ 1.225.000 kam hinzu, dass ja im Gegensatz zu anderen Käufern keine Sorgen mit dem Verkauf verbunden waren. Marriott hatte natürlich das Geld und Termiten und Abflussprobleme, alles war egal, da sie ja abreißen wollen. Das war das Beste, was uns passieren konnte.

Mit den anderen Moteleigentümern einigten wir uns auf einen gemeinsamen Anwalt, der uns vertreten sollte. Dadurch geht das auch schneller als bei vier Anwälten, dachten wir uns. Da der Einzelanwalt natürlich viel mehr allein an dem Verkauf verdient, wird er auch alles schnell tun, damit es klappt. Wir informierten Marriott und eine Woche später hatte unser Anwalt den dicken Kaufvertrag durchgesehen und jeder Motelier bekam seinen Vertrag und unterschrieb. Der Anwalt bestätigte den Eingang des Geldes und ich bin glücklich nach Deutschland zurückgeflogen.

Alle in Bremen waren begeistert und auch mein Kauf des größeren Grundstücks damals mit den weiteren Gebäuden war richtig. Sonst gäbe es mehr Beteiligte und ein Nein würde alles zum Scheitern bringen. Der Wert jeder Aktie würde sich fast verdoppeln und ich selbst hätte fast DM 750.000,-- verdient. Die anderen Aktionäre hatte ich nicht informiert, es hätte sonst über Umwege in einer Zeitschrift für Nebenwerte oder irgendwo in der Presse erscheinen können und das Risiko wollte ich bei unserer Verschwiegenheitsverpflichtung nicht eingehen.

Weggehen = Probleme erledigt

Und es gab noch andere Probleme, die sich durch Verkaufen des Motels mit erledigten. Wir hatten eine Versicherung gegen Schäden von Mitarbeitern. Wer die jemals abgeschlossen hatte, habe ich nicht herausbekommen. Gegen Carol sprach, dass ich so spät das erste Mal Rechnungen von denen bekommen habe. Aber auf jede Frage nach den Abschlussunterlagen kam immer nur eine neue Rechnung, und das einmal im Monat. Ich glaube, wir zahlten nie etwas an die, denn auch Klaus wusste, dass kein Scheck an die gehen soll. So wurde die Summe, die wir denen vermeintlich schuldeten, immer höher. Auch mehrfache Kündigungen beachteten die nicht.

Nur AOL war fast genauso schwer kündbar. Der erste Anruf bei der Serviceline gelang sofort, doch die gaben mir dann eine weitere Telefonnummer zum Abmelden. Die rief ich an und nach sage und schreibe vier Stunden in der gebührenfreien Warteschleife war mein Akku alle. Am nächsten Tag probierte ich es mit vollem Telefonakku wieder und landete schon nach drei Stunden bei einer sehr freundlichen Mitarbeiterin und konnte mich dort abmelden. So einen schlechten

Service hatte ich noch nie erlebt.

Später hatte ich in Deutschland dummerweise mal den Testinternetzugang bei denen ausprobiert. Da dauerte das Kündigen nicht ganz so lange, nach etwa einer halben Stunde hatte ich jemanden an der Leitung und erzählte auf Nachfrage alle meine Daten. Nach mehreren Rückfragen hatte ich aber nicht gekündigt, sondern der auch sehr freundliche Mann sagte, er hätte jetzt alle Daten und würde mich zum Kündigen weiterverbinden. Nach einer weiteren fast halbstündigen Wartezeit nahm eine ebenso freundliche Frau dann meine Kündigung an. Ich glaube, die hoffen leider wohl berechtigt, dass die meisten Leute nicht die Zeit haben zum Kündigen und dann Kunden bleiben müssen. Eine Postanschrift zum Kündigen hatte ich in den USA nicht gefunden.

Ein weiteres Risiko war eine Klage gegen uns. Eine ehemalige Mieterin sollte Besuch bekommen und der Besuch stand vor ihrer Tür und klopfte. Sie war nicht zu Hause. Da kam zufällig in dem Moment jemand anders und wollte sie auch besuchen. Die beiden Besucher prügelten sich dann und einer wurde verletzt. Das Ganze geschah nachts noch zu Tims Zeiten und niemand hatte etwas mitbekommen. Die Mieterin war auch bereits ausgezogen, als wir zum ersten Mal mit der Klageschrift von dem Vorfall erfuhren. Alle waren weg, das sollte es gewesen sein, nicht aber in den USA. Wir wurden verklagt, weil das auf unserem Grundstück passierte. Das geht dann so. Jemand ist verletzt und geht zum Anwalt und der Anwalt überlegt, ob er jemand Zahlungskräftiges wegen des Vorfalles aus irgendeinem Grund verklagen kann und finanziert die Klage. Ist die Klage erfolgreich, bekommt der Anwalt nicht nur sein Honorar, sondern auch eine sehr dicke Beteiligung am Schadensersatz, manchmal mehr als die Hälfte. Für den Kläger entsteht nie ein Risiko, die Kosten trägt immer der Anwalt. Als wir die erste Vorladung zum Gericht bekamen, sah ich nach einem ersten Schrecken, dass die Alpha Motel, Inc., verklagt wurde. Das war die Gesellschaft des Voreigentümers, mit der wir nichts zu tun hatten. Also reagierte ich gar nicht. Hätte ich mich gemeldet, hätten die schneller gegen uns vorgehen können. Also habe ich die Fristen und die erste Anhörung verstreichen lassen und es wurde fast ein Jahr später eine Gerichtsverhandlung angesetzt. Und die war natürlich auch gegen die Alpha Motel, Inc.. Als im Sommer nach fast einem Jahr Klagezeit der Anwalt wohl seinen Fehler bemerkt hatte, bekamen wir eine richtige Befragung mit einem Termin. Diesmal wurde die Klage auch nicht mit der Post zugestellt, sondern ein Sheriff (in der Funktion des Gerichtsvollziehers) kam vorbei und fragte mich nach dem Namen der Eigentümergesellschaft und nach dem Vorstand der Gesellschaft. Dann setzte er alle Daten ein und gab mir die Unterlagen und ich musste gegenzeichnen. Doch der erste Befragungstermin war erst für den Herbst angesetzt. Und wenn ich nicht hingehe, dauert es wieder ein Dreivierteljahr ab dann, bis die Gerichtsverhandlung ist. Bis dahin gibt es uns in Florida gar nicht mehr. Es war noch über ein Jahr Zeit.

Klaus als Scheckbewahrer

Als ich diesmal nach Deutschland musste, flog ich voller Freude mit erstmals nur guten Nachrichten und einem Vertrag im Gepäck. Klaus hatte die Schecks und sollte auf alles achten und auch ruhig mal abends vorbeischauen, ob das Office offen ist und ob alles klappt. Klaus tat das dann auch und einer der ersten Anrufe von ihm war erschreckend. Wir hatten ein Motel und bei Motels liegt der Zimmerzugang außen. Dieser Weg vor den Zimmern in der ersten Etage fing an, an zwei Stellen Risse zu zeigen, wir bräuchten unbedingt Stützsäulen, die er bereits veranlasst hätte. Sonst könnte der Weg abbrechen. Natürlich stimmte ich ihm zu, er solle alles Notwendige veranlassen. Dass das Rio Beach in wenigen Monaten eh abgerissen würde, wusste er ja nicht und ich konnte es ihm leider nicht sagen.
Die Zahlen über die Vermietung und die Kosten, die Klaus mir telefonisch durchsagte, waren gut und ich war sehr damit zufrieden. Randy schien wirtschaften zu können.
Und auch von den Marriottleuten erhielt ich einen guten Anruf, die erste Asbestinspektion sei gut verlaufen und niemand misstrauisch geworden.

Telefon in der Nacht

Ich war ja noch in Deutschland und mitten in der Nacht klingelte das Telefon. Es war Elenore, Carols Mutter, um mir mitzuteilen, dass die gerade die Möbel aus dem Rio Beach rausschleppen. Ich wusste das aber, denn es waren einige alte Stücke, die weg sollten. Aber das konnte sie ja nicht wissen und ich bedankte mich bei ihr. Ich hatte Elenore eine Telefonkarte geschenkt, damit sie mich immer anrufen kann, wenn etwas passiert. So ein kostenloser Spitzel vor Ort ist gut, besonders wenn der so neugierig wie Elenore ist. Nur die Sache mit der Zeitverschiebung hatte sie wohl nicht begriffen. Sie wohnte immer noch gegenüber in dem Apartmentgebäude.

Meine erneute Rückkehr

Als ich zurückkam sah ich zuerst die Säulen gar nicht. Randy hatte die beiden Neuen gestrichen wie die beiden alten Stützpfeiler und welche neu waren, sah man nur bei genauem Hinsehen an dem fehlenden Rost. Die Zahlen, die Klaus mir durchsagte, waren vor allem wegen der geringen Kosten gut. Aber Randy hatte noch was für mich. Er gab mir Schecks, es waren alles seine eigenen. Er hatte immer das Geld ausgelegt, wenn was nötig war. Das war für ihn bequemer als immer Klaus zu fragen. Und das waren mehrere tausend Dollar für Servicefirmen, Handtücher, Wäsche, Putzmittel, Chlor, sein Benzin zum Holen der Sachen, Farbe und so weiter. Tolle Zahlen ade. Und ich musste ihm alles zurückerstatten.

Und er hatte sogar einen Hotelwäschetrockner gekauft. Ein Monstrum für viel Geld und das jetzt noch, wo in wenigen Monaten alles vorbei ist. Doch sollte sich das Ding schnell rechnen, denn unsere Gasrechnung sank um über $ 300 pro Monat. Es wurde ja monatlich der Verbrauch abgelesen und den unglaublichen hohen Verbrauch des alten Gerätes hätte ich nie vermutet. Das hätte ich schon vor Jahren machen sollen.

Ich fragte mich damals, warum es nie einen Vertreter gab, der die Motels abklapperte und mal ein Angebot für einen neuen Trockner unterbreitete. Die Dinger rechnen sich so schnell durch ihre Sparsamkeit, dass eigentlich niemand dazu nein sagen kann. Und die alten Energiefresser wie unsere habe ich bei Tony und bei dem Holländer gesehen, von dem ich noch erzählen werde und der zwei Motels in der Nähe hatte.

Und ums Sparen hatte ich mir einige Gedanken gemacht. Die Apartments hatten jeweils eigene Boiler, die ja immer heißes Wasser bereithielten und die ich immer abstellen ließ, wenn sie unvermietet waren. Und ich sagte bereits Carol und jedem späteren Vermieter im Office, dass ich Räume nahe beieinander in der Nähe des Boilers in der Nebensaison vermietet haben möchte. Es gab im Maidsroom einen großen Boiler, der alles heiße Wasser bereitete. Das war aber extrem weit weg von Nr. 20 oder Nr. 4. Also sollte Nr. 10 oder Nr. 27 vermietet werden. Denn wenn jemand heißes Wasser in Nr. 4 benötigt, muss erstmal das kalte Wasser aus 30 Metern Wasserleitung herauslaufen, bis der Gast endlich heißes Wasser hat und wenn er das Wasser abdreht, bleibt 30 Meter heißes Wasser in der Leitung zurück und kühlt langsam ab. Außerdem beschwerten Gäste sich, weil es immer so lange dauerte, bis heißes Wasser kam. Begriffen hat das aber eigentlich nie jemand, auch Randy vergaß das immer beim Vermieten.

Bike Week
Diese Bike Week war zwar bei uns ausgebucht, aber nicht mehr von steigenden Preisen geprägt wie die Vorjahre. Die Stadt hatte Privatleuten erlaubt, ohne Lizenz auch gewerblich zu vermieten. So stieg das Angebot an Zimmern natürlich ganz kräftig an, denn die hohen Preise der Vorjahre waren ja Verlockung genug, auch ein oder mehrere Zimmer im Privathaus zu vermieten. Wir hatten zudem

weniger Zimmer zur Verfügung, denn die Longterms blieben bei uns und immer mehr Zimmer waren nicht an die Biker vermietbar. Sie waren inzwischen einfach zu schlecht geworden. Denn was nützen $ 100 je Nacht, wenn in der zweiten Nacht die Toilette überläuft und der Mieter sein Geld zurück haben möchte und wir noch ein Ausweichzimmer als Schadensersatz bezahlen müssen.
Erstmals sah ich viele "for rent"und "yes" Zeichen an den Motels und Hotels während der Bike Week.
Und zum zweiten Mal platzte eine Kreditkartenabrechnung. Der Mieter bezahlte mit der Karte und stornierte die Rechnung. Das geht in den USA und dann beginnen für uns die Probleme. Ich dachte mir, es geht auch einfacher und legte die Stornierungsbelege zur Seite. In vier Monaten sind wir weg und vorher würde ich den Betrag neu abbuchen und vom Konto abheben, bevor der Exgast was merkt. Würde er dann versuchen zu stornieren, wäre das Konto bereits abgeräumt und er mit Recht sein Geld los. Gut gedacht, doch leider schmiss jemand den Stornobeleg weg. Das Geld sahen wir nie wieder.

Poolparty
Wir hatten ja einige Tabledancerinnen bei uns wohnen und die beiden Eigentümer der Shark Lounge kannten unser Motel inzwischen auch. Randy war inzwischen häufiger Gast in der Bar und kannte die meisten Leute dort auch. Er hatte die Idee, eine Grillparty an unserem Pool zu veranstalten. Tagsüber hatte die Bar geschlossen und so wollten die Eigentümer alles zum Essen und zum Trinken mitbringen und mit den anderen Tabledancerinnen und Mitarbeitern einen Betriebsausflug zu uns machen. Ich hatte nichts dagegen. Randy erzählte dann überall von unserer großen Poolparty mit Tabledancerinnen und ich wunderte mich, dass das Wochenende so gut vorausgebucht war. Als die Poolparty begann, kamen die Tänzerinnen auch. Aber leider schliefen die meisten Tänzerinnen zur allgemeinen Enttäuschung der anwesenden Männer erst mal am Pool. Ungeschminkt und bei Tageslicht sahen sie auch ganz anders aus als abends und waren ganz normale Frauen. Weil es gut zu Essen und zu Trinken gab und die Stimmung einfach sehr gut war, hatten alle die anfängliche Enttäuschung schnell vergessen und es wurde ein sehr schöner Tag.

Totalschaden
Ich war nach einem Sturm mal wieder auf dem Dach am Reparieren, als mir noch ein weiteres großes Problem auffiel. Beim Absuchen des Daches nach Schäden hatte ich eine Pfütze auf dem Flachdach über den Zimmern 23 und 24 entdeckt. Vorher war die sicher noch nie da und mir war bereits zuvor aufgefallen, dass sich

das langgestrecke Mittelteil des Hauptgebäudes zu senken schien. Ganz wenig nur, für mich aber sichtbar. Risse fand ich weder im Beton noch in den Steinen und so dachte ich vorher, ich spinne. Aber die Pfütze bestätigte meine schlimmste Vermutung. Beim Beseitigen der Verstopfung des Abflussrohrs hatte der Sanitärmann wiederholt viel Sand in den herausgespülten Dreckresten gefunden, zu viel für das Abwaschen des Sandes vom Strand in der Badewanne. Vom Haupthaus führte das Abflussrohr unter dem lang gestreckten Mittelteil des Gebäudes hinunter bis zur Straße. Es musste gebrochen sein nach so langer Zeit und so schien jedes Mal Sand unter dem Haus weggespült zu werden und das musste sich ganz schön addieren. Und Häuserteile ohne Fundament stürzten irgendwann ein.
Hoffentlich klappt das mit dem Marriott, denn dieser Schaden war echt schlimm. Und ein Reparieren war nur unter dem Gebäude möglich. Blöderweise hatte dieser Teil des Rio Beach die am besten zu vermietenden Zimmer.

Beziehungen
Inzwischen war Randy fest mit einer der Tabledancerinnen zusammen. Eine nicht so glückliche Entscheidung, denn Nancy hatte noch ein weiteres Verhältnis mit einem Mexicaner und ziemliche Alkoholprobleme. Das Verhältnis mit dem Mexikaner bekam Randy sehr schmerzhaft heraus, als er nachts auf dem Parkplatz von mehreren Freunden des eifersüchtigen Mexikaners zusammengeschlagen wurde. Nancy gab den Mexikaner aber bald auf und zog bei der besseren Partie ein, und das war Randy. Einmal pro Woche musste Randy dann mit ihr zu den anonymen Alkoholikern, was ihr aber nicht half und Daytona durfte sie per gerichtlicher Anordnung nur bis maximal 15 Kilometer ohne Genehmigung verlassen. Da war wohl noch eine alte Bewährungsauflage offen und illegale Drogen nehmen konnte sie nicht, denn sie musste unregelmäßig und überraschend Blutproben abgeben, die dann untersucht wurden. Also blieb ihr nur Alkohol, und den konsumierte sie reichlich. Und es gab laufend Streit bei den Beiden. Zum Glück bezahlte Randy die Schäden immer selbst, aber er tat mir leid.
Randys große Leidenschaft war das Hochseeangeln und er fuhr mit einem Freund häufig raus und wenn er zurückkam, gab es immer guten Fisch zu essen.
Auch bei mir hatte sich etwas getan. Ich war inzwischen mit Lynn zusammengezogen. Sie gefiel mir gut und hatte mir ja auch imponiert, weil sie von sich aus ihre damaligen finanziellen Probleme angesprochen hatte.
Sie arbeitete wieder Vollzeit im Hotel nebenan und verdiente vor allem mit Trinkgeldern sehr ordentlich. Ihre Vorbereitung für den Smalltalk, den sie für hohe Trinkgelder mit den Gästen machen musste, bestand im morgendlichen Lesen

der Zeitung mit dem vielen Wissen über die aktuellen Sportereignisse.

Inzwischen hatte sie ein Auto, das sie von ihrer Steuerrückzahlung gekauft hatte. Ich dachte damals, sie hätte zu viel Steuern bezahlt und bekäme wie in Deutschland dann eine Rückerstattung. Aber in den USA gibt es eine Art negative Einkommenssteuer. Wenn jemand zu wenig verdient, bekommt er mit dieser Steuererstattung einmal im Jahr die Differenz zu einem Mindesteinkommen ausbezahlt. Anders als bei der deutschen Sozialhilfe wird aber erwartet, dass man das Jahr über arbeitet und sich einigermaßen selbst versorgt. Und als Kellnerin lag sie mit den nicht richtig angegebenen Trinkgeldern immer unter diesem Steuersatz.

Das erste Mal länger gesprochen hatten wir vor längerer Zeit, als wir einen Vollmond mit einer ganz merkwürdigen Farbe hatten, weil der durch den Schweif von irgendwas flog. Nur der Kanadier, unser Frühjahrsgast, der mich netterweise darüber informiert hatte und Lynn wussten davon und waren wie auch ich rausgekommen, um das zu beobachten. Es hob sie deutlich von den uninformierten dummen anderen Gästen ab.

Und auch der Zeitpunkt war gut, denn hätte sich etwas nach dem Bekanntwerden des Marriottdeals ergeben, hätte ich gedacht, sie ist nicht an mir, sondern an dem Geld interessiert. Das hatte ich mehrfach sehr plump erlebt, wie Frauen an mir als guter Partie interessiert waren. Das beste war eine Mitbewohnerin, die tagelang an mir klebte und dann aufgab und sich von ihrem Exfreund von der Golfküste abholen ließ. Sie erzählte mir dann vor dem kurzen Abschied, wenn ich kein Interesse an ihr hätte, ihr Exfreund würde sie schon gerne zurücknehmen.

Und im Motel hatte ich mich ja immer ärmer gemacht. Ich war Angestellter der deutschen Gesellschaft, hatte immer nur kurz bei der An- und Abreise ein Auto und fuhr Fahrrad und wohnte in einem kleinen Zimmer.

Keine Miete mehr, wir sind ja eh reich

Und dann kam der Tag, der kommen musste. Es stand riesig in der Zeitung als Aufmacher und einiges im Innenteil und mit Bildern. Das Marriott kommt nach Daytona und kauft unsere Motels.

Wir waren reich, das wusste nun jeder und alles Leugnen half natürlich nichts mehr. Die Reaktionen der Mieter gingen je nach Niveau vom Gratulieren bis zum blanken Neid. Aber fast alle waren sich in einem einig, dann brauchen wir ja deren kleine Miete nicht mehr und die meisten hatten auch genug Zeit bis zur nächsten Mietzahlung, das untereinander zu besprechen. Alle wussten, Kündigungen dauern Zeit und die hatten sie ja. Und sie müssen wegen dem in Kürze folgenden Abriss sowieso was Neues suchen, also ist es ja auch nicht schlimm, vielleicht etwas früher rauszufliegen. Was machen da ein paar Tage früher rausfliegen schon aus bei den gesparten Mietausgaben. Manche waren so nett und erklärten noch mühselig, sie brauchten ja die ersparte Miete, weil sie woanders ein Deponat zahlen müssen. Und nur wenige zahlten weiter und wir ärgerten uns, sahen das aber bei der zu erwartenden Kaufsumme als nicht so schlimm an und irgendwie verstand ich die Leute sogar.

Mit Lynns und Randys Hilfe schmissen wir zwei schlimme Mieter raus. Bei einem drohte Randy handgreiflich zu werden und das half enorm beim Auszug. Lynn wusste, dass das Jugendamt in den prüden und verrückten USA keinen Spaß versteht, wenn ein Junge und ein Mädchen im selben Raum schlafen. Die Kinder waren sieben und neun Jahre alt und das wäre sofort ein Grund gewesen, die Kinder der Familie wegzunehmen. Und sie zahlten keine Miete und die Kinder waren eine schlimme Plage, also half bereits die Drohung mit dem Jugendamt und den Folgen und wenige Stunden später waren sie weg. Dann wurde es einfacher, die anderen zu überreden, an uns weiterzuzahlen. Und einige hatten auch Leichen im Keller und wollten nicht auffallen. Es würde noch eine ganze Zeit dauern, bis wirklich ein Abriss erfolgen würde. Das war zwar auch etwas gelogen, aber die Zeitung wusste auch nicht sehr viel über die Zeitplanung zu berichten, also half unsere Behauptung.

Und dann kam der Tag mit den ersten sichtbaren Veränderungen. Es wurde mit der Einrichtung der Baustelle begonnen. Auf der Straße, die ja zwei Spuren je Richtung und eine gemeinsame Mittelspur zum Abbiegen hatte, wurde die rechte Fahrbahn auf unserer Seite abgeteilt und die Mittelspur stattdessen zur neuen Ersatzfahrspur. Schließlich mussten ja die ganzen LKWs in der Bauzeit dort halten. Noch nie hatte mir eine Straßenbaumaßnahme so gut gefallen.

Krankenhaus

Lynn half bei uns immer mehr mit und mir gefiel das auch. Allerdings störte mich ihr extrem frühes Aufstehen bei dem Hoteljob, denn als Bedienung muss man ja noch früher als die Gäste da sein und ich wurde auch jeden Morgen wach. Ich arbeitete die späten Schichten und Randy als Frühaufsteher morgens. Und da sie bei mir keine Miete mehr zahlte reichte ihr Geld. Eines Tages brach sie sich im Maidsroom den großen Zeh. Das war unsere Diagnose und sie wurde später bestätigt. Also fuhr ich sie ins Krankenhaus. Lynn war nicht krankenversichert und ich wusste bereits von früheren Krankenhaustouren, in welche der Kliniken ich musste. Denn ohne Krankenversicherung wird man nur gegen Rechnung behandelt, wenn die Klinik öffentliche Mittel erhält. Dann steht im Eingang ein riesiges Schild mit dem Hinweis, dass der Staat Zuschüsse zahlt und niemand weggeschickt werden darf, der kein Geld hat und jeder behandelt wird. Das Publikum war allerdings - höflich formuliert - durchwachsen und alles erinnerte mich sehr an eine Notaufnahme in Thailand, die ich aber damals sofort verließ auf dem Weg zum Privatkrankenhaus. Aber die Möglichkeit sah ich hier in den USA nicht ein. Und ein gebrochener Zeh ist ja auch keine Nierenkolik wie bei mir in Thailand. Jedenfalls ist Lynns Zeh geröntgt worden, wir bekamen die Diagnose und das wars dann auch schon.

Später kam dann die Rechnung über knapp $ 400. Über die Höhe war ich bei dem bischen Leistung erschrocken. Ich dachte, die Horizont Holding Daytona, Inc., sollte das zahlen, schließlich war es ein Arbeitsunfall, aber sie war entschieden dagegen. Dann kam eine Mahnung und ich sagte ihr, wenn sie nochmal dort hin müsste, wäre doch eine offene Rechnung unangenehm. Sie störte das nicht. Mich aber und ich gab ihr das Geld, dann kommen wenigstens später keine Vorwürfe von ihr.

Und mir fielen jetzt auch die vielen Briefe der öffentlichen Krankenhäuser an unsere Longterms auf. Es waren Rechnungen und Mahnungen. Dreimal muss das Krankenhaus die Rechnung anmahnen. Eingetrieben wird die Rechnung niemals.

Und ich dachte immer, in den USA gäbe es keine Krankenversorgung. Das System ist doch etwas besser als ich dachte. Nur bei der Zahnbehandlung brauchte man Geld. In den Krankenhäusern wird nur gezogen und für die Schmerzmittel hinterher muss man selbst bezahlen.

Und noch etwas ist recht gut in den USA: Medikamente sind viel billiger in den USA und viele Touristen decken sind dann auch in den USA für Deutschland ein. Und das geht von Aspirin, 100 Stück von WalMart für $ 1 bis zu WickmediNight fast zu Saftpreisen usw.

Autoverwertung

Bei uns hinten auf dem Hof standen zwei alte Autos. Eines gehörte einem Mieter, der mit offener Rechnung trotz Sachen im Zimmer abgehauen war und bei einem hatten wir keine Ahnung, wer das Auto bei uns abstellte. Aber in Florida gehört einem, was auf dem Grundstück gefunden oder verlassen wird, wurde mir zumindest erzählt. Also riefen wir eine Abschleppfirma aus Orlando an, ob sie Interesse hat. Firmen aus Daytona wollten wir nicht, vielleicht findet der Eigentümer dann sein Auto dort wieder und wir bekommen doch noch Ärger. Je weiter weg um so besser. Sie kamen abends mit einem Abschleppwagen und luden die beiden Autos auf. Sie fragten nach nichts, Schlüssel und Papiere hatten wir ja auch nicht und sie bekamen die Wagen dafür auch sehr billig. Hätte uns ein Eigentümer später gefragt, wüssten wir von nichts, und der Händler wird schon dicht halten. Das Geld aus dem Verkauf trug ich dann als Zimmermiete ein, irgendwie passte das ja auch. Bei dem Abschleppen war ich absichtlich wieder nicht dabei und Randy verhandelte auch allein mit den Käufern.

Zu dem Thema erhielt ich dann auch einen lustigen Anruf am nächsten Tag. Jemand sprach mit entsetzlich rauer Stimme und wollte seinen Namen aber nicht sagen. Also hörte ich mir das erst an. Es seien auf unserem Hof abends Autos gestohlen worden und Randy sei dabei gewesen. Ich bedankte mich bei Elenore, die total erschrocken war, woher ich ihren Namen wüsste. Aber ihre Stimme erkennt jeder sofort, sagte ich ihr und bedankte mich. Es sei aber alles ok, log ich, die Besitzer seien einverstanden und es gehe um offene Mietforderungen.

Etwa vier Wochen später kam ein junger Mann zu uns, sein Vater hätte ihm gesagt, er solle sich um seine Sachen bei uns kümmern. Oh war das peinlich, sein Vater landete mit einem Herzinfarkt im Krankenhaus und wir räumen sein Zimmer leer und verkaufen sein Auto. Das Auto war aber wirklich ziemlicher Schrott gewesen und der Sohn verstand uns auch. Wirklich erfreut war er, als wir wenigstens alle Sachen vom Vater herausgaben und nichts fehlte. Und die offene Miete war ja durch den Autoverkauf auch bezahlt. Auch der Vater war versöhnt und zog einige Wochen später wieder bei uns ein.

Vertreter 2

Einmal wollte ein Vertreter für Seifen und Waschmittel bei uns übernachten und checkte bei Randy ein. Er hatte Glück, denn Randy akzeptierte die Bezahlung in Naturalien, die erst einige Tage später erfolgen sollte. Ich meckerte mit Randy am nächsten Tag, als ich das erfuhr. Aber Randy sollte entgegen meiner Wette recht behalten, und wie recht. Der Vertreter kam mit einem Van voller Kisten. Wir freuten uns, als er uns den Inhalt zeigte. Es waren kleine Stoffbeutel mit Shampoo, Seife und Lotion und wir dachten, eine davon sei für uns, was für die Übernachtung völlig ausgereicht hätte. Aber alle Kisten mit mehreren tausend Stoffbeuteln waren für uns. Die ganzen Sachen waren bei der Gesellschaft wegen einer Produktionsumstellung überflüssig und wir könnten die ja brauchen, dachte er sich. Also begannen wir die Kisten im hinteren Teil des Offices und im Maidsroom zu verstauen. Wir waren mit Sicherheit das einzige Motel, das solch einen Luxus den Gästen anbietet und hatten bis zum Verkauf des Motels noch immer Vorräte davon.

Faustrecht

Es gab da einen sehr hartnäckigen Dealer, der zuerst sehr freundlich war und ich vermietete an den, da ich ihn nicht kannte. Am nächsten Tag erfuhr ich, dass er nachts auch an Zimmertüren geklopft hatte und Drogen anbot. Nicht bei uns und raus war er, denn ich drohte mit der Polizei. Als er am nächsten Abend wieder da war und seine Geschäfte versuchte, drohte ich wieder mit der Polizei, er blieb aber recht gelassen. Vielleicht hatte er ja von unseren Problemen erfahren oder wollte auch nur abwarten. Als Randy ihn dann zum Verlassen aufforderte war er sofort weg. Aber den nächsten Abend tauchte er wieder auf, diesmal hatte einer seiner Freunde ein Zimmer bei uns gemietet, in dem er auch wohnte. Mir reichte es und ich bat Randy, das Problem zu lösen. Randy war wie ich wusste kein Killer wie Dave, der das sehr endgültig gelöst hätte. Als er zurückkam, hatte er eine geschwollene Faust und sagte was von jemandem, der von einer Mauer gefallen war. Ich fragte nicht nach und war mit dem Ergebnis zufrieden. Der Dealer ging zukünftig bereits vor unserem Motel auf die andere Straßenseite und war glücklicherweise bald ganz aus unserer Gegend verschwunden.

Zuhälter und Dealer
Meine Abneigung gegenüber Zuhältern war inzwischen in Hass umgeschlagen. Ich verstand inzwischen auch viele der Bemühungen der Regierung gegen den Drogenhandel, die mir zu Beginn reichlich übertrieben vorgekommen waren.
So hatte bei mir vor einigen Wochen ein junges Mädchen von gerade 18 Jahren eingecheckt, die sich in dem Office bückte, um etwas aus ihrer Tasche zu holen und dabei tiefste Einblicke bot. Ob das als ihre Art der Geschäftsanbahnung zu verstehen war, wusste ich nicht, aber sie sah unglaublich gut aus. Als sie am nächsten Tag zur Checkout Zeit um 12.00 Uhr zum Miete zahlen nicht kam und auch nicht auszog klopften wir an ihre Zimmertür. Da auch nicht geantwortet wurde gingen wir in das Zimmer. Viele Mieter ziehen einfach aus und lassen den Schlüssel trotz Pfandes einfach liegen. Statt eines Schlüssels oder ihr fanden wir einen unsympathischen und ungepflegten Zuhälter vor, den wir gleich rausschmissen. Sie holte dann später ihre Sachen im Office ab, aber diesmal ohne sich zu bücken.
Dieses junge Mädchen sah ich dann täglich auf der anderen Seite laufen und mit der Zeit entwickelte sie den typischen Crack-Gang, so ein wildes Rudern mit den Armen beim Laufen, um das Gleichgewicht zu halten. Als ich ihr nach einigen Wochen auf dem Weg zum Einkaufen begegnete, war sie nicht mehr wiederzuerkennen. Ein ziemliches Wrack. Und das war nicht die Einzige, die auf der anderen Straßenseite in so einem kaputten Zustand rumläuft und ihr Geld für den Zuhälter und ihre Drogen verdient.
Eine andere Prostituierte, die ich von der anderen Straßenseite her vom Sehen

kannte, kam eines Abends auf unser Grundstück. Ich war mit dem Schlauch am Gießen der Hecke und nicht im Office. Sie hatte mich nicht gesehen und nur das leere Office bemerkt. Ich weiß nicht, wohin sie wollte, aber als sie mich sah, drehte sie sich sofort um und war sofort weg. Ich musste gar nichts sagen, hatte aber auch leider nicht gesehen, zu wem sie wollte.

Neue Werberegeln
Unser Reklameschild an der Straße nutzte ich reichlich. Doch dann gab es Änderungen. Bisher reichte es zu schreiben, z.B.:
"$ 39 for 2 Pers",
jetzt musste die Gültigkeit des Angebotes und die Zimmeranzahl mit diesem Preis dazu, also:
"$ 39 for 2 Pers 5 R 7/12 - 8/29".
Jeder versteht selbstverständlich sofort, was das bedeutet. Die zwei Personen zahlen $ 39 und der Preis gilt für 5 Räume und das Angebot gilt vom 12. Juli bis zum 29. August (In den USA werden Tag und Monat anders angeordnet). Ich glaube nicht, dass dieser Unsinn bis heute überdauert hat. Und Sinn machte er nie, denn wir inserierten mit geändertem Text aber inhaltlich weiter wie zuvor und hatten ja im Zweifelsfalle die billigen Zimmer bereits an unsere Longterms vermietet und auch in anderen Motels konnte ja niemand wissen, ob die Sonderpreise wirklich bereits vergeben waren. Notfalls waren die fünf Räume zu $ 39 immer bereits vergeben, wenn man die Mieter nicht wollte.
Unsere gerne benutzte Abkürzung 3 = 2 oder 4 = 3 war nicht berührt, jeder wusste wirklich, das meinte z.B. drei Nächte wohnen und nur zwei Nächte zahlen.

Nachmittags vor dem Stadtgericht
Unser riesiger Müllcontainer stand früher hinter dem Geräteschuppen. Dort störte er nicht und war nur von einem Teil der Zimmer zu sehen, stand teilweise im Schatten und nahm nur einen einzigen Parkplatz ein. Jede Woche schoben wir ihn vor das Hauptgebäude, wo er auf unserem Grundstück vor dem großen Werbeschild stand, bis er geleert wurde. Die Fläche war groß genug, denn die Müllwagenfahrer in Daytona Beach waren teilweise lausige Fahrer. Obwohl die Fahrzeuge vorne Greifer hatten und sie den Müllcontainer dann über das Führerhaus hoben zum Entleeren. Irgendwem bei der Stadtverwaltung fiel ein, dass Müllcontainer hässlich aussehen, egal ob man sie sehen kann oder nicht. Also beschloss die Stadtverwaltung, dass zukünftig alle Müllcontainer an der Straße stehen und in einem Verschlag sichtgeschützt sein müssen. Der Verschlag musste oben offen

sein, damit die Container zum Leeren herausgehoben werden können. Dass sie dann in der Sonne bei den Temperaturen entsetzlich stinken werden, bedachte vermutlich keiner dieser hohen Herren. Wir begannen mit der Auswahl des Platzes und am wenigsten schlimm war es vor dem Straßenhaus. Leider entfielen dadurch zwei Parkplätze und wir gewannen nur einen schlechten Parkplatz, wo der Container vorher stand. Ich machte diese Arbeiten noch gemeinsam mit Al vor fast zwei Jahren. Wir kauften Holzflechtwände für die Seiten, brachen den Asphalt auf, setzten Pfeiler in den neuen Öffnungen, gossen sie mit Zement aus, fertigten zwei stabile Türen aus Holzflechtwänden und bauten den Verschlag. Das dauerte einen ganzen Tag für zwei Leute. Wir entsprachen dabei genau den Erwartungen der Stadt und waren mit dem Ergebnis sehr zufrieden, als die Müllabfuhr die nächste Woche klappte. Die Woche darauf fanden wir den Verschlag aber ziemlich demoliert vor, beim Herabsetzten muss der Container auf eine Seite geprallt sein. Wie das passieren konnte, ist fraglich, denn beim Hochheben und späteren Runtersetzen kann das eigentlich gar nicht geschehen, weil das Fahrzeug dabei stehen bleibt. Informiert wurden wir damals natürlich auch nicht und auch nicht bei allen späteren Beschädigungen. Die Nachbarhoteliers rieten damals aber ab, mich zu beschweren, es werde dann nur schlimmer. Ich sollte es wie sie machen und den Container vorher herausschieben. Vermutlich wollten das die Müllfahrer mit der Beschädigung auch bezwecken. Also zogen wir ab dann den Container heraus, ließen ihn vor dem Verschlag stehen und schoben ihn später zurück. Damit war zwar der Zweck der Vorschrift, der Container solle von der Bildfläche verschwinden endgültig beseitigt, aber egal.

Zwei Wochen zuvor war wieder einmal unser Verschlag beschädigt, auch wie immer grundlos und wir reparierten ihn wieder. Zu unserer Verwunderung erhielten wir einige Tage später eine Art Anklageschrift von der Stadt. Im Namen des "A1A Property Improvement Programs" bekamen wir vom Department of Development Services, Unterabteilung Permit and Licensing Division einen Vordruck zugesandt, in dem "All buildings will present a neat and fresh appearance and be free of all peeling paint, mildew, graffiti, or dirt" angekreuzt war. Da wir damit nichts anfangen konnten, riefen wir dort an. Das wäre auch einfacher gewesen, wenn eine Telefonnummer angeben worden wäre. Alles andere stand auf den beiden Zetteln, bis zu dem Ende der Lizenz der Kontrolleurin Rose Marie Coggins am 10. September 2003 und sogar, wo die Frau versichert war. Nicht aber, was wir genau getan haben oder eine Telefonnummer. Wir erfuhren dann, unser Containerbehälter sei kaputt und damit in einem vorschriftswidrigen Zustand.

Wir mussten in die Stadthalle und meine spätere Frau Lynn war mit. Es war voll mit etwa 300 Personen und ich besah meine Nummer CEB 4-00-47 etwas genauer. Es war vermutlich die Aufrufnummer 47 für den Nachmittag und kein Aktenzeichen. Ich wollte nach einem Moment wieder gehen und später wiederkommen, als uns auffiel, dass gar nicht nach der Nummernfolge vorgegangen wurde. Es kamen Behördenmitarbeiter und Polizisten rein und nach denen richtete sich die Nummer. Wenn ein städtischer Angestellter die Nummern 3, 77 und 137 vertrat, so kamen die nacheinander ran. Also mussten wir sitzen bleiben und abwarten, denn nicht anwesend zu sein, war schlimm, wie mir unser Nachbar Toni vorher versichert hatte.

Es wurden merkwürdige Dinge verhandelt, ob z.B. ein großer (ca. 5 Meter hoch) bemalter Papagei an einer Hotelwand die Stadt verschandelt. Natürlich kannten wir das große Bild und es sah toll aus und ohne das Bild wäre es nur eine große weiße Hotelwand. Er verschandelt nicht, muss aber regelmäßig nachgestrichen werden und darf dann bleiben. Ein Schlag mit dem Hammer, beschlossen von der Stadtversammlung. Was geht die so was überhaupt an, dachte ich bei mir.

Eine hässliche Mauer mit abgeblätterter Farbe hinter einem Mietshaus. Ich dachte, ich höre nicht richtig. Bin ich nicht in den USA, wo jeder alles darf, außer dem Nachbarn zu schaden. Muss gestrichen werden und es gab eine Woche Zeit dafür. Beschlossen.

Kaputte Neonröhren an einem Hoteleingang. Und der Hoteleigentümer oder wenigstens ein Vertreter war nicht im Raum. Der Inspektor berichtete, dass der Hotelier auch sehr unfreundlich zu ihm war und augenscheinlich auch jetzt die gesamte Verhandlung missachtete. So ein Verhalten war teuer und sehr dumm, denn ab dem Inspektorengespräch vor einigen Wochen kostete jeder Tag $ 50 und ab morgen würden es pro Tag $ 100 sein, bis alles ok und abgenommen ist. Oh, oh, das klang nach Rache der Stadt und ich wusste, was Tony meinte, als er sagte, wir müssen unbedingt persönlich dort sein.

Ich saß verbissen auf meinem Stuhl. Bloß jetzt nicht müssen und nicht im Raum sein, wenn mein Fall verhandelt wird.

Und dann war der entsetzliche Fall dran, dass in einem privaten Vorgarten Blumen und Rasen vertrockneten und nicht gegossen oder entfernt wurden. Wo war ich? Dem musste natürlich abgeholfen werden, wie die Eigentümerin auch sofort zusicherte. Sie habe bereits angefangen damit. Das half und das hohe Haus ließ Gnade walten.

Es kamen weitere, teilweise seltsame Sachen vor und die Stunden vergingen. Und dann kam endlich unsere Nummer dran. Wir waren gute drei Stunden bereits dort. Es wurde der Vorwurf verlesen und ein Inspektor sagte, "Repared" - repariert. Und dann kam der nächste Fall dran. Ich musste nichts tun und kam mir verarscht vor. Wir hatten nichts Unrechtes getan, unser Eigentum wurde von der stadteigenen Müllabfuhr beschädigt und statt Schadensersatz zu bekommen sitze ich stundenlang da und muss mir diesen Unsinn anhören. Oh war ich sauer. Das einzig Gute war, dass ich bald mit viel Geld Daytona Beach verlassen kann.

Marriotts Krach mit der Stadt

Alles verlief nach unserer Ansicht und auch nach Tonys Meinung bestens. In zwei Stadtversammlungen hatte es jeweils Zustimmung zu den Bauplänen und Wünschen Marriotts gegeben. Das Abraumberechnen hatte stattgefunden und die Stadt hatte sogar die Baustellenspuren bereits auf der Straße angelegt. Doch dann gab es offenen Krach. Marriott wollte von der Stadt ein Parkhaus oder zumindest Hilfe bei dem Bau haben. Doch die Stadt stellte sich quer und Marriott zog sich aus Daytona Beach zurück. Einen Tag vor Ablauf der Frist rief mich der sehr enttäuschte Mann von der ersten noch geheimen Verhandlung an und teilte mir mit, es sei leider alles erledigt. Sie hätten alles versucht und fast ein halbes Jahr Arbeitszeit und sehr viel Geld bereits in die Planung gesteckt, vergeblich.
Für mich brach die Welt zusammen, denn mit sowas hatte ich zu diesem Zeitpunkt nicht mehr gerechnet. Unsere ganze Planung bis zu meiner Ausreise war vorbereitet, denn Marriott hatte zuvor bereits das noch geheime Datum der Übernahme verraten und ich hatte bereits die Rückflüge für Lynn und mich nach Deutschland reserviert. Es war inzwischen für uns klar, dass Lynn erstmal mitkommt nach Bremen und wir dann mal weitersehen.

Marriotts Verzicht

Nur standen wir vor der totalen Pleite.
Wir hatten einen Haufen glücklicher Mieter, deren Wohnort nun gesichert war, aber mehrere gute Dauermieter waren leider vorher ausgezogen.
Das Gebäude war in einem sehr schlechten Zustand, denn wir hatten natürlich die letzten Monate kaum etwas investiert. Mit dem gesparten Geld konnten wir das zwar etwas nachholen. Aber es fehlten auch Mieteinnahmen aus der Problemzeit und es war ja noch Vorsaison gewesen. Und das Gebäude war in Teilen inzwischen noch baufälliger. Ich hatte den Eindruck, der mittlere Gebäudeteil bei Nr. 23, 24 bzw. Nr. 7, 8 im Erdgeschoss hatte sich noch weiter abgesenkt und der Sanitärmann musste teilweise mehrfach die Woche kommen. Nr. 25 konnten wir nur noch an einen Longterm vermieten, der seine Badewanne nur zum Duschen benützen durfte. Immer wenn vorher ein Mieter aus der Badewanne das Badewasser abließ, lief aus den Klos in Nr. 9 und Nr. 8 eine dreckige Brühe heraus. Nachdem das dreimal passiert war, erkannten wir den Zusammenhang.

Der Raum mit der Poolpumpe war inzwischen einsturzgefährdet. Die Chlordämpfe hatten dem Stahlbeton so zugesetzt, dass fast an der ganzen Decke der Beton unter dem gerosteten Eisen abgeplatzt war. Wir hatten den Sitzbereich auf dem Dach bereits abgesperrt, denn wenn dort jemand ging, fielen immer Betonstücke von der Decke und es war eine Frage der Zeit, bis dort jemand durchbrach. Und das Ausbessern hatte auch nicht mehr geholfen.

Und es waren Termiten im Dach des Strandgebäudes am Fressen.

Mein Visum lief dem Ende entgegen, an eine Abreise war aber im Moment nicht zu denken.

Ich musste den Verkauf nun unbedingt beschleunigen. Das war aber schwerer als je zuvor, denn die Stadt hatte mit ihrer Haltung jeglichen größeren Investor abgeschreckt. Für Daytona Beach wäre das Timesharing Objekt großartig gewesen. Bei Timesharing steht nie ein Zimmer leer, denn die Saisonzeiten sind einfach unterschiedlich teuer. So kostet eine Woche Dauerwohnrecht zu der Bikeweek oder für die großen Rennen richtig viel Geld, in der letzten Novemberwoche ist es sehr billig. Und wer sich für ein sehr billiges Wohnrecht für November entschieden hat, der kommt auch im November, selbst wenn in Daytona Beach Totentanz bei schlechtem Wetter ist. Und auch von einem eventuell kommenden Hurrican lässt sich ein Timesharinginhaber nicht so schnell verschrecken. Er hat nur die eine Woche und die wäre sonst für das Jahr verfallen. Und das wären 500 bis 1.000 Personen je nach Belegung der Zimmer das ganze Jahr. Und diese Leute gehen Essen, kaufen ein und es werden Servicekräfte fürs Objekt von der Rezeption über den Sicherheitsservice und die Wartung bis zu Putzfrauen ganzjährig benötigt. Wer als Stadt so jemanden wie Marriott wegen eines lächerlichen Streits um eine Parkgarage weggehen lässt, will einfach keine Investoren.

Dabei sollte das Investitionsvolumen nach Zeitungsberichten über 64 Millionen Dollar betragen und allein die Bauphase hätte für eine gute Beschäftigungslage beim Bau selber, Zulieferern und der Gastronomie etc. geführt. Und wenn Marriott sich für eine Stadt entscheidet, hat das Signalwirkung auch für andere Investoren.

Die Makler, mit denen ich dann sprach, waren alle fassungslos.

Aber es fielen uns nur kleine Dinge zum Geldverdienen ein, so wollten wir in einem kaum genutzten Abstellraum gegenüber der Waschmaschine und dem Trockner noch je eine weitere Maschine aufstellen lassen. Das Geschäft war mit den vielen Dauermietern und den Leuten, die in der Nähe wohnten immer besser geworden. Auf den Maschinen standen häufig bereits die Wäschekörbe wartender Wäscher als Reservierung.

Inzwischen hatten wir Monate mit bereits über $ 1.000 Ertrag aus den beiden Geräten, das konnten mit weiteren Maschinen über $ 15.000 werden pro Jahr.

Nachdem wir nun Notwendigstes repariert hatten, mussten wir für die Hochsaison einkaufen und waren schnell pleite. Ich fuhr dann teilweise zweimal am Tag zur Bank, Geld einzahlen, damit keine Scheck platzen. Das ist zum Glück auch nie passiert und ich vergesse nie meinen Dauerlauf zu dem Wagen von Teco Peoples Gas, weil ich dachte, der will das Gas abstellen. Ich hatte gerade erst am Vortag sehr verspätet den Scheck rausgesandt, aber er kam nur zum Ablesen unseres Verbrauchs. Es war eine scheußliche Zeit gewesen.

Sanierungsgebiet

Und es gab ein weiteres Problem, denn wir waren ja inzwischen ein Sanierungsgebiet. Marriott wollte natürlich auch steuerlich alles möglichst optimal gestalten. Das war am einfachsten, wenn die Stadt das Baugebiet zum Sanierungsgebiet erklärt. Dann kann dort einfacher gebaut werden und zugleich sind schnellere Abschreibungen möglich. Das spart Steuern und sollte eigentlich mal heruntergekommenen Stadtvierteln zu Investitionen verhelfen.

Also beschloss die Stadt, den Teil der A1A vor unserer Tür zwischen den zwei Nebenstraßen rechts und links zum Sanierungsgebiet zu erklären. Die drei größeren Hotels neben uns störte das nicht und uns vier kleine Motels, die abgerissen werden sollten, natürlich auch nicht. Bis jetzt nicht, ohne das Marriott Angebot, denn im Sanierungsgebiet kann auch schneller und billiger enteignet werden, wenn es der Sanierung dient. Alle vier Motels hatten in den letzten Monaten kaum noch etwas investiert und wir kennen ja das brutale Durchgreifen der Stadt von dem Nachmittag beim Stadtgericht. Es bestand die berechtigte Gefahr, dass jemand in der Stadtverwaltung mit unserer Enteignung im Interesse Daytona Beachs beginnt. Und so eine Enteignung kann sogar unter Wert stattfinden, wie uns aus verschiedenen Quellen berichtet wurde. Wir begannen aus Angst wie die Nachbarn mit sofortigen Reparaturen und dem Streichen des Gebäudes.

Wir hatten einen Maler bei uns wohnen, der den Außenanstrich des Offices übernehmen wollte. Über dem Office war eine mehrere Meter hohe Wand zu Deko- und Werbezwecken gebaut worden, auf der der Name Rio Beach groß geschrieben stand und die mehrere Meter hoch war und seitlich schief zur Straße ragte. Am oberen Teil der Wand war die Farbe abgeblättert und der Maler arbeitete vom Officedach aus. Genau dort wo es am Schlimmsten aussah, hörte der Maler auf zu streichen, da er nicht mehr daran kam. Es war ihm zu unsicher.

Also musste ich das Streichen weitermachen. Statt einer Rolle in der Hand wie der Maler begann ich mit einer langen Leiter, die ich an unser großes Werbeschild lehnte und einer langen Stange mit einem Pinsel am Ende etwas wackelig aber erfolgreich mit dem Streichen. Ein großer Teil der Farbe landete zwar auf dem Bürgersteig, denn wenn ich von oben auf der Leiter den Pinsel in den Farbeimer einstippte, dauerte es immer, bis der Pinsel wieder oben an der Wand war. Es war aus der Nähe auch nicht sehr schön, sah aber von der Straße hinterher sehr ordentlich sauber und weiß aus.

Bei zwei kaputten Fensterscheiben hängte ich ein Schild Office über ein Loch in der Scheibe und im Maidsroom nagelten wir die Scheibe zu und strichen drüber. Das Schild Office mit einem Pfeil darunter machte zwar keinen Sinn dort, wo es hing, aber auf die Idee eines Loches dahinter wäre nie jemand gekommen. Scheiben müssen in Daytona Beach sofort ausgewechselt werden, wenn sie kaputt sind oder einen Sprung oder Loch haben. Und unsere Scheiben waren alle aus verdunkeltem sehr hartem Glas. Und das war sehr teuer.

Nach kurzer Zeit war Rio Beach außen hui, innen pfui, denn wir machten nur optische Verbesserungen. Bei der immer schlechteren Bausubstanz war kaum was zu retten.

Catlady

Lynns beste Freundin im Rio Beach war Deutsche. Sie hatte zuerst als Bankkauffrau in Frankfurt bei einer Sparkasse gearbeitet, langweilte sich dort und wechselte in ein Reisebüro. Ähnelt ein wenig meiner eigenen Biografie. Dann ging sie als Reiseleiterin in die Dominikanische Republik und lernte dort ihren Freund kennen, dem sie spontan mit einem Touristenvisum nach Florida folgte. Sie blieb dann in Daytona Beach hängen und arbeitete in einer Wechselstube, wo sie für den Zahlungsverkehr zuständig war und Kunden bediente. Sie war mit dem drei Monate gültigen Touristenvisum vor zwei Jahren in die USA eingereist und hatte zwischendurch ziemliches Heimweh, wusste aber, dass ein Zurückkommen bei dem Visumverstoß unmöglich war. Also lebte sie wie ich ohne gültiges Visum und arbeitete ohne Arbeitserlaubnis als Angestellte. Das war sogar noch schlimmer als bei mir, weil ich ja „nur etwas im eigenen Betrieb aushalf". Ihr Glück wie auch meins war, dass die Polizei ja immer nach Minderheiten wie Mexikanern, Arabern oder Asiaten sucht. Kein Polizist scheint bei blonden Leuten zu vermuten, dass ein Visumvergehen vorliegt. In dem Laden verdiente sie einen Hungerlohn für ihre Arbeit, denn ihr Chef, ein Inder wusste, sie würde kaum was Besseres ohne Arbeitserlaubnis finden und nutzte das heftig aus.

Mein Problem mit ihr lag mehr in ihrem Kater begründet. Er hatte ihr Zimmer so zum Stinken gebracht, dass man das sogar merkte, wenn man bei geschlossener

Tür vorbei ging. Das Zimmer war sonst schön, aber zeigen konnte ich es niemand und hineingehen wollte ich dort niemals. Und sie selber roch so entsetzlich nach Kater, dass ich mich immer mit dem Wind in ihre Richtung stellte. Zum Glück hatte sie beim Arbeiten eine Scheibe mit nur wenigen Sprechlöchern, Kunden rochen so nichts.

McDonalds Mann

Wir hatten seit einiger Zeit einen Schichtführer von McDonald`s bei uns wohnen. Der Mann war total nett und brachte uns laufend etwas zu essen und zu trinken mit. Da er häufig erst sehr spät nachts von der Arbeit kam, stellte er mir und Lynn dann die Sachen vor die Tür. Vieles schmissen wir weg, denn wir hatten ja nicht immer Hunger auf die Burger oder Lust auf Shake, aber er war echt nett und natürlich haben wir ihm das nie erzählt. Es landete auch im Klo, so dass er nur leere Verpackungen im Müll sehen konnte. Irgendwann war ihm sein Zimmer zu teuer geworden und wir überlegten eine Alternative. Hinter dem Office gab es einen Lagerraum und dahinter einen Raum mit eigenem Ausgang und einem Vollbad. Die Türen waren aber aus geriffeltem Glas, doch wir überklebten das mit marmorierter Folie und schraubten die Verbindungstür nach innen von beiden Seiten zu. Als wir fertig waren, fragten wir uns, warum wir drei Jahre brauchten, um das hinzubekommen und den Raum vermietbar zu haben.

Heirat

Mein fehlendes Visum nervte wirklich und mit Lynn überlegte ich, was wir tun sollten und entschieden uns fürs Heiraten.
Wir sind zuerst nach Miami zur Deutschen Botschaft gefahren, um uns zu erkundigen über amerikanisches Recht. Lynn war völlig irritiert, als ich dort nach Umgehungen von Gesetzen fragte und Tipps bekam. In den USA (The land of the free) ist der Unterordnungsgedanke gegenüber Behörden noch sehr stark. Meine Fragen hätte dort niemand gewagt. Das Hochhaus war interessant, in dem auch die Botschaft war. Es begann mit einer Tiefgarage, in der ich den Mietwagen in eine Box fahren lassen musste, die dann an einen Platz gehoben wurde, um Platz zu sparen. In dem Gebäude mussten wir danach zum Pförtner oder besser zum Sicherheitsleitstand. Die riefen dann die Botschaft an und meldeten uns an. Die Botschaft öffnete uns die Tür zum Fahrstuhl, der durch Kameras überwacht wurde. Für die Etage der Deutschen Botschaft gab es keine Druckknöpfe im Fahrstuhl, alles wurde von aussen gesteuert. Oben angekommen blieben wir immer durch Glaswände vom Personal getrennt, auch bei den späteren persönlichen Gesprächen. Toll war der weite Blick aus dem Hochhaus. Und das war noch vor dem

11.9. – Twin Towers-Anschlag.

Geheiratet hätten wir ohne den äußeren Druck zu diesem Zeitpunkt noch nicht, aber der Grund war wirklich gut. Den Antrittsbesuch bei ihrem Vater und der Stiefmutter hatte ich schon vor Wochen gemacht. Sie wohnten an der Golfseite Floridas in einem Haus, das an einem Kanalseitenarm lag und nur 300 Meter per Kanal vom Meer entfernt war. Traumhaft, so hatte ich mir das fürs Alter auch mal vorgestellt.

Nur die Planung war etwas unübersichtlicher als in Deutschland, weil es so viele Möglichkeiten gab. Eine Lizenz gab es im Rathaus, belehrt wurden wir dort aber hauptsächlich über die Folgen der Scheidung.

Lynn besorgte in ihrem Lieblingsgeschäft Zeitschriften übers Heiraten. Ich wusste nicht mal, dass es solche überhaupt gibt. Und dann begann das Einkaufen, denn ich brauchte ja einen Anzug, Krawatte und neue Schuhe. Wir waren in einem großen Kaufhaus und mir fielen Schilder auf, wenn was falsch ausgezeichnet ist und der Kunde es beim Bezahlen merkt, gibt es die entsprechenden Sachen um die Differenz doppelt verbilligt. Ich hatte mit meinem Anzug Glück, er war falsch ausgezeichnet, ich merkte das und er wurde dadurch sehr preiswert. Die Krawatten gefielen mir alle nicht und wir fuhren zu Lynns Lieblingsladen. Es war ein Geschäft, in das Leute Kleidung und andere Sachen wie Bücher, Kleinmöbel und Geschenke brachten und die dann zugunsten misshandelter Frauen verkauft wurden. Dieser Idealismus der Spender war der Grund, warum es auch sehr gute Sachen dort gab. Im Prinzip ein Secondhandladen, aber unglaublich billig, da auch das Personal ehrenamtlich dort arbeitete. Meine Krawatte kostete dann $ 0,50 und war sehr gute Markenware, meistens endeten die Preise bei $ 2 für Kleidung. Merkwürdigerweise war der Laden nie überlaufen.

Und dann mussten wir aussuchen, wo wir heiraten wollen. Ich war für einen Lokschuppen mit historischen Lokomotiven, Lynn mehr für was im Park und romantisch sollte es sein. Wir einigten uns dann auf ein Blumengeschäft, das war recht preiswert, der Händler hatte eine Lizenz zum Verheiraten und natürlich viele Blumen, die ich aber nicht alle zahlen musste. Und obwohl es in einer Einkaufspassage war, kam wirklich Heiratsstimmung auf.

Da ich vorher einige der Vorbereitungen eher lächerlich fand und das zu ihrem Ärger auch sagte, machte ich alles wieder gut, als ich zumindest eine wichtige Regel kannte. Ich musste in den Wochen davor die für Lynn wichtigen Heiratszeitschriften ansehen und hatte auch etwas darin geblättert und es war hängen geblieben, dass der Ehering vor dem Verlobungsring sitzen muss. Als ich Lynn auf der Hochzeit den Ehering anstecken sollte, hatte sie den Verlobungsring noch an dem Finger. Ich nahm den ab, steckte ihr den Ehering und danach wieder den Verlobungsring an. Das ist so üblich in den USA, der Ehering wird näher am Herzen getragen. Und sie war begeistert, dass ich daran gedacht hatte. Danach waren wir tanzen in Daytona Beach. Darauf hatte Lynn bestanden und Klaus war übrigens mein Trauzeuge.

Dales Besuch

Als ich einen Abend im Office war, kam Dale herein. Er arbeitete zu Carols Zeiten mal bei uns und ich hatte ihn wegen Faulheit rausgeschmissen. Dale wieder in den Streifendienst zurückversetzt worden und wollte nur mal so vorbeischauen, wie er sagte. Nur mal so vorbeischauen, das glaubte ich ihm nie, dafür hatte er zu viel gegen uns gehandelt. Er wollte sicherlich sehen, ob ich noch da bin und fragte mich nach etwas Smalltalk, wann ich zurückfliegen werde. Ich grinste und sagte ihm, das wüsste ich noch nicht so genau und erzählte ihm, ich sei inzwischen verheiratet mit einer deutschstämmigen Amerikanerin aus Wisconsin, die bei uns schon länger wohnte. Und ich zeigte ihm meinen Ehering. Freude kam bei ihm nicht auf und er ging.
Eine tolle Neuigkeit, die er mir unbeabsichtigt brachte. In seiner neuen Position konnte er uns nicht mehr schaden und die Polizei war endlich wieder für uns da. Ich war gespannt, wie Dale arbeiten würde, wenn er mal zu uns kommen müsste. Denn nur auf Randy angewiesen sein, nervte ganz schön und machte mich auch recht abhängig und die Polizei fehlte mir bei Problemen doch sehr.

Dales Einsatz

Als ich wenige Tage später die Polizei anrief wegen einer betrunkenen Prostituierten, die sich weigerte, unser Grundstück zu verlassen, wurde Dale geschickt.
Die Prostituierte war bereits zwei Tage vorher trotz Verlassensaufforderung auf unserem Grundstück geblieben und wir holten die Polizei. Die forderte sie damals zum Verlassen unseres Geländes auf, gab ihr dann eine Verwarnung und uns einen kleinen Zettel mit dem Namen der Frau und einigen Daten zur Personenbeschreibung. Wenn sie innerhalb eines Jahres ohne ausdrückliche Einladung wieder bei uns auftaucht, würde sie ohne weitere Warnung sofort ins Gefängnis kommen. Wir hatten bald wieder an unserer Pinwand eine ganze Reihe von solchen Zetteln hängen.
Dale kam, um die Prostituierte mitzunehmen, doch wir hatten ein unerwartetes neues Problem. Die Frau setzte sich auf unsere Treppe zum Strand und dort durfte Dale nichts machen, denn der Strand gehörte zum Territorium der Beach Patrol, die er rief. Als die kam, war sie sich nicht sicher, ob sie zuständig sei, weil unsere

Treppe an die Grundstücksmauer montiert war. Sie riefen die Stadt an, um die Zuständigkeit klären zu lassen. Die waren auch überfragt und wollten zurückrufen und Dale und die Beachpatrolleute diskutierten weiter. Unbeobachtet ging ich zur Prostituierten und gab der einen ganz kleinen Schubs. Sie saß vorher auf der untersten Stufe und danach im Sand. Und ich rief sofort die dann auch zuständige Beachpatrol, die die Frau mitnahm. Ich glaube, sie sind absichtlich etwas weggegangen, damit ich sowas machen konnte.

Der Fensterspucker

Was den Umgang mit nervigen Gästen anging, wurde ich auch wieder mutiger, nachdem die Polizei wieder für uns tätig war. Besonders hatte mich ein Vater mit seinem ungefähr 16-jährigen Sohn genervt. Beide waren beim Einchecken bereits extrem unhöflich und bekamen entsprechend auch ein schlechtes Zimmer. Am nächsten Tag wollten sie auschecken und der Junge spuckte an die Scheibe des Offices. Er dachte wohl, ich hätte das in dem Moment noch nicht gesehen, sondern es würde mir erst später auffallen. Als der Vater mir den Schlüssel zurückgab, bedankte ich mich freundlich. Er wollte seine $ 10 Deponat zurückhaben. Ich sagte ihm, die seien für die Maid für die Scheibenreinigung. Er bestand auf sein Geld und ich teilte ihm mit, er habe sofort das Grundstück zu verlassen. Er wollte diskutieren und ich tat so, als ob ich die Polizei anrief. Ich nannte unsere Anschrift, sagte, das wir Ärger mit einem Gast haben und sie bitte jemanden schicken sollen. Und ich sagte auch, dass der Gast vor der Tür wartet, da er Hausverbot hat. Es war auch mit den Pausen, die einen Dialog vortäuschten, sehr überzeugend. Der Gast ging wütend hinaus und wartete auf der Straße, wie mit der Polizei besprochen war oder er zumindest glaubte. Und er wartete über eine halbe Stunde, bis er ins Office kommen wollte und ich sofort auf die Grenze zeigte. Er ging zurück und fuhr nach weiteren 10 Minuten. Vermutlich muss sich sein Sohn zukünftig etwas besser benehmen. Sie hatten fast eine Stunde und $ 10 verloren.
Und Klagen ist in Florida nicht einfach. Man muss dort klagen, wo der Vorfall passiert ist. Ich müsste also von denen in Daytona Beach verklagt werden. Und bei der Gerichtsverhandlung muss der Kläger persönlich anwesend sein, ein Anwalt reicht nichts aus. Wohnt er also woanders, müsste er wegen der $ 10 zum Gericht hinkommen und dafür Urlaub nehmen.

Die ersten Kaufangebote

Es kamen Inder, die alles ansehen wollten, bevor sie ein Angebot abgeben wollten. Sie sahen alles an und boten $ 600.000 und ich schmiss sie raus.

Als die Zeitung über den Abbruch der Verhandlungen mit Marriott berichteten, erwähnten sie auch, dass einige der "Abrissmotels" finanzielle Probleme haben und deshalb billig seien. Das erklärte auch die Frechheit, mit der Tiefstpreise geboten wurden.

Und dann kamen andere Inder, diesmal mit einem Makler und sahen sich auch alles genauestens an und boten wieder $ 620.000. Und tschüss.

Als kurz darauf zum dritten Mal Inder auftauchten, dachte ich bereits, die wollen uns mürbe machen mit dem ewigen Nennen eines niedrigen Kaufpreises. Als der eine Inder die Bausubstanz mit einem Messer in der Mitte einer gut sichtbaren Wand prüfen wollte, flogen sie auch raus. Klaus bestätigte meine Vermutung mit dem Weichkochen dann.

Bei einem vierten Inder sah das bereits sehr viel besser aus. Den Preis erinnere ich nicht mehr genau, aber der Preis und das anfängliche Verhalten und die Bedingungen waren alle in Ordnung. Wir machten einen Anwaltstermin ab und sie wollten zu dem Anwalt, bei dem wir bereits das Rio Beach gekauft hatten und der zufällig auch der Anwalt bei den Marriott Verträgen war. Das gefiel mir auch, denn bei einem vielleicht indischen Anwalt hätte ich mich nicht sehr wohlgefühlt. Ich bekam vom Anwalt den Vertragsentwurf und war einverstanden damit. Klaus fragte mich nach dem Käufernamen und der war Patel. Den glaubte er zu kennen, aber es war ähnlich wie mit Deutschlands Müller einfach ein häufiger Name. Und seine Warnungen vor diesen Leuten wären nicht nötig gewesen, denn ich war extrem misstrauisch.

Als mir der Anwalt eine Änderung des Vertrages zufaxte, war ich zuerst einverstanden, denn mit dem Makler der Inder war das im Prinzip abgesprochen. Das Motel sollte den gesetzlichen Bestimmungen entsprechen, war die neue Verkaufsbedingung. Aber irgendetwas störte mich und so rief ich noch nicht zurück zur Bestätigung. Dann fiel mir beim wiederholten Lesen auf, das erst ein Basispreis abgemacht werden soll und dann das Motel bei Inspektionen "up to code" sein soll. Das hieße, sie können mit einem State-Inspector durch das gesamte Motel gehen und nach allen möglichen Fehlern suchen. Und das können unglaublich viele Kleinigkeiten und große Sachen sein. Und wer finden möchte, der findet auch. Und wir würden dann für die Instandsetzung pauschal bezahlen müssen. Ob die Inder dann jemals alles in Ordnung bringen würden, bezweifle ich, das Geld einstreichen würden sie aber bzw. ginge vom Kaufpreis ab. Und das könnte von Herden und Kühlschränken, die rostig sind (ist unzulässig, sagt aber normalerweise niemand was) bis zu abblätternder Farbe an Ecken, wo sonst niemand hinsieht, gehen. Und die Liste wurde in meinem Kopf immer länger, wo irgendwelche Fehler absichtlich gefunden werden können und ich beschloss, den Passus abzulehnen.

Sie akzeptierten und als wir dann beim Anwalt den Vertrag unterzeichnen wollten, denn dazu waren wir ja dort versammelt, begannen die Patels am Vertrag Änderungen vorzunehmen. Zuerst das Datum etwas später, dann wollten sie noch etwas auf einem Anderkonto belassen für angezahlte Buchungen von Gästen und Rainchecks. Das war ärgerlich, aber kein Problem. Doch dann gefiel ihnen auch der Preis nicht mehr. Für mich war der Verkauf damit erledigt und ich ging weg. Damit hatten sie nicht gerechnet.

Der fünfte Inder kam von schräg gegenüber und wollte für seinen Bruder kaufen. Er bot $ 50.000 in bar und den Rest des Kaufpreises von $ 850.000 wollten sie als Kredit von uns. Das war mir zu niedrig, denn es gab auch Inder, die zuerst nur Miete von den Gästen kassieren und nichts renovieren und dann mit den Mietzahlungen an den Vermieter in Verzug geraten. Bis sie dann rausgeklagt sind, kassieren sie immer weiter Miete bei den Gästen. Und natürlich kassieren sie auch noch möglichst hohe Vorauszahlungen für die kommenden Veranstaltungstermine. Dann werden die Räume mit kaputter Klimaanlage eben viel billiger vermietet und zum Schluss die Klimaanlagen und besseren Möbel zum Motel des Bruders geschafft und das ist nicht mal strafbar. Das kann schon mal ein Jahr so gehen, von daher musste die Anzahlung schon die Mieteinnahmen von mindestens einem Jahr decken, die eventuellen Vorauszahlungen und das Inventar auch. Allein die Wiederbeschaffung der Klimaanlagen hätte uns über $ 20.000 gekostet. Ich wollte mindestens $ 150.000 sofort haben. Wir erhielten einen etwas besseren Kaufvertragsentwurf, wurden uns aber nicht einig, denn unser Risiko war zu groß. Aber Inder kamen nicht mehr.

Der Holländer

Mir war bald nach meiner Ankunft bereits beim Spazieren gehen etwa ein Kilometer südlich von uns ein Motel aufgefallen, das genauso aussah wie unseres. Nur im Anstrich und einem nachträglich veränderten Geländer unterschieden die Gebäude sich. Unseres ganz in weiß sah besser aus. Der Architekt hatte die Pläne wohl zweimal verkauft.

Das Motel gehörte zusammen mit einem Motel genau daneben einem in Florida lebenden Holländer, der bei uns vorbeikam, das Rio Beach besichtigte und ein Angebot abgab. Er wusste wie jeder von dem geplatzten Marriott Deal. Endlich mal kein Inder. Der Kaufpreis mit genau wie bei Marriott $ 1.225.000 war großartig und unerwartet hoch. Er wollte aber von uns einen Kredit über $ 420.000 als nachrangiges Darlehen nach seinem Bankdarlehen. Wir hätten also nur $ 805.000

in bar bekommen. Das war ausreichend, wir wären in DM umgerechnet mit einem Gewinn aus der Beteiligung herausgekommen, weil der $-Kurs stark angestiegen war. Und wir hätten ja noch die $ 420.000 Kredit gehabt und falls er pleite gegangen wäre, wären wir wieder Eigentümer des Rio Beach geworden. Zwar hätten wir seine Bankschulden teilweise übernehmen müssen, mit der vorherigen Zahlung wäre das aber immer noch ein riesiger Gewinn gewesen. Er brauchte aber vier Wochen für die Finanzierung und in der Zeit wollte er eine Option auf das Rio Beach haben. Für uns hieß das, wir mussten solange abwarten, was er macht und das Objekt konnte nicht weiterverkauft werden. Es schien merkwürdig und ich wusste auch nicht, was mich eigentlich genau störte. Ich sagte ihm, ich müsse das mit meinen Vorgesetzten, dem Aufsichtsrat der AG klären.

Das war völliger Quatsch, aber ich hatte eine Idee. Ich besuchte ihn in seinem Motel, wo er in einer schönen großen Wohnung über seinem anderen Motel mit Blick auf den Strand wohnte. Mit seiner Ehe ging es aber gerade dem Ende entgegen, seine Frau wollte die Scheidung. Ich erzählte ihm, der gierige Aufsichtsrat wollte $ 25.000 als Anzahlung, die aber bei uns verblieben, wenn er nicht kaufen würde. Ich wusste, das zahlt der nie und sagte ihm, ich würde auch $ 10.000 nehmen und das auf meine Kappe nehmen. Das gefiel ihm und ich bekam einen Scheck über die Summe und er seine Option. Ich fuhr am nächsten Tag zur Bank - gleich loszufahren hätte zu gierig ausgesehen und löste den Scheck ein. Wir hatten das Geld und endlos lange vier Wochen begannen.

Dann kam er mit der Bitte, wir sollten ihm von unserem alten deutschen Reisebüro einen "Letter of Intent" ausstellen. Darin sollten wir bestätigen, dass wir auch ihm als neuen Käufer des Rio Beach weiterhin wie bisher für $ 3.000 bis $ 5.000 Kunden in der Nebensaison pro Monat in das Rio Beach schicken. Das taten wir bisher bereits nicht und das Reisebüro war zudem bereits verkauft, aber das störte ihn nicht. Ein solcher Brief würde uns zu nichts verpflichten, ihm aber bei seiner Bank helfen. Ich sah kein Problem und fragte Klaus zur Sicherheit. Es war ok und er bekam den Brief.

Zwei Tage vor Ablauf der Frist bat er um eine Woche Verlängerung, weil alles mit den Banken fast fertig war und ich gewährte sie ihm. Wir hatten zwischenzeitlich kein anderes Angebot erhalten und es spielte keine Rolle im Moment. Die letzten beiden Tage war ich so nervös, dass ich ein großes Puzzle kaufte und mir die Zeit vertrieb. Hätte ich was Richtiges gemacht, wäre alles schief gegangen.

Er kam nicht mehr wieder und ich suchte ihn bei seinen Motels. Auch dort war er nicht mehr und seine Mieter suchten ihn bereits. Aber der Cadillac war bereits von einer Finanzierungsfirma abgeholt worden und das sagte mir eigentlich alles. Später erfuhren wir, er sei pleite und hätte sich abgesetzt zurück nach Holland. Warum er noch $ 10.000 an uns bezahlt hatte begriff ich nie. Aber vielleicht wollte er ja mit unserer Finanzierung auch noch etwas Geld zur Rettung der anderen Motels bekommen. Mein Gefühl hatte mich nicht getäuscht, auch wenn sein großer neuer Cadillac und natürlich der Scheck zum Täuschen eingeladen hatte.

Irre fahren Auto

Wir hatten schon manchmal komische Mieter. Wer die Olsenbande, eine alte dänische oder schwedische Krimikomödie kennt, weiß, was ich meine. Die drei Hauptdarsteller gingen immer ganz merkwürdig und typisch hintereinander. Genauso komisch sah es aus, wenn unsere drei Mieter hintereinander gingen und so gingen sie immer, auch am breiten Strand habe ich sie nie nebeneinander gesehen. Und sie bewohnten zu dritt ein Zimmer mit zwei Betten und gesprochen hatte immer nur der ältere Mann. Gegrüßt haben aber alle drei. Aber die Miete kam pünktlich und wenn's ihnen so gefällt. Das war im letzten Sommer.

Der ältere Mann war nun wieder bei uns eingezogen, diesmal allein und benahm sich wieder etwas seltsam. Als er keine Miete bezahlen konnte, bot er mir als Sicherheit nach einigen Tagen sein Nummernschild an. Am nächsten Tag kam eine Polizistin ins Office und giftete mich an, warum ich dem armen alten Mann sein Nummernschild weggenommen hatte. Er hätte mir das angeboten, sagte ich ihr wahrheitsgemäß. Sie teilte mir dann im Ernst mit, der Mann sei total verwirrt und kann das gar nicht mehr beurteilen und sie könnte mich auch gleich mitnehmen, wenn sie das Schild nicht sofort bekommen würde. Ich rückte das Schild raus und abends kam der Mann und checkte aus. Er wusste nicht mehr, was er tat, aber Auto fahren durfte er noch.

Timesharing

Ein neues Angebot kam diesmal von einem gepflegten Herrn um die fünfzig, der mit einem Auto der gehobenen Mittelklasse mit New Yorker Kennzeichen vorfuhr. Mir gefiel der Stil, nicht zu protzig, und er wirkte sehr seriös. Er war in Daytona Beach, um sich verschiedene Motels anzusehen. Ich führte ihn herum und er sah sich alles gewissenhaft an und machte sich Notizen. Dann wollte er weiter zu anderen Objekten.

Am nächsten Tag kam er wieder. Er und sein Partner in New York suchen in guter Lage ein geräumiges Motel, das man zur Timesharing Anlage umbauen kann. Sie würden als Partner mit 50 % einsteigen. Sie erwarten aber, dass man selber das Objekt betreibt, sie seien nur Entwickler fürs Timesharingmodell und Verkäufer der Beteiligungen. Das klang gut für mich und er sagte, sie würden das Objekt mit

$ 900.000 bewerten. Und er schlug $ 200.000 für den Motelumbau und $ 700.000 an uns als Teilkaufpreis vor. Wir wären dann gleichberechtigte Partner mit je 50 % und hätten $ 200.000 für den Umbau. Also hätten wir $ 700.000 für die AG, das würde reichen, den Kredit bei den Alteigentümern zurückzuzahlen und Geld nach Deutschland zurückzubringen. Und wir wären zu 50 % an einem Renditeobjekt beteiligt. Ein Traum wird wahr. Dass mein Visum seit einigen Tagen abgelaufen war, verriet ich lieber nicht, denn da würde sich schon eine Lösung finden.

Wenige Tage später zeigte er mir eine erste Planung, wie er Zimmer zu größeren Einheiten zusammenfassen will. Sehr aufwendig und alles auf unserer zusamenbrechenden schlechten Bausubstanz aufbauend. Mit dem Geld könnten wir jederzeit einen kleinen ersten Neubau auf das Beachhausgrundstück setzen. Das musste er auch sehen und ich hatte ja auf der Messe bereits Geld für das Bauvorhaben zu bekommen versucht und kannte die Baumöglichkeiten mit $ 200.000 genau. Und Timesharing war immer für mindestens 25 Jahre, so lange würde das Hauptgebäude nie mehr halten. Mein Vertrauen schwand.

Dann faxte er Planungen durch mit veranschlagten Preisen durch für Außenarbeiten: Außenanstrich $ 8.000, Gartengestaltung $ 2.300, Poolreparaturen $ 1.800, Gehwegreparatur $ 800, teilweise neue Fenster $ 3.125, besseres Außenlicht $ 1.500, Verschiedenes $ 2.000

und für Innenarbeiten: Räume streichen $ 4.625, Fensterbehandlung?? $ 4.070, Fußböden $ 3.525, neue Betten $ 3.145, 15 neue Fernseher $ 1.875, Klimaanlagen $ 4.125, neue Küchen $ 10.360, Badezimmerreparaturen $ 2.405, Div.$ 1.500, neuer Essens- und Tanzbereich $ 22.000, Kinderspielplatz $ 3.000, Liegestühle $ 3.500, neues Telefonsystem $ 10.000.

Alles zusammen sollte $ 93.655 kosten.

Ich fand die Aufstellung unglaublich fantasievoll, besonders wenn er auf Zahlen wie $ 2.405 kam. Ich hatte bereits einige Arbeiten ausgeführt und kannte viele Kosten. Die Bäder sahen nach $ 2.405 immer noch schlecht aus und am Grundübel, den schlechten Leitungen war nichts gemacht. Und Geld für neue Betten und Fernseher gab es, hatte er die uralten Möbel nicht bemerkt?

Mein Vertrauen war verschwunden und meine Hoffnung auch.

Ich bekam eine weitere Planung zugeschickt, die mich ködern sollte. Die Verkaufspreise für das Timesharing. Sie wollten aus acht Zimmern vier größere Einheiten machen und zu 208 Wochen zu durchschnittlich $ 8.000 verkaufen. 16 Zimmer sollten zu acht kleinen Einheiten werden und zu 416 Wochen zu durchschnittlich $ 6.500 und 17 Studios zu 884 Wochen zu $ 4.500 verkauft werden. Das wären zusammen 1.508 Wochen Timesharing und $ 8.346.000 Ertrag. Und die Verkaufsprämie wäre 30 %, ginge also überwiegend an uns vor Ort. Dann würden für uns mit der Verkaufsprovision und unserem Anteil am halben Ertrag der Anlage über $ 5.000.000 bleiben. Und die Erträge am Ort durch Essen etc. Ein gutes Lockmittel.

Kurz darauf erhielt ich einen abschreckend dicken Vertrag zugesandt, den ich trotzdem sehr aufmerksam durchlas. Wir bekommen vertraglich das Geld immer nur, wenn etwas geschieht, fiel mir auf. Kein einziges festes Datum stand in dem Vertrag. Zuerst nur eine Anzahlung nach Abschluss der Planung, nach Beginn der ersten Umbauten dann mehr, aber sie sind bereits zu Beginn der gleichberechtigte Partner. Ich hatte ja mal Jura studiert und im Privatrecht bin ich recht gut und habe auch Fantasie. Wenn die nun alles blockieren mit ihren 50 %, dann bekommen wir nichts und sind nicht mehr handlungsfähig. Zum Glück kam Klaus den nächsten Tag aus dem Urlaub zurück und ich fragte ihn. Er bestätigte mir, dass es diese Masche gäbe.

Ich hatte die Hoffnung doch noch nicht ganz aufgegeben, dass ich mich täusche und sie doch seriös sind. Und ich schob mal wieder den Aufsichtsrat als die Bösen vor. Also sagte ich dem netten New Yorker, ich hätte von meinem Aufsichtsrat die Anweisung bekommen, dass erst ein Teil des Geldes überwiesen werden muss. Der Vertrag müsste entsprechend umgeschrieben werden. Er tat sehr verwundert und sagte sofort zu und auch meine Forderung, immer erst alle Kosten zu bezahlen und Rückstellungen zu bilden, bevor Geld entnommen werden kann, störte ihn nicht. Das war zu schnell zugesagt, wenn er vorher immer alles mit dem New Yorker im Hintergrund regeln musste. Nur über Geld, das man gar nicht zahlen will, verfügt man so schnell und gleichgültig wie er. Wir änderten den Vertrag ab, weil ich neugierig war, was sie sich als Nächstes einfallen lassen. Unterschreiben wollte ich gar nicht mehr, egal, was noch kommt, denn vielleicht probieren sie ja einen anderen Trick.

Den übernächsten Tag sollte er dann mit dem Scheck über $ 350.000 wiederkommen. Er kam auch, aber den Scheck habe er nicht dabei und ich bekam eine rührende Geschichte über seinen kranken Partner zu hören. Ich schickte ihn weg, nachdem ich mich geweigert hatte, zu unterschreiben. Das war langweiliger als gedacht und ich hatte etwas mehr Fantasie von denen erwartet. Er probierte dann woanders vermutlich weiter.

Seine Methode wäre einfach gewesen, erklärte mir unser Makler später. Wie von mir vermutet hätte er an uns immer nur bezahlen müssen, wenn ein Planungsfortschritt erzielt wird. Da sie zu 50 % Partner sind, können sie aber jegliche Planung torpedieren und jede notwendige Einigung verhindern. Und müssen so nie an uns zahlen. Aber wir können nichts mehr renovieren, im Extremfall nicht mal mehr neues Klopapier kaufen. Also bieten sie nach einigen Wochen oder Monaten an, sich aus dem Vertrag herauskaufen zu lassen. Und das kann dann schnell mal $ 5.000 bis $ 500.000 kosten.

Sozialarbeit

Ich hatte bisher nur bei Tim mitbekommen, wie schnell und unbürokratisch Bedürftigen in den USA geholfen wird, als er seine neue Brille brauchte.

Lynn fand an der Straße auf dem Rückweg von SevenEleven eine alte Frau im Rollstuhl mit einem hungrigen kleinen Hund und schon hatte ich eine neue Mieterin und einen ziemlich geleerten Kühlschrank. Als ich ihr klarmachte, dass wir keine Auffangstation für Bedürftige sind und sie sich um die Bezahlung des Zimmers kümmern muss war sie mit Recht sauer. Aber ich kannte sie und hatte Angst vor mehr solchen Fällen und das Motel gehörte auch nicht mir allein. Aber sie war kreativ. Zuerst rief sie in der Kirche der Gegend an und einige Stunden später kam wirklich ein Pfarrer und zahlte eine Nacht für sie. Unglaublich. Und etwas Geld für Essen sollte sie auch noch bekommen und er sah in den Kühlschrank. Oh, wie schön, da hatte ja schon jemand gespendet, also gab es kein Essensgeld mehr dazu. Am nächsten Morgen kam jemand vom Sozialamt vorbei. Die Frau hatte bereits das Geld für den Monat bekommen und einfach das frühere Motel verlassen, weil sie dort schlecht behandelt wurde. Das Geld war weg und nochmal wollte er der Frau nichts geben. Also bezahlte er gleich an uns und wir mussten versprechen, sie die verbleibenden 14 Tage nicht rauszuwerfen oder wir müssten die Miete zurückerstatten. Und wir bekamen zusätzlich Geld, das wir ihr jeden Tag geben sollten. Wir quittierten das und der Sozialarbeiter ging. So schnell und so unbürokratisch zu helfen hätte ich nie erwartet in den USA.

Auch ein Stadtstreicher ist mir noch gut in Erinnerung. Es saß bei uns auf der Ecke und war am heulen. Eigentlich ging ich hin, weil ich den verscheuchen wollte. Solche Leute schrecken Touristen ab und das konnten wir uns nicht leisten. Ich helfe arbeitenden Menschen gerne. In einem Land wie den USA gibt es einfachste Jobs ohne Ende für wirklich jeden, den Tischeabwischer im Restaurant, den Abwaschgehilfen oder den Mensch, der einen Hof fegt. Arbeit kann jeder finden, also bitte nicht bei uns herumlungern. Doch sein Heulen irritierte mich und ich fragte ihn, was los sein. Er habe im Royal Arms bei dem Taiwanesen eingecheckt und für eine Woche bezahlt. Dann hatte er Bier geholt und der Taiwanese habe ihn nicht mehr ins Zimmer zurückgelassen. Er bekam seine Sachen und sollte verschwinden. Das war absolut nicht in Ordnung und verstieß gegen jedes Gefühl von Anstand. Ich hätte ihm vermutlich kein Zimmer gegeben oder ein Schlechtes verteuert, damit er nicht eincheckt. Aber ihm praktisch das Geld stehlen war eine

Sauerei. Also holte ich Polizei. Der Polizist wollte zunächst nichts tun, da jeder Motellier selber wissen muss, wen er bei sich unterbringt und für solche Fälle gäbe es den zivilrechtlichen Weg. Ich redete auf den Polizisten ein und bat ihn, wenigstens energisch im Royal Arms nach dem Geld zu fragen. Der Polizist fragte mich völlig überraschend, ob der Mann dann bei uns wohnen kann und ich fragte den Mann, ob es mit ihm Ärger gäbe. Der antwortete total überzeugend, er sei viel zu dankbar für die Hilfe. Der Polizist ging ins Royal Arms und kam kurz darauf mit dem Geld zurück und gab es mir. Der Preis passte zu einem einfachen Zimmer und der Mann machte wirklich keine Probleme die Woche und checkte dann aus.

Timesharing 2
Die Idee war nicht schlecht. Ich überlegte, ob ich vielleicht mit einigen der Dauermieter, die meisten Handwerker, einzelne Apartments anstelle des Beachhauses bauen sollte. Eine Betonplatte und darauf dann bauen wäre kein Problem, in drei Wochen könnte ein Rohbau aus erstmal zwei Apartments übereinander stehen und dann würden wir immer weiter bauen, wenn wir wieder Geld haben. Eine inzwischen große Anlage zwei Häuser weiter weg macht das so, seitdem ich in Daytona Beach bin. Hufeisenförmig bauen sie um den Pool, pro Jahr etwa 20 neue Zimmer und immer nacheinander. Inzwischen hatten sie etwa 80 Zimmer fertig.
Doch Klaus setzte dem einen Dämpfer. Timesharing ist genehmigungspflichtig und kostet mehrere Tausend $ für die Eintragung ins Register, dann müssten wir ein Timesharing Modell
beim Staat anmelden undundund. Kein Timesharing in den USA.

Termitenverstecken
Bei den bisherigen Gesprächen mit Maklern und Kaufinteressenten war immer wieder das Thema Termiten gekommen. Randy und ich sahen mal auf dem Dachstuhl nach und uns gefiel gar nicht, was wir da sahen. Es waren viele tote Tiere zu sehen, deutliche neue Fressspuren und bereits einzelne eingekrachte Stützen. Wir bombten, aber viel helfen würde das nicht.
Ich fragte Randy, ob es sinnvoll wäre, wenn wir ein freundliches Gutachten in Auftrag geben würden. Seine Antwort war unbewusst gut, denn er sagte, was sie sehen, müssen sie auch berichten. Er wusste nicht, wie sehr er mir damit half. Was sie sehen, müssen sie berichten hieß für mich umgekehrt, was sie nicht sehen, steht nicht im Bericht. Und wenn ich die billigste Gesellschaft nehme, werden die da auch nicht so lange nach Termiten suchen wie eine teure Gesellschaft, die für

den Eigentümer wirklich nachprüfen soll, ob es Termiten gibt, damit der dann gegebenenfalls Schutzmaßnahmen ergreifen kann.

Randy war inzwischen im Krankenhaus und hatte endlich den Operationstermin. Danach zog er zu seiner Schwester und ich sah ihn nicht wieder.

Also musste ich alleine Handwerkern und das war mir eigentlich auch ganz lieb, denn dann gab es auch keine Zeugen. Der einzige Aufgang zu dem Dachinnenboden lag in Nr. 34, und dort im Flur. Also zog ich dort eine neue Decke etwas tiefer im Flur ein, so dass keine Luke mehr sichtbar war. Das war mit zwei Rigipsplatten bei so einer kleinen Fläche schnell gemacht. Auch beim Klopfen hätte sich alles gleich angehört. Dann strich ich das ganze Zimmer und natürlich auch dem Flur neu. Kein Mensch hätte dort jemals eine Luke geahnt.

Ich holte danach eine Inspektionsfirma für Termiten, sie fanden nur eine harmlose Sorte im Garten. Schade fanden sie nur, dass es keinen Aufgang ins Dach gab, den sie gesucht hatten, dort hätten sie gerne mal nachgesehen. Aber der Satz muss nicht ins Protokoll, fand ich und sie verstanden das. Sie haben genaue gesetzliche Vorgaben, dass alles, was sie finden erwähnt werden muss. Und sie wollen bezahlt werden. Sie fertigten dann ein sehr schönes Protokoll an, das ich jedem zukünftigen Interessenten sofort zeigte. Ich kannte mich inzwischen recht gut mit dem System aus, fand ich. Schade, dass ich das niemandem erzählen konnte in dem Moment, ich war so stolz.

Käufermarkt

Es kamen noch diverse andere Käufer, die aber keine Angebote abgaben. Es war ein blödes Arbeiten in der Zeit, weil ich mich nie mehr richtig für mehrere Stunden wegtraute. Vielleicht würde ich jemanden verpassen. Außerdem war mein Visum längst abgelaufen und das störte immer mehr. Wenn ich das Land verlasse, werde ich bei dem Visumverstoß mit der Überziehung wohl nicht wieder hineinkommen. Und ich blickte unbewusst Flugzeugen hinterher und Lynn sagte dann immer: "Pretty soon".

Amir

Amir kam aus Deutschland und hatte ein kleines Vermögen mit Kopftüchern gemacht. Er war Iraker und hatte Kopftücher in der Türkei gekauft und in Deutschland an türkische Geschäfte en gros weiterverkauft. Und damit sehr viel Geld verdient. Und jetzt brauchte er ein Motel mit Angestellten für sein USA-Visum. Er kam sich sehr schlau vor, als er gleich zu Beginn versuchte, den Preis noch weiter zu drücken. Er bot nur noch $ 780.000. Er wusste, dass bald wieder der Oktobertermin für die nächste Rate über $ 100.000 an den Alteigentümer ist und verringerte sein Angebot, wenn er schnell zahlen sollte, um noch mal $ 5.000. Woher er die Info hatte, habe ich nie erfahren. Aber er hatte den selben Anwalt wie wir und auch unser Makler wusste noch von unserem Kauf davon, weil er damals der gegnerische Makler war und auch an dem Kredit mitgewirkt hatte. Sein Angebot war aber ernst gemeint und das erste Mal hatte ein Käufer auch das Geld zu bezahlen. Kriminell werden durfte er auch nicht, sonst könnte das seine Einbürgerung belasten. Es gab also gewisse Grenzen für ihn, hoffte ich.

Und dann gab es etwas, was für uns sehr positiv war. Es war ihm peinlich, in vermietete Zimmer zu sehen und Leute zu stören, was mir bereits bei seinem ersten kurzen Besuch aufgefallen war. Er versuchte, mich mit allen Mitteln und einer Zeitverzögerung zu drücken und ich präsentierte ihm als meine Art der Antwort nur Zimmer, die er sehen sollte. Bei Zimmern, die zu schlecht waren, nahm ich die Schlüssel aus dem Office weg, schloss ich die Vorhänge, drehte Fernseher laut und machte Licht an. So sah er nur, was er sehen sollte.

Dann reichte mir seine Hinhaltetechnik und ich erzählte ihm, es hätte sich alles erledigt, da die neue Finanzierungszusage von unserer Bank da ist. Wir waren bereits einmal in unserem Raum, das man als gutes Zimmer ja getrost zeigen konnte und ihm waren einzelne vermeintlich bereits zusammengepackte Sachen aufgefallen. Lynn hatte einige Sachen immer im Koffer aufbewahrt, was er aber nicht wissen konnte. Er dachte, wir hätten bereits etwas gepackt. Also ging ich mit ihm unter einem Vorwand in unser Zimmer und wir hatten alle Koffer vorher ausgepackt. Er bemerkte das, ohne etwas zu sagen und wir machten sofort einen Termin. Er musste annehmen, unsere Bankstory würde stimmen und der Verkauf sei kurz vorm Platzen.

Der Notartermin oder die Erpressung
Den Anwaltstermin hatte Amir auf nachmittags gelegt, vermutlich wollte er noch für den Tag die Zinsen mitnehmen. Und bei einem Vertrag nachmittags liefen die Kosten des Tages noch zu unseren Lasten, die Erträge fielen aber abends an und die kassierte Amir. Er sparte so vielleicht noch mal $ 200.

Seit einiger Zeit kam ein nerviger junger Makler, den ich aber nicht beauftragen wollte, immer mal wieder vorbei. Der junge Makler verstand sich gut mit Amir. Am Tag vor dem Notartermin kam der Makler und wollte Geld. Ich sagte ihm, er sei nie unser Makler gewesen und ich hätte ihm nie etwas versprochen. Er sei schließlich immer gekommen und hätte er einen Käufer gebracht, hätten wir über alles reden können.

Ich hatte irgendwie ein schlechtes Gefühl und rief den Anwalt an, ob wir den

Termin verschieben können. Sowas würde er nie machen. Also war am nächsten Nachmittag der Termin und der junge Makler tauchte auf. Er hatte eine Aktentasche dabei und darin eine gerichtliche Anordnung. Wenn er die zeigt, kann nicht mehr verkauft werden. Erst müsste gegen das Papier geklagt werden und das würde Monate dauern. Ich sah den Anwalt an und der sagte, es gibt solche Anordnungen und wenn er sie sehen würde, dürfte er wirklich nicht mehr tätig werden und er müsste dann alles bis zur Klärung zurückhalten. Dann fragte der Anwalt den Makler, wie viel er haben wollte und handelte den Preis auf $ 6.250 runter. Der Anwalt merkte, dass ich vor Wut kochte und er bekommt auch nur Geld, wenn verkauft wird. Er hatte uns bereits bei dem Marriott-Deal vertreten und bei dem Inder mit den ganzen Vertragsänderungen war er als Anwalt dabei. Jedes Mal investierte er Zeit, ohne Geld dafür zu bekommen. Also bot er an, einen Teil des Geldes für den Erpresser aus seinem Honorar zu zahlen. Wir zahlten $ 1.250 und der Großteil $ 5.000 wurde Amir zugeschrieben. Er wird das Geld später bestimmt vom Erpresser zurückverlangt haben. Ich willigte daraufhin ein, froh überhaupt aus dem Land rauszukommen. Alles wäre vermeidbar gewesen, hätte der Anwalt den Termin vorverlegt. Aber er hätte selbst auch viel Geld gespart.

Dann konnten wir mit dem eigentlichen Verkauf weitermachen. Der Kaufpreis $ 775.000 sah verschiedene Kosten für den Käufer vor.

Wir mussten $ 10.476,02 Steuern anteilig für das Restjahr an Amir zahlen, denn die Steuern werden immer erst am Ende des Jahres gezahlt und das war unser Anteil vom 1.1. bis 12.10.2000. Ich dachte zuvor, wir bekommen was zurück. Eine heftige unerwartete Differenz von über $ 13.000.

Der Alteigentümer bekam vom Anwalt direkt einen Scheck zu seiner Kredittilgung über $ 402.690,03 inklusive der aufgelaufenen Zinsen für den Monat, was natürlich unserem Anteil abgezogen wurde. Der Anwalt berechnete $ 1.250. Die Gesellschaft, die den Titel prüft und versichert, (es gibt kein Grundbuch und deshalb prüfen die, wer noch Rechte hat) bekam $ 4.125.

Die Stadt kassierte noch über $ 22.000.

Amir musste an die Stadt, den Makler und den Anwalt zusammen $ 11.129,50 zahlen. Amir hing aber mit in der Erpressung drinnen. Ich hatte ihn danach noch zweimal mit dem Makler reden sehen, und zwar sehr freundschaftlich.

Die Übergabe

Der Scheck war dann über $ 342.491,17 und ich hatte ihn endlich in Händen. Also sofort ab zur Bank. Ich hatte dann mit dem Scheck erhebliche Probleme, obwohl wir in der selben Bank ein Konto hatten wie Amir. Aber es waren verschiedene Zweigstellen und die Probleme habe ich nicht begriffen. Aber sie wollten zweimal meine Fingerabdrücke. Es dauerte mit dem Wochenende fünf Tage, bis das Geld endgültig auf unserem Konto gutgeschrieben war. Ich rief dann von dem Highway und vom Flughafen Miami vor unserem Abflug Uwe, meinen Freund in unserer Sparkasse alle zwei Stunden an, bis er mir endlich mitteilen konnte, das Geld war "zu Hause". Ich wusste aus meiner Bankzeit, dass diese größeren Beträge laufend gebucht werden und nicht nur einmal am Tag. Unsere Sparkasse hatte dann zu 2,3173 umgerechnet und uns dafür ca. DM 500,-- Gebühren und Courtage DM 198,42 berechnet, wir hatten DM 792.968,05 auf dem Konto. Dann setzten wir uns in den Flieger nach Düsseldorf, wo bereits der Mietwagen für den Weg nach Bremen im Dauerregen wartete. Ohne das Geld auf unserem deutschen Konto wäre ich nicht abgeflogen, da ich ja gar nicht wusste, ob sie mich wieder reinlassen in die USA.

Doch bis zu dem reserviertem Rückflug ab Miami und der Kontogutschrift war jetzt noch eine Woche.

Ich hatte bis nachmittags eine Option bei der Fluggesellschaft LTU und meine Frau machte die nach Verkauf und dem Scheck in meinen Händen dann fest.

Nach dem Kauf ging mein Theater mit Amir los. Ich hatte eigentlich vor, eine faire Übergabe zu machen. Doch sein Verhalten kostete mich $ 1.500, den Anwalt auch noch mal Geld und es wäre noch teurer geworden, wenn der Anwalt den Erpresser nicht noch runtergehandelt hätte. Zuerst musste ich zur Bank und verabredete mich für einige Zeit danach mit Amir um 20.00 Uhr. Dann seien die Dauermieter da und ich würde ihn vorstellen. Ich fuhr sofort nach der Bank zurück zum Rio Beach. Ich wünschte mir, ich hätte bereits ein Auto gemietet und müsste jetzt nicht alles mit dem Rad fahren, aber ich wollte mal wieder sparen.

Amir war weiter gegangen als gedacht und ich traute ihm nun vieles zu, auch das er den Scheck platzen ließ.

Im Rio Beach knüpfte ich mir die säumigen Zahler einzeln vor und erließ ihnen die alten Mietschulden, wenn sie dafür übermorgen zu Amir kommen und die neue Woche unaufgefordert zahlen. Und wenn sie was verraten, müssen sie zahlen, dann würde ich die Schulden an Amir zum Inkasso übertragen.

Abends stellte ich den Käufer dann vor und er wurde überraschend freundlich aufgenommen, obwohl die meisten Mieter arabische Einwanderer nicht mochten. Es waren alles gute Schauspieler.

Nach etwas Smalltalk erklärte ich ihm unheimlich umständlich die Buchhaltung mit besonderen Schwerpunkten in Fällen, die nur alle Jahre mal vorkommen und die er eh bald wieder vergessen hat. Es reichte ihm zum Glück bald nach 23.00 Uhr.

Am nächsten Tag wollte er morgens wiederkommen und etwas weiterlernen. Ich hatte schon wieder ein gemeines Programm für ihn. Zuerst mussten wir zu Tony, das hätte er zwar immer mal machen können aber so konnte Tony nichts Negatives über uns sagen, wenn ich daneben stehe. Sicher ist sicher, da Tonys Officefenster genau in unsere Richtung geht, weiß er vieles. Und er wusste natürlich auch, wie oft der Sanitärwagen bei uns hält. Die Rechnungen habe ich über mein privates Konto gebucht und mir in Deutschland zurückgeben lassen. So was macht sich nicht gut in der Aufstellung des Steuerberaters, die Amir wie jeder Käufer ja sehen wollte.

Dann fuhren wir zur Stromgesellschaft, zu den Wasserwerken und meldeten Gas an. Das wäre alles auch telefonisch gegangen, aber ich wollte Zeit schinden. Danach ging es zu der Firma, wo wir Wäsche kaufen, die müsse er unbedingt kennen lernen. Natürlich hätte auch deren Preisliste gereicht und Muster bringen die Fahrer mit, aber das wusste er nicht. Dann bat ich ihn, mich zum Poolladen zu fahren, weil wir oder vielmehr er unbedingt neues Chlor braucht für die nächsten Wochen. Die Menge, die wir kauften, reichte zwar nur wenige Tage, die wirklichen Kosten musste er ja noch nicht sehen. Und weil wir gerade unterwegs waren kauften wir noch fürs Motel ein, es war ja jetzt seins. Ich ging auch immer sehr schnell und er hatte Mühe, mit seinem Aktenkoffer hinterher zu kommen. Jedenfalls reichte es ihm auch bald, nachdem er auch noch zwei weitere Mieter hatte kennen lernen müssen.

Den nächsten Tag hatte er zu tun, zum Glück, denn mir fehlten langsam die Ideen und kam erst abends und alle waren nett da und wollten Miete zahlen. Er war glücklich, so einfach hatte er sich das nicht vorgestellt und ich ließ ihn dieses eine Mal wirklich genießen. Ich wartete draußen und zerriss die Schuldenaufstellung der Mieter, die mit einer Quittung rauskamen. Die Mieter, die immer pünktlich zahlten, benahmen sich auch gut. Er ging zufrieden.

Dann kam das Wochenende und noch immer hatte er noch nicht alle Zimmer gesehen. Aber er musste im Office sein zum Vermieten und kam dort auch nicht raus. Meine alten Plastikschilder "Back in a Moment" oder "Pool cleaning" waren zufällig weg. Sonntags hatte er nachmittags die Nase voll und die Putzfrau sollte sich etwas ins Office setzen.

Montags war dann unser Rückflug und wir fuhren früh ab, ohne ihn noch mal zu sehen. Ich habe hinterher von Mietern gehört, es soll schon bald kein Ort zum guten Wohnen mehr gewesen sein.

Verkauf der Horizont Holding, Inc.
Die Horizont Holding, Inc., war ja nun eine Gesellschaft ohne Vermögen und

höchstens noch mit Schulden.

Außerdem gab es ja noch die Klage wegen der Prügelei der Besucher vor der Zimmertür der Exmieterin, das Ergebnis war völlig offen. Die Anwaltsforderung waren $ 35.000 nach seinem letzten Schreiben von vor einigen Monaten.

Dann war da noch die Versicherung, die wir ja nicht kündigen konnten. Die Forderung musste inzwischen auch bei über $ 4.000 sein. Das Ergebnis war auch hier offen.

Ein Scheck an die Stadtwerke wegen Stroms war unbeabsichtigt geplatzt, denn Amir hatte so spät bezahlt. Es war nicht mein Fehler, aber einen neuen Scheck werde ich nicht mehr ausstellen. Die $ 1.200 kann ich dann auch sparen und nochmals vielen Dank für die häufigen Stromausfälle. Auch der Scheck an die Telefongesellschaft war geplatzt, ich hatte mit der früheren Gutschrift von Amirs Scheck und nicht mit den ganzen Problemen gerechnet. Ein geplatzter Scheck war mir in den ganzen Jahren zuvor noch nie passiert. Auch für die stellte ich keinen neuen Scheck mehr aus, soll Amir sich doch kümmern. Außerdem stritten wir noch über einen alten Rechnungsteil. Er hatte dann Pech, denn die Telefonnummer konnte er nur behalten, wenn er unsere Rechnung bezahlt. So musste er eine neue Telefonnummer beantragen, die natürlich die vielen Stammgäste nicht kannten. Er hatte wirklich keine Ahnung vom Hotelgeschäft. Strafbar sind glücklicherweise nur platzende Schecks von Privatleuten mit Ausweisnummer darauf, geplatzte Firmenschecks wie unserer sind straffrei. Deshalb werden auch nicht überall Schecks von Firmen angenommen.

Der Steuerberater Jim hatte seinen Scheck und war bereits informiert, sein Amt als juristischer Vertreter unserer US-Gesellschaft zu kündigen. Sein letztes Gehalt war bezahlt.

Offen waren noch eine Rechnung für Wäsche und Rechnungen bei dem Altwarenhändler, wo ich zum Schluss immer Elektrogeräte billig kaufte. Bei den Beiden hatten wir Kredit und ich hatte nie Probleme mit denen, also fuhren Lynn und ich dort vorbei und zahlten die offenen Rechnungen sicherheitshalber bar. Insbesondere der Altwarenhändler war immer nett und hilfsbereit. So was hatten die Händler noch nicht erlebt und freuten sich total, dass wir nicht einfach abgehauen sind. Aber damit hätte ich mich nicht wohl gefühlt.

Bei Gas und Wasser hatten wir noch Guthaben aus dem Deponat, wir würden jeweils einen Scheck nach Deutschland bekommen und die bei der deutschen AG einzahlen. Das klappte dann auch.

Da wir aber das Jahr trotz allem einen kleinen Gewinn mit der AG gemacht hatten, würden wir eventuell noch Gewinnsteuern in Florida bezahlen müssen. Doch hatten wir als deutsche AG der US-Tochter das Geld nie als Eigenkapital gegeben, sondern immer nur als Kredit gewährt. Und jetzt verlangten wir den Kredit halt zurück. Und die Schuldzinsen müssten den Gewinn eigentlich sogar überstiegen haben.

Folglich war die Gesellschaft überschuldet und es muss jetzt schnell jemand Konkurs anmelden. Das verlockte nicht und kostet vermutlich noch Gebühren, also tat ich mal wieder was äußerst Ungewöhnliches. Wir saßen am letzten Abend mit einigen unserer Mieter noch auf ein Abschiedsbier zusammen und ich fragte einfach mal in die Runde, wer mal President (Titel des Vorstandes) sein wollte. Ich fand jemanden, der mir abends dann die Horizont Holding Daytona, Inc., gegen ein Bier bzw. $ 1 abnahm. Den Vertrag schieb ich auf das alte Briefpapier des Rio Beach Motels von den Voreigentümern: "Salescontract"

"Mr. Wayne Hobkins is buying the Horizont Holding Daytona, Inc., a Florida Corp., Incorporated 8/22/97" for $ 1 (one $) in cash." Darunter unterzeichneten wir beide. Nächste Zeile: „The full amount is received" und ich unterzeichnete noch mal und schrieb: "and the company papers given to Mr. Hobkins."

Dann holte ich zur allgemeinen Verwunderung mehrere Ordner und stellte sie dem Käufer hin. Alle lachten und vermutlich erkannte niemand die Bedeutung des Augenblicks. Es hatte gerade eine neue Aktionärsversammlung stattgefunden, in der konkludent (durch normales Verhalten, wie wenn ich im Supermarkt was auf das Kassenrollband lege und eigentlich sagen müsste, ich möchte das gerne kaufen) ein neuer President gewählt wurde und der alte Aktionär übergibt alle Geschäftsunterlagen und Aktienurkunden. Später schmiss jemand die Unterlagen in den Müllcontainer beim Aufräumen, es ging mich nichts mehr an.

Ich freute mich, denn einige sehr gierige Leute wie der Anwalt, der uns grundlos verklagte und die Versicherung, die auf nichts reagierte hatten viel Mühe für nichts gehabt.

Als ich in Bremen die Geschichte erzählte, glaubte das zu Beginn kaum jemand. Alle hätten stattdessen teuer liquidiert. Aber auch unser Wirtschaftsprüfer und das deutsche Finanzamt hatten den Vorgang akzeptiert, auch wenn etwas Überredung notwendig war.

Für die Freunde in Deutschland, die mich im Rio Beach besucht hatten, nahm ich von den Schlüsselanhängern mit dem Motelnamen je einen als Souvenir auf Anregung von Martin mit. Meine Tante bekam Nr. 36, Martin Nr. 30, Volker Nr. 32 und eine Aufsichtsrätin auch Nr. 32. Für mich selbst nahm ich mein großes Schlüsselbund mit allen Motelschlüsseln zur Erinnerung mit. Für Amir mussten zwei Schlüsselsets eigentlich ausreichen. Und ich nahm einen Haufen Unterlagen mit, um sie fragenden Aktionären zeigen zu können. Einige Sachen sind im Internet unter www.vierjahreflorida.de anzusehen.

Übernahme der Horizont Holding AG Aktien
Dann kam die lange herausgezögerte Hauptversammlung der deutschen Horizont Holding Aktiengesellschaft. Ohne eine Lösung in den USA hätten wir ja nichts zu besprechen gehabt und ohne mich machte das ja auch nicht viel Sinn. Und für die Hauptversammlung mal eben rüberfliegen ging ja wegen meines Visumproblems nicht. Es gab im Gegensatz zu den Vorjahren auch kein Essen, denn dazu hatte das alles zu viel Geld gekostet. Aber ich hatte gerettet, was unter den Umständen noch zu retten war. Es gab zwar zwei nörgelnde Aktionäre, doch wurde die Diskussion von genervten Aktionären schnell abgebrochen, da sie völlig sinnlos war. Es war alles passiert. Und alle waren neugierig, denn ich hatte für die Hauptversammlung eine Überraschung angekündigt. Bereits vorher hatte ich mit einer anderen AG verhandelt und ich konnte für alle Aktien ein Übernahmeangebot der anderen Gesellschaft präsentieren. Der Preis war etwas über dem Wert der Aktien mit DM 20,55 je Aktie, denn sie wollten den großen Verlustvortrag der US-Tochter in unseren Büchern nutzen. Die meisten Aktionäre hatten damals DM 50,-- gezahlt.
Dass die US-Tochter weg war, störte sie nicht, allerdings hatten sie Angst, dass noch Forderungen kommen würden. Also übernahm ich privat die Haftung für 75 % aller noch kommenden Forderungen, denn eigentlich konnte nichts mehr kommen. Es kam was völlig Unerwartetes und kostete mich dann noch viel Geld, aber alle anderen Aktionäre waren nicht mehr betroffen.
In der Hauptversammlung trat ich dann als Vorstand zusammen mit dem Aufsichtsrat zurück, ein neuer Aufsichtsrat und Vorstand wurden gewählt und später dann die Aktionäre, die verkaufen wollten, ausbezahlt.
Alle hatten zwar fast 60 % des Einsatzes verloren, doch gemessen am fast zeitgleichen Zusammenbruch des Neuen Marktes an der Börse konnten sich viele Aktionäre nur freuen, dass sie bei uns soviel zurückerhielten. Und einige Aktionäre hatten die Zeit ja auch zum Urlaub bei uns genutzt und hatten sehr billig gewohnt.

Arbeitssuche
Ich lebte dann mit Lynn zunächst in Deutschland, wo ich extreme Probleme hatte, wieder Arbeit zu finden. Als ich einen Job bei der British Airways im Callcenter bekam, stimmte nichts von den Versprechungen bei der Einstellung. Also flogen

wir wieder in die USA und wollten in Florida neu beginnen. Eine geringe Arbeitslosigkeit sollte helfen und mit Lynn zusammen würde ich wohl hineinkommen. Sicherheitshalber hatte ich auch einen neuen Pass ohne die vielen Visumstempel. Die Einreise klappte, aber meine Arbeitserlaubnis wäre sehr schwierig gewesen. Ich hätte etwa ein halbes Jahr Bearbeitungszeit zu erwarten, müsste mit über $ 2.000 Kosten rechnen und dürfte das Land in der Zwischenzeit nicht verlassen und auch nicht arbeiten. Wie sollte das gehen?

Wir kehrten nach Deutschland zurück und ich suchte Arbeit in Deutschland. In den Bankbereich kam ich nicht zurück, denn die Tarifverträge schreiben Bezahlungen nach dem Alter vor und danach war ich zu teuer. Solche Leute wie ich wurden gerade in Massen abgebaut und waren nun arbeitslos. Im Reisebürobereich begann das große Sterben, denn die Konjunktur lief nicht und das zunehmende Buchen per Internet kostete Stellen. Ungelernt zu arbeiten wie nach dem Abi war ich zwar auch bereit und bewarb mich bei mehreren Zeitarbeitsfirmen, doch hatten die auch nichts für mich. Ich war mit über 40 zu alt und hatte keinerlei Referenzen. Ich war seit über 10 Jahren selbstständig und das schadete nur. Bei der British Airways wurde ich gefragt, ob ich mir vom Vorgesetzten überhaupt was sagen ließe nach so langer Selbstständigkeit.

Und dann mussten wir nach Polen ausreisen, da Lynns Visum nach drei Monaten ablief. Verheiratet zu sein reicht nicht in Deutschland. Für ein Visum braucht man eine Krankenversicherung. Und die bekam Lynn nicht. Ich war als ehemals Selbstständiger privat versichert, doch meine Versicherung weigerte sich, Lynns Aufnahme ohne Unterlagen auch nur zu prüfen und sie hatte keine. Hätte ich Sozialhilfe bezogen, hätten wir kein Problem gehabt, Lynn wäre automatisch mitversichert gewesen. Also ab nach Polen und einen Stempel in den Pass von Lynn bekommen als Nachweis der Neueinreise. Aber auch das war nicht einfach. Bei der Ausreise war kein Zöllner an der deutschen Grenze zu sehen und kein polnischer Zöllner bei der Einreise nach Polen. Also fragte ich auf der Rückreise in Polen nach, ob wir als Souvenir in den US-Pass einen Stempel bekämen. Es klappte und nach Deutschland wurden wir ohne Kontrolle hineingewunken. Das war egal nun. Lynn war wie ich blond und wir hatten ein kleines Auto mit Bremer Kennzeichen, waren also unauffällig und Lynn hatte wieder drei Monate Aufenthaltsrecht. Ich suchte weiter nach Arbeit und hatte Glück, denn McDonald`s suchte Mitarbeiter. Ich bewarb mich sofort und fing zwei Tage später dort in der Küche an. Endlich Arbeit und Lynn war mitversichert und erhielt kostenfrei auch sofort ihr Aufenthaltsrecht und bekam eine Arbeitserlaubnis, nur leider hatte sie nie besonders viel Lust zum Arbeiten. Schließlich hatten wir ja noch Geld durch den Aktienverkauf.

Wir hatten in Bremen natürlich auch die gesamte Berichterstattung über die Anschläge mitverfolgt. Es wurde auch über zwei der Attentäter berichtet, die den Abend zuvor in dem Lokal Pink Pony in Daytona waren. Meine Frau und ich sahen den Namen des Lokals und ich erkannte natürlich sofort, es war kein normales Lokal, sondern der Tabledanceladen, in dem Suzy gearbeitet hatte. Die Vorstellung, dass sich zwei moslemische Terroristen am Vorabend der Anschläge dort aufhielten und wie zwei Gäste des Lokals im Fernsehen aussagten, an der Theke Bier tranken war unglaublich.

Es passte überhaupt nicht zum Image des Selbstmordattentäters.

Und natürlich zeigte das prüde Fernsehen auch nur ein Bild von außen, keine Tänzerin oder gar nackte Tänzerin. Also schrieben wir eine E-Mail an das FBI und schlugen vor, doch mal das Verhalten etwas auszuschlachten. Ein Teil der arabischen Welt würde sicher entsetzt sein und andere das für falsche Propaganda halten, doch irritieren würde es doch erheblich und vielleicht ja manchen an den vermeintlichen Helden zweifeln lassen. Und Gegner kann man auch verwirren und entzweien, schaden kann es nie. Und ein paar durch schwarze Balken entschäfte Bilder dieser Tänzerinnen in der Bar würden niemals schaden. Nach ein paar Wochen erhielten wir die vermutliche Standardantwort. Wir danken für ihre Mithilfe bei der Aufklärung ....

Nachwort

In den USA würde ich nie wieder etwas als Selbstständiger unternehmen. Die Mentalität ist so unglaublich verschieden von unserer und die Regeln sind sehr fremd. Als Vermögender dort zu Leben wäre vermutlich in Ordnung, aber nur zur Miete, damit ich wieder weg kann, wenn es mir reicht. Das Land ist für den Urlaub schön, aber es gibt viele schöne Urlaubsländer.

Unsere Ehe wurde nach knapp drei Jahren geschieden. Ich wollte nicht in den USA leben und Lynn vermisste die USA. Und wir waren zu verschieden. Es passte einfach nicht.

Die Verkaufspreise der drei Motels

Der Preis fürs Rio Beach stieg wie von uns beim Kauf bereits erwartet stark an, denn deshalb wollten wir das große Grundstück in der Toplage. Doch hatte der Streit mit der Stadt und die Absage der Marriott Gruppe zu einer ziemlich langen Wartezeit geführt, bis die Preise deutlich anzogen.

Wir hätten die vielen Jahre aus damaliger Sicht nicht durchhalten können, denn auch die beiden anderen Motelbesitzer wollten verkaufen und blieben für Jahre auf ihren Objekten sitzen. Anstelle von 2004 hätte ja eine vernünftige Preisentwicklung auch erst 2009 stattfinden können.

Das Rio Beach Hauptgebäude mit Strandhaus und die Apartments wurden zu nachfolgenden Preisen verkauft:
10/1997 an uns für $ 1.025.000
10/2000 an Amir für $ 775.000
11/2004 an ??? für $ 5.400.000

Das Monte Carlo
11/1990 an Tony für $ 900.000
01/2004 an ??? für $ 2.545.000
09/2004 an ??? für $ 7.082.000

Und das Royal Arms
02/1983 an den Taiwanesen für $ 655.200
04/2004 an ??? für $ 2.700.000
11/2004 an ??? für $ 5.580.000

Erst im Jahre 2004 waren Investoren mutig genug, in Daytona wieder groß zu investieren. Hätten wir gewusst, dass es "nur" bis 2004 dauert, wäre das Behalten des Objektes sinnvoll gewesen. Auch Tony und der Taiwanese haben beide den Markt falsch eingeschätzt, sie haben sehr lange noch ausgehalten, dann aber beide wenige Monate zu früh verkauft.

Herstellung und Verlag:
Books on Demand GmbH, Norderstedt
ISBN 978-3-8370-1895-0